強い人材が強い企業をつくる

公的
資格試験

ビジキ

ビジネス・キャリア検定試験®

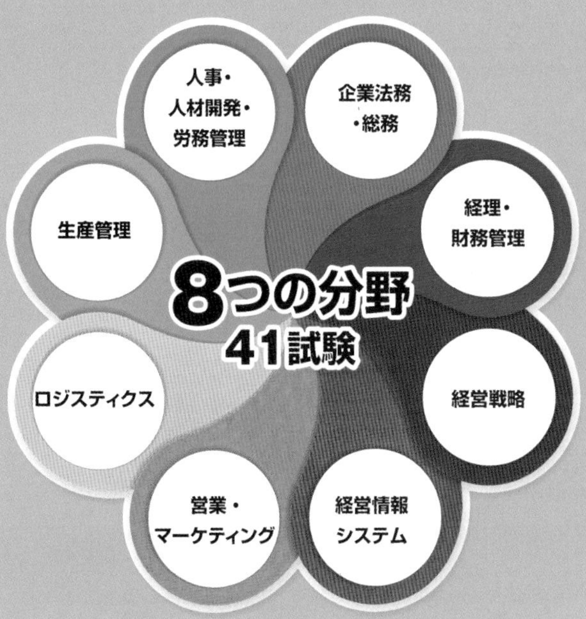

厚生労働省が定める職業能力評価基準に準拠

後援：厚生労働省（ロジスティクス分野 後援：経済産業省／国土交通省）
（生産管理分野 後援：経済産業省）

前期試験 1級 2級 3級

試験日程	試験日	令和6年10月6日（日）
	申請期間	令和6年4月22日（月）～令和6年7月12日（金）
実施地		全国47都道府県にて実施

後期試験 2級 3級 BASIC級

試験日程	試験日	令和7年2月16日（日）
	申請期間	令和6年10月7日（月）～令和6年12月6日（金）
実施地		全国47都道府県にて実施

受験申請に関するお問い合わせ先

ビジネス・キャリア検定試験運営事務局

〒101-0042 東京都千代田区神田東松下町28番地4
神田東松下町飯田鉄螺ビル（3階・4階） 日販セグモ内

E-mail：business-career@kentei-uketsuke.com

JAVADA
JAPAN VOCATIONAL ABILITY DEVELOPMENT ASSOCIATION
中央職業能力開発協会

〒160-8327 東京都新宿区西新宿7-5-25
西新宿プライムスクエア11階
TEL 03-6758-2836・2909 FAX 03-3365-2716
https://www.javada.or.jp/jigyou/gino/business/index.html

職業能力開発促進法に基づき設立された厚生労働省所管の公的団体です。

ビジキャリ®とは、"職務を遂行する上で必要となる知識の習得と実務能力の評価を行うことを目的とした公的資格試験"です

◆受験者数は延べ70万人超の実績のある試験です
◆厚生労働省の後援をいただいております
（ロジスティクス分野においては経済産業省・国土交通省の後援をいただいております）
（生産管理分野においては経済産業省の後援をいただいております）

ビジキャリ受験の5step

1 自分の受けたい科目を選ぶ
8分野41試験の中から自分に合った試験を選んでみよう

2 ビジキャリに申し込む！
申請方法は個人申請と一括申請※の2種類！ビジキャリHPから申請してみよう
（※）企業などで一括して申請する方法です

3 標準テキストor認定講座でしっかり学習
標準テキストを読み込み試験日に備えよう
ビジキャリHPでは過去問題と認定講座の紹介もしています

4 試験日
試験日当日！受験票を忘れずに、余裕を持って会場へ

5 合格発表
ビジキャリHPで合格者番号を確認しよう

詳細はWEBで！
ビジキャリ
検索

合格者の声

3級 人事・人材開発

人事・労務についてここまで体系立てて、またテキストもしっかりしている検定は他になく、知識補完の上でとても有意義であると感じた。
受験を通じ人事業務において必要な知識の再整理ができたことで、改めて自分の立ち位置を確認することができ、今後進むべき方向性を知る道標にもなったように思う。

2級 営業

自分の仕事内容では、本試験は出題範囲が業務上、関連していることも多く、全般的に知識を整理することができた。
また、営業3級と2級のテキストを購入したが、試験の勉強目的以外にも、日常的な仕事内容でも考え方のヒントになることも多く、単純に書籍として良いものだと感じている。

受験情報

◆だれでもどの級からでも受験ができます　◆全国47都道府県で実施しています

等級	想定される受験対象者	受験料（税込）	出題形式	合否基準	試験時間
1級 ＊前期のみ	部長、ディレクター 相当職を目指す方	12,100円	論述式（2問）	試験全体として 概ね60%以上 かつ問題毎に30%以上の得点	150分
2級	課長、マネージャー 相当職を目指す方	8,800円	マークシート (5肢択一/40問)	出題数の概ね 60%以上の正答	110分
3級	係長、リーダー 相当職を目指す方	7,920円	マークシート (4肢択一/40問)	出題数の概ね 60%以上の正答	110分
BASIC級 ＊後期のみ	学生、内定者、 就職希望者　等	4,950円	マークシート (真偽法/70問)	出題数の概ね 70%以上の正答	60分

ビジネス・キャリア検定試験® 標準テキスト

経理
（簿記・財務諸表）

濱本 明 監修
中央職業能力開発協会 編

3級

第3版

発売元 社会保険研究所

ビジネス・キャリア検定試験
標準テキストについて

企業の目的は、社会的ルールの遵守を前提に、社会的責任について配慮しつつ、公正な競争を通じて利潤を追求し永続的な発展を図ることにあります。その目的を達成する原動力となるのが人材であり、人材こそが付加価値や企業競争力の源泉となるという意味で最大の経営資源と言えます。企業においては、その貴重な経営資源である個々の従業員の職務遂行能力を高めるとともに、その職務遂行能力を適正に評価して活用することが最も重要な課題の一つです。

中央職業能力開発協会では、「仕事ができる人材（幅広い専門知識や職務遂行能力を活用して、期待される成果や目標を達成できる人材）」に求められる専門知識の習得と実務能力を評価するための「ビジネス・キャリア検定試験」を実施しております。このビジネス・キャリア検定試験は、厚生労働省の定める職業能力評価基準に準拠しており、ビジネス・パーソンに必要とされる事務系職種を幅広く網羅した唯一の包括的な公的資格試験です。

３級試験では、係長、リーダー等を目指す方を対象とし、担当職務に関する専門知識を基に、上司の指示・助言を踏まえ、自ら問題意識を持って定例的業務を確実に遂行できる人材の育成と能力評価を目指しています。

中央職業能力開発協会では、ビジネス・キャリア検定試験の実施とともに、学習環境を整備することを目的として、標準テキストを発刊しております。

本書は、３級試験の受験対策だけでなく、その職務の担当者として特定の企業だけでなくあらゆる企業で通用する実務能力の習得にも活用することができます。また、異動等によって初めてその職務に就いた方々、あるいは将来その職務に就くことを希望する方々が、職務内容の体系的な把握やその裏付けとなる理論や考え方等の理解を通じて、自信を持って職務が遂行できるようになることを目標にしています。

標準テキストは、読者が学習しやすく、また効果的に学習を進めていただくために次のような構成としています。

現在、学習している章がテキスト全体の中でどのような位置付けにあり、どのようなねらいがあるのかをまず理解し、その上で節ごとに学習する重要ポイントを押さえながら学習することにより、全体像を俯瞰しつつより効果的に学習を進めることができます。さらに、節ごとの確認問題を用いて理解度を確認することにより、理解の促進を図ることができます。

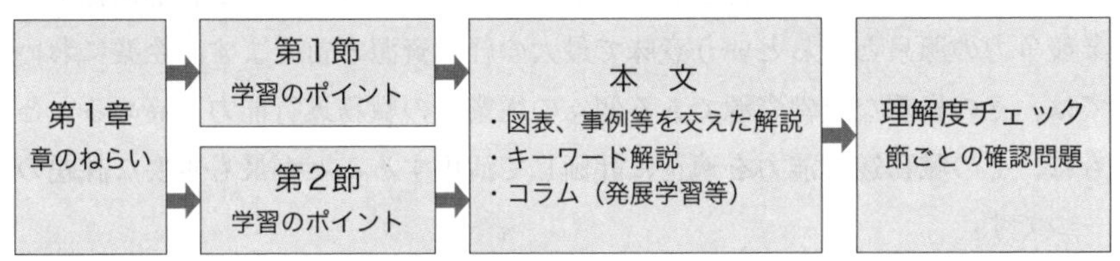

本書が企業の人材力の向上、ビジネス・パーソンのキャリア形成の一助となれば幸いです。

最後に、本書の刊行に当たり、多大なご協力をいただきました監修者、執筆者、社会保険研究所編集部の皆様に対し、厚く御礼申し上げます。

中 央 職 業 能 力 開 発 協 会

（職業能力開発促進法に基づき国の認可を受けて設立された職業能力開発の中核的専門機関）

目次

ビジネス・キャリア検定試験　標準テキスト
経 理 3級〔第3版〕
（簿記・財務諸表）

第1章

簿記・会計

この章のねらい

第1章は、簿記・会計を初めて学習する人が、わかりやすく、しかも、実力が着実につく内容になっている。

簿記・会計を学べば、企業をはじめとする様々な組織での経理実務に役立てることができる。企業などの資金の流れを把握できれば、資金の運用を合理的に判断し、処理することが可能となる。

本章では、第1節の簿記・会計の基礎で、簿記・会計を学習する上での基本的な前提を学ぶ。第2節では、簿記一巡の手続として、簿記上の取引の内容、仕訳の方法、元帳の記入方法、試算表の作成方法を学ぶ。第3節の基本的取引の処理では、各種の基本的取引の意味と処理について学ぶ。第4節では、決算の意味と手続について学ぶ。第5節では、財務諸表の作成と純資産について学ぶ。第6節で帳簿・伝票の記入方法について学ぶ。

第１節 簿記・会計の基礎

学習のポイント

◆簿記には、帳簿記入による財産管理や損益計算の役割がある。
◆簿記の種類としては、単式簿記、複式簿記等がある。
◆会計の種類としては、管理会計、財務会計等がある。
◆会計単位は、簿記の範囲（企業の経営活動）をいう。
◆会計期間は、例えば、期首（1月1日）から期末（12月31日）までの１年間をいう。ただし、中間決算（６ヵ月）や四半期決算（３ヵ月）もある。
◆資産・負債・純資産（資本）の内容と貸借対照表の関係、収益・費用の内容と損益計算書の関係について学ぶ。

1 簿記・会計の意義と目的

簿記（bookkeeping）とは、帳簿記入の略称といわれ、企業の経済活動を記録する技術として必要なものである。例えば、商品を代金後払いの契約で販売した場合、販売先に対する代金請求権を記録しておかないと、その代金の回収ができなくなるおそれがある。また、商品を代金後払いの契約で購入した場合、購入先に対する代金支払義務を記録しておかないと、不当な請求を受けるおそれもある。そこで、このような企業の財産管理のために行われるようになったのが簿記である。

また、企業活動によって一定期間においてどれだけの売上高を上げたか、又はどれだけの経費がかかったか、それらの結果としてどれだけの利益（又は損失）を上げたかを計算することは非常に重要である。このような損益計算という目的によっても行われるのが簿記である。

簿記には、特別のルールによらない単式簿記と、一定のルールに従って行われる複式簿記があるが、本テキストでは複式簿記を前提に解説する。

次に、会計（accounting）とは、ある経済主体の経済活動について金額的測定を行い、利害関係者に対して報告を行うことであり、企業の経済活動に関する測定・報告が企業会計である。そして、企業会計のために用いられる技術が簿記（一般に複式簿記）である。

企業会計には、企業内部への報告目的で行われる管理会計と企業外部への報告目的で行われる財務会計があるが、財務会計の中でも法律が会計を規制するものを制度会計という。本テキストでは制度会計を前提に解説する。

制度会計の目的は、その根拠法の目的による。例えば、会社法に基づく財務会計の目的は、債権者と株主との利害調整や、経営者の株主に対する事業報告を中心とし、金融商品取引法に基づく財務会計の目的は、投資家保護の観点からの情報開示を中心としている。これらについては、第２章第１節で詳しく解説する。

2 基礎的前提

簿記・会計においては、その基礎をなす前提条件が存在する。この前提条件の中でも主なものとして、(1) 会計単位、(2) 会計期間がある。

(1) 会計単位

簿記・会計を行うに当たっては、その対象となる単位（範囲）としての会計単位を限定する必要がある。簿記・会計の対象は企業の経済活動であるから、会計単位として、まず企業体の存在を特定する必要があり、これを企業実体（business entity）という。

簿記・会計は、企業活動に伴う様々な経済的事象を記録・報告等の対象とするものである。よって、個人の場合、事業の会計と個人の家計とは明確に区別し、個人の家計に関する経済的事象は対象としないことに注意する。したがって、個人事業主の家計上の経費（例えば、通信費、水道光熱費、生命保険料、所得税等）を事業上の経費として計上することはできず、あくまでも事業上生じた経費のみが、簿記・会計における記録・報告等の対象となる。例えば、通信費として20,000円を支払ったとしても、事業で負担すべき金額が15,000円、家計で負担すべき金額が5,000円であるとすれば、事業上の経費として計上できるのは15,000円であり、この金額のみが簿記・会計における記録・報告等の対象となる。→図表1－1－1

図表1－1－1●事業の会計と個人の家計との区別

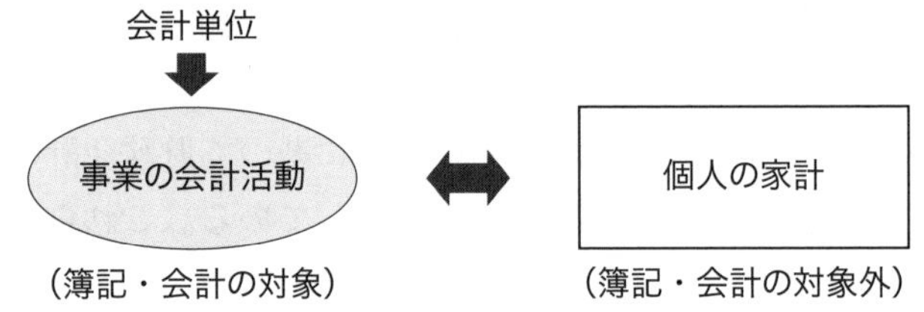

また、会社の場合、法人格と会計単位とは必ずしも同じとは限らない。例えば、会計単位は同一企業の内部において、経営管理上の目的等から本店、各支店等の複数の会計単位が設定されることもあり得る。また、法人格が異なっていても、経済的には単一とみなすことができる範囲を会計単位とする場合がある。親会社及び子会社等の企業グループを報告対象とする連結財務諸表がそれである。→図表1－1－2

（2）会計期間

期間限定の企業であれば、簿記・会計は、開業時から閉鎖するまでの記録・報告等を行えばよい。しかし、企業は通常、無期限で継続して経営が行われる（継続企業＝going concern）のが一般的であるから、記録・報告等を行うために、人為的に期間を区切った会計期間（account-

図表１-１-２●連結財務諸表

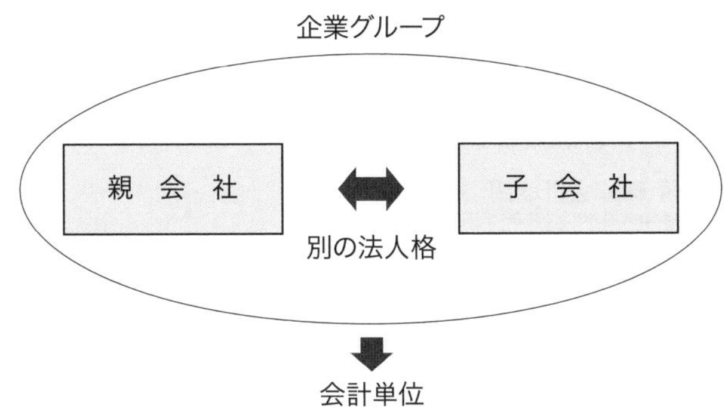

ing period）の設定が必要である。

この会計期間として、通常１年間として設定されるのが事業年度あるいは会計年度（accounting year or fiscal year）・営業年度である。そして、事業年度末を決算日という。

事業年度は、個人の場合は暦年（１月１日から12月31日までの１年）であり、会社の場合は、特に規制がない限り、必ずしも暦年と一致させる必要はなく、３月決算あるいは12月決算というように任意に決定できる。

会計期間の初めを期首、終わりを期末という。通常１年である事業年度が年次報告の会計期間となる。また、事業年度の前半の６ヵ月である上（半）期を会計期間とすることもある。さらに、事業年度を３ヵ月ご

Column　コーヒーブレイク

《会計期間と会計報告》

従来、会計期間は、１年が主流であった。その後、中間決算（６ヵ月）時に、中間財務諸表を作成して、利害関係者（株主・債権者等）に会計報告をするようになった。さらに、その後、四半期決算（３ヵ月）時に、四半期の財務諸表を作成するようになった。これは、企業を取り巻く利害関係者が、なるべく新しい会計情報を早く入手して意思決定に役立てようとしていることにもよる。

とに区切った四半期を会計期間とすることもある（上場会社は義務）。→図表1-1-3

図表1-1-3●事業年度と会計期間

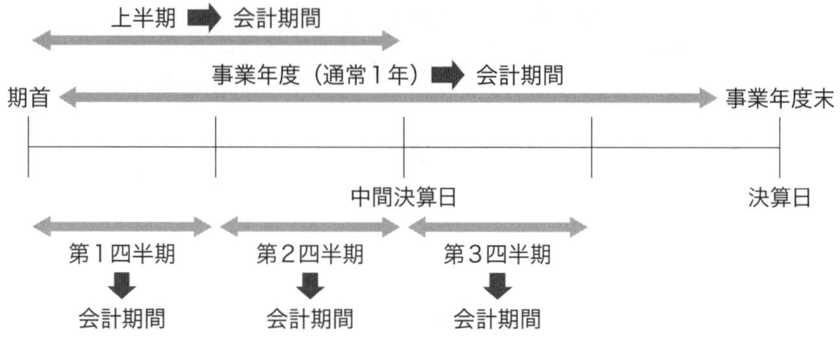

3 財務諸表

（1）貸借対照表

企業の経営活動の一定時点における資産及び負債・純資産（資本）の状態は、貸借対照表（balance sheet＝B/S）に示される。例えば、株式会社東京商事のX1年4月1日からX2年3月31日を会計期間とした場合、決算日の貸借対照表は図表1-1-4のとおりである。

図表1-1-4●貸借対照表

貸借対照表

（株）東京商事　　X2年3月31日　　（単位：円）

資産	金額	負債・純資産	金額
現金	4,000	借入金	20,000
商品	16,000	資本金	25,000
土地	30,000	利益剰余金	5,000
合計	50,000	合計	50,000

貸借対照表の借方（左側）には資産、貸方（右側）には負債・純資産（資本）が、それらの内訳とともに金額が計算表示される。資産及び負債・純資産（資本）それぞれの内容は次のとおりである。

① 資産

企業は利益を獲得するために経営活動を行うが、そのために所有している現金・商品・備品（机・椅子等）・土地・建物、売掛金・貸付金等の経済的資源を資産という。

② 負債

買掛金・借入金・未払金等の将来における支払義務を負債という。

③ 純資産（資本）

資産総額から負債総額を差し引いたものが純資産（資本）である。企業の元手である資本金が、純資産（資本）の代表的な例である。また、これらの関係は、次の等式で表すことができる。

資産－負債＝純資産（資本）……〈資本等式〉

前述の株式会社東京商事の場合、純資産（資本）は、資本等式によって次のように求めることができる。

資産（50,000円）－負債（20,000円）＝純資産（資本）（30,000円）

また、貸借対照表における資産及び負債・純資産（資本）の関係は、次の等式で表すことができる。

資産＝負債＋純資産（資本）……〈貸借対照表等式〉

（2）損益計算書

企業の経営活動の結果として生じた一定期間の収益と費用は、損益計算書（profit and loss statement＝P/L）に示される。例えば、株式会社東京商事のX1年４月１日からX2年３月31日を会計期間とした場合、決算日の損益計算書は図表１−１−５のとおりである。

図表1-1-5●損益計算書

損 益 計 算 書

(株)東京商事　　X1年4月1日～X2年3月31日　　(単位：円)

費　用	金　額	収　益	金　額
売上原価	13,000	売上高	29,000
給料	11,000		
当期純利益	5,000		
合計	29,000	合計	29,000

損益計算書の借方（左側）には費用、貸方（右側）には収益が、それらの内訳とともに金額が計算表示される。収益及び費用それぞれの内容は次のとおりである。

① 収益

売上高、受取手数料、受取家賃、受取利息等の、純資産（資本）の増加原因となるものが収益である。

② 費用

売上原価、給料、支払家賃、支払利息、光熱費等の、純資産（資本）の減少原因となるものが費用である。

③ 当期純利益

収益と費用の差額が当期純利益（収益＜費用である場合は当期純損失）である。

（3）損益計算書と貸借対照表の関係

期首の純資産（資本）と期末の純資産（資本）との差額は、この期間の経営活動による純資産（資本）の純増加額であり、これは（資本金の増減がなければ）当期純利益を示している。逆に、期末純資産（資本）が期首純資産（資本）よりも少ない場合は、これらの差額は（資本金の増減がなければ）当期純損失を示している。

期末純資産（資本）と期首純資産（資本）の差額として当期純利益又は当期純損失を算定する等式を示せば、次のとおりである。

期末純資産（資本）－期首純資産（資本）＝当期純利益（マイナスの場合は当期純損失）

ただし、増資（資本金の増加）、減資（資本金の減少）のような資本取引があった場合には、必ずしも上記関係は成り立たない。

例えば、株式会社東京商事のX1年３月31日の貸借対照表は図表１－１－６のとおりであったとする。

図表１－１－６●前期末貸借対照表

貸借対照表

(株)東京商事　　X1年３月31日　　(単位：円)

資　産	金　額	負債・純資産	金　額
現　金	1,000	借入金	16,000
商　品	10,000	資本金	25,000
土　地	30,000		
合　計	41,000	合　計	41,000

そして、図表１－１－４で示したように、X2年３月31日の同社の貸借対照表は次のとおりであったとする。

図表１－１－４（再）●（当期末）貸借対照表

貸借対照表

(株)東京商事　　X2年３月31日　　(単位：円)

資　産	金　額	負債・純資産	金　額
現　金	4,000	借入金	20,000
商　品	16,000	資本金	25,000
土　地	30,000	利益剰余金	5,000
合　計	50,000	合　計	50,000

資本金の増減がないため、これらの貸借対照表により当期純利益が次のように算定される。

期末純資産30,000円（＝資本金25,000円＋利益剰余金5,000円）－期首純資産25,000円（＝資本金25,000円）＝当期純利益5,000円

この当期純利益5,000円の源泉の内訳を示したものが、前述の図表1-1-5で示した損益計算書である。

図表1-1-5（再）●（当期）損益計算書

損 益 計 算 書

(株)東京商事　　X1年4月1日～X2年3月31日　　(単位：円)

費　用	金　額	収　益	金　額
売上原価	13,000	売上高	29,000
給料	11,000		
当期純利益	5,000		
合計	29,000	合計	29,000

つまり、損益計算書により、収益29,000円（＝売上高29,000円）と費用24,000円（＝売上原価13,000円＋給料11,000円）の差額によって当期純利益5,000円を獲得したことがわかる。

このように、資本金の増減がなければ、貸借対照表と損益計算書の関係は、図表1-1-7のように図示できる。

図表1-1-7●貸借対照表と損益計算書の関係（資本金は一定）

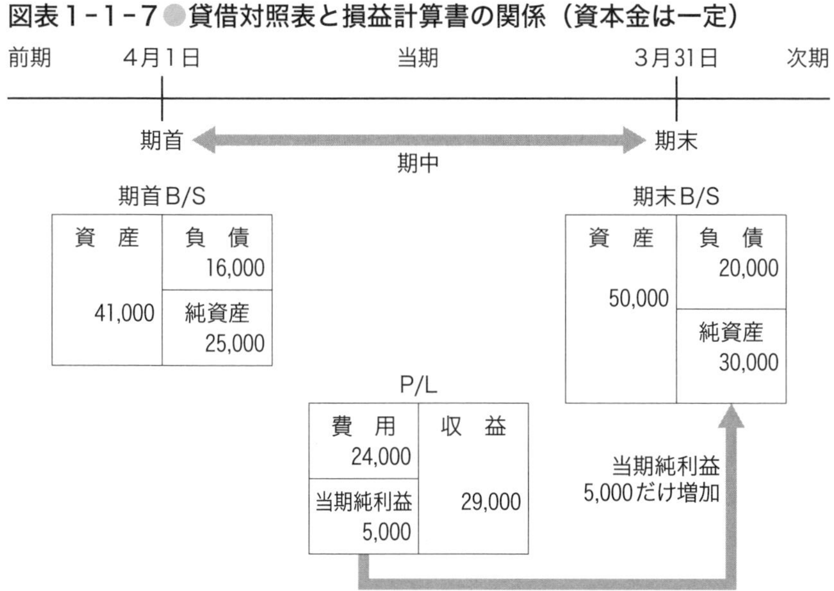

設例1

次の空欄に適切な金額を記入しなさい（単位：円）。ただし、当期において資本金の増減はなかったものとする。

	期首			期末			総収益	総費用	純損益
	資産	負債	純資産(資本)	資産	負債	純資産(資本)			
1	5,000	(A)	1,200	4,600	1,600	(B)	4,200	(C)	(D)
2	7,000	4,000	(E)	(F)	1,200	1,600	(G)	2,600	(H)

・損益額については便宜的に数字の前に－（マイナス）印を付すこと。

解　答（単位：円）

A：3,800　B：3,000　C：2,400　D：1,800　E：3,000　F：2,800
G：1,200　H：－1,400

解　説

1

期首資産5,000円－期首純資産（資本）1,200円＝期首負債（A）3,800円

期末資産4,600円－期末負債1,600円＝期末純資産（資本）（B）3,000円

期末純資産（資本）（B）3,000円－期首純資産（資本）1,200円＝
　純利益（D）1,800円

総収益4,200円－純利益（D）1,800円＝総費用（C）2,400円

2

期首資産7,000円－期首負債4,000円＝期首純資産（資本）（E）3,000円

期末負債1,200円＋期末純資産（資本）1,600円＝期末資産（F）2,800円

期末純資産（資本）1,600円－期首純資産（資本）（E）3,000円＝
　純損失（H）－1,400円

純損失（H）－1,400円＋総費用2,600円＝総収益（G）1,200円

損益計算書と貸借対照表は、財務諸表と呼ばれる。簿記は、企業が行う経済取引については、簿記によって処理した結果について、財務諸表を通して利害関係者に報告する。利害関係者は、入手した会計情報を意思決定に役立てる。

設例2

新宿商事の次の資料から、下記の設問の金額を計算しなさい。ただし、当期において資本金の増減はなかったものとする。

〈当期末の資産・負債の有高〉

現　　金	220,000円	売 掛 金	180,000円
商　　品	100,000円	備　　品	300,000円
買 掛 金	300,000円	借 入 金	200,000円

〈当期の収益・費用の発生状況〉

売 上 高	430,000円	受取利息	170,000円

売上原価　200,000円　　　給　　料　180,000円
雑　　費　 40,000円　　　支払利息　 20,000円

問（１）当期末の純資産（資本）はいくらか。
　（２）当期純利益はいくらか。
　（３）当期首の純資産（資本）はいくらか。

解　答

（１）300,000円　（２）160,000円　（３）140,000円

解　説

（１）当期末の純資産（資本）
300,000円＝資産（現金220,000円＋売掛金180,000円＋商品100,000円＋備品300,000円）－負債（買掛金300,000円＋借入金200,000円）

（２）当期純利益
160,000円＝収益（売上高430,000円＋受取利息170,000円）－費用（売上原価200,000円＋給料180,000円＋支払利息20,000円＋雑費40,000円）

（３）当期首の純資産（資本）
140,000円＝当期末の純資産（資本）300,000円－当期純利益160,000円

第１章第１節　理解度チェック

1　**簿記・会計総論**

簿記・会計に関する次の文章のうち正しいものには○、誤っているものには×を記入しなさい。

①　簿記は、もっぱら財務諸表作成のためだけに行われる帳簿記入のための技術的方法である。

②　会計単位とは、法律上における法人格に等しいものである。

③　個人事業主の所得税は、事業に関連しているので企業経営上の経費とする。

④　会計期間と事業年度は必ずしも一致しない。

⑤　会社の会計期間は、原則として４月１日から３月31日までである。

〔解答・解説〕

①　×
簿記は財産管理、損益計算のために行われるものであり、財務諸表作成のためにも用いられるものである。

②　×
例えば、連結財務諸表では、企業グループが会計単位となるため、会計単位と法人格は必ずしも一致しない。

③　×
所得税は個人に対して課せられるものなので、企業経営上の経費にはならない。

④　○

⑤　×
会社は、原則として任意で会計期間を決定することができる。

2 **貸借対照表と損益計算書の関係**

次の（　）内に当てはまる金額を示した解答群のうち、正しいものには○を、誤っているものには×を記入しなさい。ただし、当期において資本金の増減はなかったものとする。

（単位：円）

	期首			期末			総収益	総費用	純損益
	資産	負債	純資産（資本）	資産	負債	純資産（資本）			
1	90,000	30,000	（a）	（b）	40,000	（c）	42,000	36,000	（d）
2	（e）	20,000	50,000	（f）	15,000	57,000	（g）	40,000	（h）
3	32,000	（i）	12,000	42,000	35,000	（j）	25,000	（k）	（l）
4	60,000	（m）	（n）	50,000	（o）	40,000	30,000	26,000	（p）

〈解答群〉

（a）60,000、（b）84,000、（c）44,000、（d）6,000、（e）70,000、（f）72,000、（g）33,000、（h）7,000、（i）20,000、（j）7,000、（k）15,000、（l）10,000、（m）10,000、（n）50,000、（o）10,000、（p）4,000

〔解答・解説〕

（a）○、（b）×、（c）×、（d）○、（e）○、（f）○、（g）×、（h）○、（i）○、（j）○、（k）×、（l）×、（m）×、（n）×、（o）○、（p）○

1

期首資産90,000円－期首負債30,000円
　＝期首純資産（資本）（a）60,000円
総収益42,000円－総費用36,000円＝純利益（d）6,000円
期首純資産（資本）（a）60,000円＋純利益（d）6,000円
　＝期末純資産（資本）（c）66,000円
期末負債40,000円＋期末純資産（資本）（c）66,000円
　＝期末資産（b）106,000円

2
期首負債20,000円＋期首純資産（資本）50,000円
＝期首資産（e）70,000円
期末負債15,000円＋期末純資産（資本）57,000円
＝期末資産（f）72,000円
期末純資産（資本）57,000円－期首純資産（資本）50,000円
＝純利益（h）7,000円
総費用40,000円＋純利益（h）7,000円＝総収益（g）47,000円

3
期首資産32,000円－期首純資産（資本）12,000円
＝期首負債（i）20,000円
期末資産42,000円－期末負債35,000円
＝期末純資産（資本）（j）7,000円
期末純資産（資本）（j）7,000円－期首純資産（資本）12,000円
＝純損失（l）－5,000円
総収益25,000円－純損失（l）－5,000円＝総費用（k）30,000円

4
期末資産50,000円－期末純資産（資本）40,000円
＝期末負債（o）10,000円
総収益30,000円－総費用26,000円＝純利益（p）4,000円
期末純資産（資本）40,000円－純利益（p）4,000円
＝期首純資産（資本）（n）36,000円
期首資産60,000円－期首純資産（資本）（n）36,000円
＝期首負債（m）24,000円

下記の算式を理解しておくこと。
・資産－負債＝純資産（資本）
・期末純資産（資本）－期首純資産（資本）＝当期純利益（マイナスの場合は当期純損失）
・総収益－総費用＝当期純利益（マイナスの場合は当期純損失）

第２節 簿記一巡（取引・勘定・仕訳・元帳・試算表）

学習のポイント

- ◆簿記上の取引の内容について学ぶ。
- ◆取引内容の二面性と結合関係について理解する。
- ◆取引に関する仕訳の意味と方法について理解する。
- ◆仕訳帳から元帳への転記方法について学ぶ。元帳は、全ての勘定について、増加額と減少額、さらに両者の差額としての残高が示される。
- ◆元帳から試算表を作成する方法と、試算表の役割について学ぶ。試算表は、期首から作成日までの期中取引に基づく全ての数値が示されており、期中の帳簿記入の正確性を確認するために作成する表である。

1 取 引

（1）取引の意味

複式簿記は、企業の経済活動に伴う資産・負債・純資産（資本）の増減変化及び収益・費用の発生・取消を取引として把握して記録・計算の対象としている。

簿記上の取引は、日常使用される取引という意味と若干、範囲が異なる場合がある。従業員と雇用契約を結んだ場合、日常用語では取引の一種として認めるが、簿記上では資産・負債・純資産（資本）に増減変化が生じないため、簿記上の取引とはならない。

これに対して、火災や盗難による物品の損害や滅失は、日常用語では取引とは認めないが、簿記上では資産の減少を伴うため取引として扱う。

設例1

次の取引のうち、簿記上の取引となるものについて（　）内に○印をつけなさい。

①（　）従業員に給料40,000円を現金で支払った。
②（　）得意先から商品120,000円の注文を受けて在庫の確認をした。
③（　）土地600,000円の売買契約を結んだ。
④（　）建物500,000円が火災に遭い焼失した。
⑤（　）商品300,000円が盗難に遭った。
⑥（　）店舗の賃貸契約を結び、家賃を月額12,000円と決めた。

解　答

①　④　⑤

（2）取引要素の結合関係

複式簿記は、以下のように取引を原因と結果の二面からとらえて、体系的に記録・計算する。例えば、備品100円を購入して、現金100円を支払った場合は、①備品100円の増加、②現金100円の減少のように、二面的にとらえることができる。

（1）備品6,000円を買い入れ、現金で払う。
　備　品（資産の増加）6,000円 ＋ 現　金（資産の減少）6,000円
（2）現金8,000円を借りる。
　現　金（資産の増加）8,000円 ＋ 借入金（負債の増加）8,000円
（3）借入金7,000円を現金で返す。
　借入金（負債の減少）7,000円 ＋ 現　金（資産の減少）7,000円
（4）現金30,000円を元入れする。

現　金（資産の増加）30,000円　＋　資本金（資本の増加）30,000円

（５）手数料700円を現金で受け取る。

現　金（資産の増加）700円　＋　受取手数料（収益の発生）700円

（６）利息300円を現金で支払う。

支払利息（費用の発生）300円　＋　現　金（資産の減少）300円

以上のように、資産・負債・純資産（資本）の増加・減少や収益・費用の発生という取引の要素は、複数の組合せにより様々な取引となるが、これを図示すると、図表１－２－１のようになる。

図表１－２－１●取引要素の組合せ

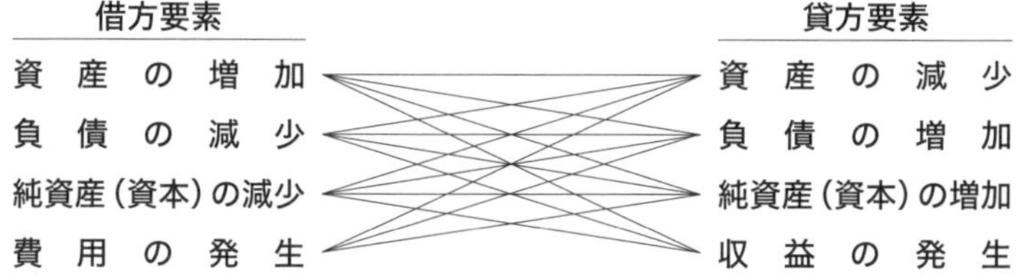

図表１－２－１の左右に示された項目は、全ての取引を成立させる要素であるから取引要素という。

簿記では、左側を借方（かりかた）、右側を貸方（かしかた）と呼ぶが、上記の取引要素では、左側の要素を借方要素、右側の要素を貸方要素と呼び、それらを取引の８要素という。

全ての取引は、相互に対立する借方要素と貸方要素の結合関係として成立しているため、複式簿記として成立する。したがって、借方要素間のみ、あるいは貸方要素間のみの取引として把握することはない。なお、取引は、借方要素、貸方要素がそれぞれ１つに限定されず、借方要素ないし貸方要素のいずれか、あるいは両者が複数で結合する場合もある。

設例2

次の事例の取引要素の結合関係を示しなさい。

（例）甲銀行から現金600,000円を借り入れた。

	借方要素	貸方要素
例	資産の増加	負債の増加

（1）現金1,000,000円を元入れして営業を開始した。
（2）現金20,000円を借り入れた。
（3）備品30,000円を購入して、代金は現金で支払った。
（4）利息3,000円を現金で支払った。
（5）借入金20,000円を現金で返済した。
（6）手数料80,000円を現金で受け取った。

解　答

	借方要素	貸方要素
(1)	資産の増加	純資産（資本）の増加
(2)	資産の増加	負債の増加
(3)	資産の増加	資産の減少
(4)	費用の発生	資産の減少
(5)	負債の減少	資産の減少
(6)	資産の増加	収益の発生

2 仕 訳

（1）仕訳の記入方法

前述したように簿記上の取引は、取引要素の結合関係によって借方と貸方に二面的に記入される。

例えば、「5月10日に備品2,000円を購入し、現金で支払った」という取引について仕訳を考えてみる。この取引は、以下のように、5月10日に備品という2,000円の資産が増加したということと、現金という2,000円の資産が減少したという内容から成り立っているとみることができる。

〈借　方　要　素〉　5月10日　〈貸　方　要　素〉

| 備品 |（資産の増加）2,000円 ⟷ | 現金 |（資産の減少）2,000円

これを次の形式で表したのが、仕訳である。

5/10 （借）備　　品 2,000 （貸）現　　金 2,000

この仕訳の基本形を示したのが以下である。

（日付）（借）| 勘定科目 |〈金　額〉（貸）| 勘定科目 |〈金　額〉

まず、左に取引の日付を記入する。そして、借方要素、貸方要素それぞれに取引の内容を示す「勘定科目」と「取引金額」を記入する。なお、取引は、借方要素ないし貸方要素のいずれか、あるいは両者が複数で結合する場合もあるため、仕訳が複数行になることもある。

この仕訳は、仕訳帳（journal）に取引が発生した日付順に記入され、仕訳帳には、営業活動の過去から現在までの記録が残されることになる。

（2）勘定の意味・勘定科目

複式簿記では、企業の経済活動を取引として把握し、資産・負債・純資産（資本）の増減変化、並びに収益・費用の発生に分解して表すが、その計算形式として勘定（account＝a/c）を用いる。

勘定は、資産勘定、負債勘定、純資産（資本）勘定、収益勘定及び費用勘定に分類される。

これらの勘定は、取引内容をより明確に示すために、さらに勘定科目に細分化する。→図表１-２-２

図表1-2-2●勘定の種類と勘定科目

	勘定の種類	勘定科目
貸借対照表に属する勘定	資産勘定	現金、備品、土地など
	負債勘定	借入金など
	純資産（資本）勘定	資本金など
損益計算書に属する勘定	収益勘定	売上、受取手数料など
	費用勘定	仕入、給料、支払利息など

仕訳の際には、取引内容を示す勘定科目を用いて、勘定の種類によって借方要素又は貸方要素に分類して記入する。

（3）貸借平均の原理

仕訳は、取引を借方と貸方の２つの面からとらえ、借方の合計額と貸方の合計額が同じ額になるように記入する。これを**貸借平均の原理**といい、この原理は複式簿記のしくみの基礎となっている。

設例3

次の取引について仕訳を示しなさい。

（１）４月１日に現金1,000,000円を元入れして営業を開始した。

（２）５月20日に現金20,000円を借り入れた。

（３）６月16日に備品30,000円を購入して、代金は現金で支払った。

（４）10月30日に借入金20,000円を返済し、利息1,000円とともに現金で支払った。

（５）12月10日に手数料80,000円を現金で受け取った。

解　答

（単位：円）

日付		借方科目	金額		貸方科目	金額
4/ 1	（借）	現　　　金	1,000,000	（貸）	資　本　金	1,000,000
5/20	（借）	現　　　金	20,000	（貸）	借　入　金	20,000
6/16	（借）	備　　　品	30,000	（貸）	現　　　金	30,000
10/30	（借）	借　入　金	20,000	（貸）	現　　　金	21,000
		支払利息	1,000			
12/10	（借）	現　　　金	80,000	（貸）	受取手数料	80,000

3　元　帳

（1）元帳の意味

仕訳帳には、取引の行われた日付順に仕訳が記帳されるが、仕訳帳だけでは一覧で勘定科目別の増減額並びに残高を知ることができない。そこで、勘定科目別に勘定を設けて、その勘定ごとに増減高を算定する。この勘定は、借方（左側）と貸方（右側）の２つの区分がある。この借方及び貸方の記入場所に所定の方法により記録を行う。→図表1-2-3

図表1-2-3●勘定（a/c）

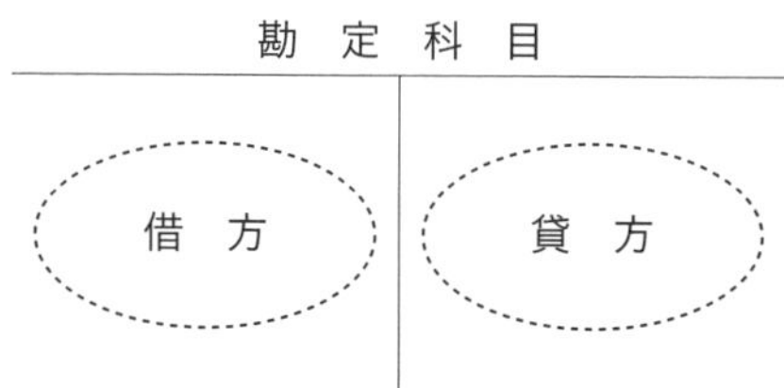

また、企業の経営活動によって生ずる資産・負債・純資産（資本）・収益・費用の増減変化を記録・計算するための勘定を全て設けている帳簿を元帳（ledger）又は総勘定元帳（general ledger）という。→図表1-2-4

図表１-２-４●元帳（総勘定元帳）

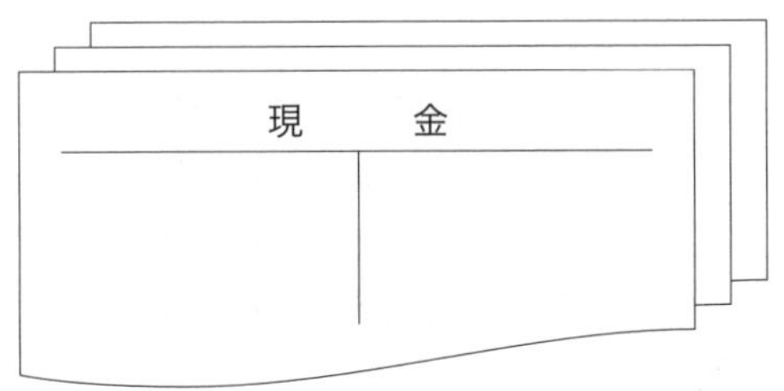

（２）元帳への転記

仕訳帳に記録されている仕訳を、元帳に設けてある勘定口座へ書き写すことを、転記という。→図表１-２-５

図表１-２-５●仕訳帳から元帳への流れ

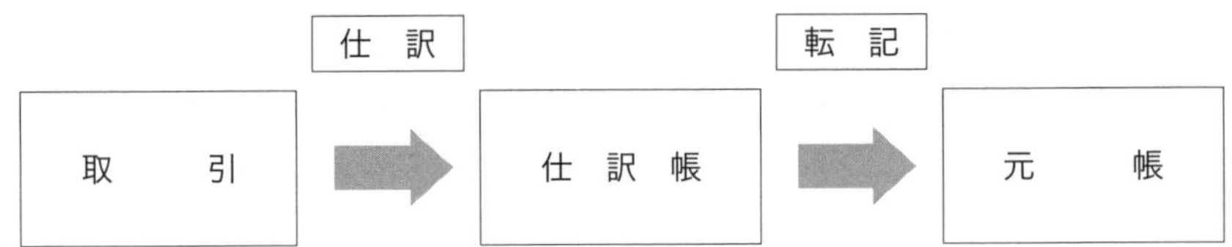

転記の手続を示せば、以下のとおりである。

① 仕訳帳に記入されている日付を、該当する勘定の日付欄に記入する。

② 仕訳の借方金額を該当する勘定の借方に記入し、仕訳の貸方金額を該当する勘定の貸方に記入する。

③ 各勘定には、金額の増減原因を示すために、その相手となる勘定科目を記入する。ただし、相手の勘定科目が２つ以上ある場合は「諸口」と書く。

設例４

次の取引について仕訳を示し、元帳へ転記しなさい。

（１）６月１日に現金300,000円を借り入れた。
（２）７月５日に備品40,000円を現金で購入した。
（３）８月31日に借入金の半分150,000円を返済し、利息1,500円とともに現金で支払った。

解　答

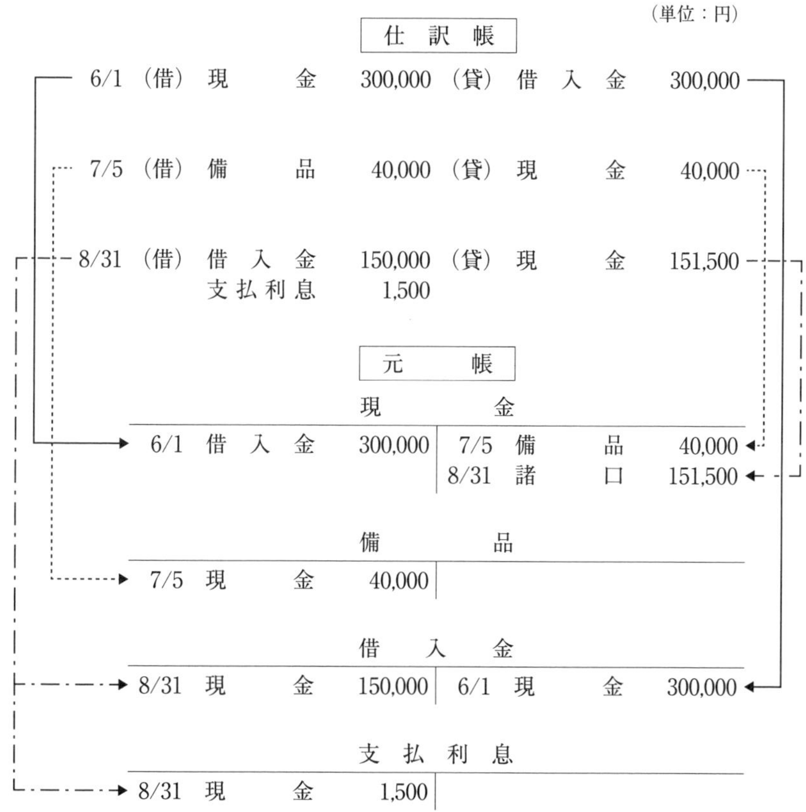

（単位：円）

仕　訳　帳

日付		借方科目	金額		貸方科目	金額
6/1	（借）	現　金	300,000	（貸）	借入金	300,000
7/5	（借）	備　品	40,000	（貸）	現　金	40,000
8/31	（借）	借入金	150,000	（貸）	現　金	151,500
		支払利息	1,500			

元　帳

現　金

日付	摘要	金額	日付	摘要	金額
6/1	借入金	300,000	7/5	備　品	40,000
			8/31	諸　口	151,500

備　品

日付	摘要	金額	日付	摘要	金額
7/5	現　金	40,000			

借　入　金

日付	摘要	金額	日付	摘要	金額
8/31	現　金	150,000	6/1	現　金	300,000

支　払　利　息

日付	摘要	金額	日付	摘要	金額
8/31	現　金	1,500			

（３）各勘定科目の記入と貸借平均の原理

①　資産・負債・純資産（資本）の諸勘定への記入

仕訳帳から各勘定に転記されるルールを整理すると、資産・負債・純資産（資本）の諸勘定の残高は、次のように貸借対照表と関連していることが確認できる。

1）資産に属する諸勘定

資産の増加額は資産勘定の借方に記入され、資産の減少額は資産勘定の貸方に記入される。資産勘定の貸借差額は、常に借方残高（借方＞貸方）となり、当該残高を基礎に貸借対照表の借方に計算表示される。

(借方)　資産の勘定　(貸方)

増　加（＋）	減　少（－）

2）負債・純資産（資本）に属する諸勘定

負債・純資産（資本）の増加額はそれらの勘定の貸方に記入され、減少額が借方に記入される。負債・純資産（資本）勘定の貸借差額は、常に貸方残高（借方＜貸方）となり、当該残高を基礎に貸借対照表の貸方に計算表示される。

(借方)　負債の勘定　(貸方)

減　少（－）	増　加（＋）

(借方)　純資産(資本)の勘定　(貸方)

減　少（－）	増　加（＋）

② 収益・費用の諸勘定への記入

仕訳帳から各勘定に転記されるルールを整理すると、収益・費用の諸勘定の残高は、次のように損益計算書と関連していることが確認できる。

1）収益に属する諸勘定

収益の発生は、収益の勘定の貸方に記入し、収益が取り消された場合は、収益の勘定の借方に記入する。よって、収益勘定の残高は、常に貸方残高（借方＜貸方）となり、当該残高を基礎に損益計算書の貸方に計算表示される。

(借方)　収益の勘定　(貸方)

取　消（－）	発　生（＋）

2）費用に属する諸勘定

費用の発生は、費用勘定の借方に記入し、費用が取り消された場合は、費用の勘定の貸方に記入する。よって、費用勘定の残高は、常に借方残高（借方＞貸方）となり、当該残高を基礎に損益計算書の借方に計算表示される。

（借方）	費用の勘定	（貸方）
発　生（＋）		取　消（－）

③　貸借平均の原理

仕訳では、貸借対照表の原理に従って借方の合計額と貸方の合計額が同じ額になるように記入される。これを元帳に転記することから、全ての勘定の借方の合計額と貸方の合計額は一致する。

例えば、前記 設例４ ７月５日の取引については、仕訳帳において借方に備品勘定と40,000円が記入されるとともに、貸方に現金勘定と同額の40,000円が記入されている。よって、次の関係が成立する。

備品勘定への借方転記額＝現金勘定への貸方転記額

このように、個々の取引に基づいて勘定に記入した借方合計額と貸方合計額は同額であるので、全ての勘定の記録を集めると、借方金額の合計額と貸方金額の合計額は当然等しくなり平均することになる。これを**貸借平均の原理**という。この原理は、複式簿記のしくみの基礎となっている。

全勘定の借方金額の合計＝全勘定の貸方金額の合計

したがって、全ての勘定の借方合計額と貸方合計額が一致しない場合は、記録又は計算に誤りがあることになる。

4　試算表

（１）試算表の意味

試算表は、元帳の各勘定口座に記入してある金額の合計額や残高を、定期的に１つの表にまとめたものであり、仕訳帳から元帳への転記が正確であるかどうかを検証する等のために作成するものである。→図表１-２-６

図表１-２-６●取引から試算表までの流れ

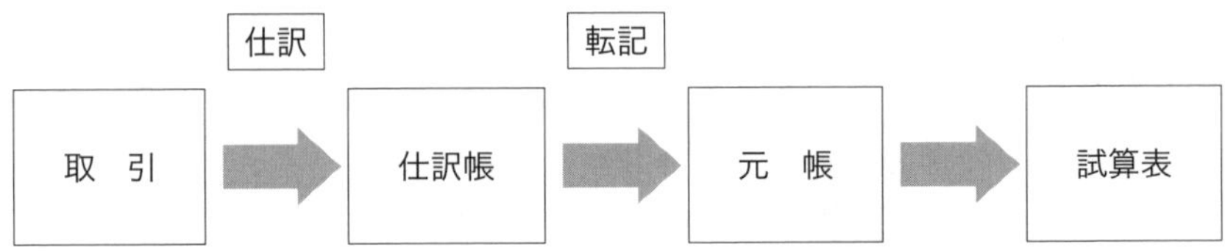

貸借平均の原理に基づいて、元帳の勘定記入が正しく行われていれば、試算表の借方の合計額と貸方の合計額は一致する。つまり、元帳の各勘定の借方の合計額と貸方の合計額を算出すれば、両者の合計額は同じ金額になるはずであり、試算表の貸借合計額も一致することになる。

したがって、試算表を作成することによって、仕訳帳から元帳への転記が正確に行われたか否かを検証することができる。また、試算表を作成することにより、後述する決算手続を経ることなく、取引規模や取引実績を概観することができる。

試算表は、表示形式によって合計試算表、残高試算表、合計残高試算表の３つに分けることができる。また、試算表は、決算時には必ず作成するが、取引高が多い企業では、毎月末や毎週末などで作成することもある。

（2）試算表の作成

①　合計試算表

合計試算表は、元帳の各勘定の借方合計額を試算表の借方に、また、各勘定の貸方合計額を試算表の貸方に集計して作成する。貸借平均の原理に基づいて仕訳帳から元帳への転記の正確性を検証するとともに、一定期間に行われた取引の規模を概観する目的で作成するものである。→図表１-２-７

図表１-２-７●合計試算表

また、仕訳帳の合計額と元帳の合計額が一致することにより、仕訳帳から元帳への正確性を検証することもできる。

②　残高試算表

残高試算表は、元帳の各勘定の残高を試算表に集計して作成する。貸借平均の原理に基づいて仕訳帳から元帳への転記の正確性を検証するとともに、一定期日における取引の実績を概観する目的で作成するものである。→図表１-２-８

図表1-2-8●残高試算表

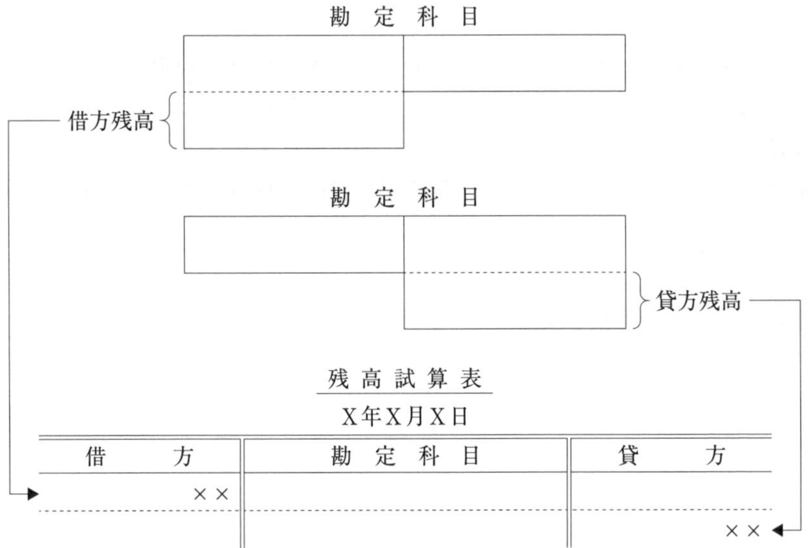

③　合計残高試算表

合計残高試算表は、元帳の各勘定の借方合計額・貸方合計額及び残高を記載して作成するものであり、合計試算表と残高試算表を一表にまとめたものである。→図表1-2-9

図表1-2-9●合計残高試算表

合計残高試算表
X年X月X日

借方		勘定科目	貸方	
残　高	合　計		合　計	残　高
××	××		××	
	××		××	××

設例5

次の各勘定に関する資料（単位：円）に基づいて、①合計試算表、②残高試算表、③合計残高試算表を作成しなさい。

現　金

借方	貸方
5,000	3,000
1,000	500
1,500	

売掛金

借方	貸方
3,600	1,000
	1,500

買掛金

借方	貸方
500	1,200

資本金

借方	貸方
	5,000

売　上

借方	貸方
	3,600

仕　入

借方	貸方
1,200	

給　料

借方	貸方
3,000	

解　答

①　合計試算表

合計試算表　（単位：円）

借　方	勘定科目	貸　方
7,500	現金	3,500
3,600	売掛金	2,500
500	買掛金	1,200
	資本金	5,000
	売上	3,600
1,200	仕入	
3,000	給料	
15,800		15,800

② 残高試算表

残高試算表

(単位：円)

借方	勘定科目	貸方
4,000	現金	
1,100	売掛金	
	買掛金	700
	資本金	5,000
	売上	3,600
1,200	仕入	
3,000	給料	
9,300		9,300

③ 合計残高試算表

合計残高試算表

(単位：円)

借方		勘定科目	貸方	
残高	合計		合計	残高
4,000	7,500	現金	3,500	
1,100	3,600	売掛金	2,500	
	500	買掛金	1,200	700
		資本金	5,000	5,000
		売上	3,600	3,600
1,200	1,200	仕入		
3,000	3,000	給料		
9,300	15,800		15,800	9,300

(3) 試算表による誤謬(ごびゅう)の発見

試算表の借方合計額と貸方合計額が一致しない場合には、誤りの原因を調査して明らかにする必要がある。不一致の原因としては、次の事項が考えられる。

① 試算表の合計金額を算定する場合に生じた計算の誤り

② 元帳の各勘定の合計額ないし残高を試算表に転記する際の誤り

③　仕訳帳から元帳へ転記する際の誤り

④　元帳の合計金額ないし残高金額の計算違い

ただし、試算表の貸借合計金額が一致していても、次の場合には誤りが発見できない。

①　勘定科目を間違えて仕訳した場合

②　借方の金額と貸方の金額を同額ずつ誤って仕訳をした場合

③　一取引の仕訳がそっくり記入漏れとなっている場合

④　一取引の仕訳について、貸借正反対に転記した場合

⑤　転記の際、勘定科目を間違えた場合

Column  **知ってて便利**

《試算表の今日的役割》

試算表は、本来は、貸借平均の原理に基づいて仕訳帳から元帳への転記の正確性を検証するために作成されるものである。しかし、ITが発達して会計ソフトに仕訳を入力する実務が普及している今日においては、仕訳帳から元帳への転記が誤っていることはほとんどない。そのため、このような検証機能を期待して試算表を作成するケースはほとんどないといえる。むしろ、今日においては、期首から試算表作成日までの取引実績について決算手続を経ることなく概観するためや、決算における財務諸表作成の基礎資料の作成目的で残高試算表が作成されるのが一般的である。

第１章第２節　理解度チェック

1

簿記上の取引

次の取引のうち、簿記上の取引となるものについて○、簿記上の取引とならないものには×を記入しなさい。

①（　）従業員３名を雇い入れた。
②（　）国庫補助金120,000円を受け入れた。
③（　）損害賠償金600,000円の支払命令がなされた。
④（　）水害により建物500,000円が損壊した。

〔解答・解説〕

①　×
雇い入れただけでは、資産・負債・純資産（資本）の増減変化がないため、簿記上の取引ではない。

②　○
国庫補助金の受入れにより資産が増加するので、簿記上の取引である。

③　○
損害賠償金の支払義務として負債が増加するので、簿記上の取引である。

④　○
建物の損壊により資産が減少するので、簿記上の取引である。

2

仕　訳

次の取引に関する仕訳（単位：円）のうち、正しいものについて○、誤っているものには×を記入しなさい。

①　４月１日に現金100,000円を元入れして営業を開始した。

4/ 1	（借）資　本　金	100,000	（貸）現　　　金	100,000

②　６月10日に現金200,000円を借り入れた。

6/10	（借）現　　　金	200,000	（貸）負　　　債	200,000

③　９月21日に備品20,000円を購入して、代金は現金で支払った。

8/21 （借）備　品 20,000 （貸）現　金 20,000

④　12月15日に借入金10,000円を返済し、利息1,000円とともに現金で支払った。

12/15 （借）借 入 金 11,000 （貸）現　金 11,000

⑤　２月10日に手数料8,000円を現金で受け取った。

2/10 （借）現　金 8,000 （貸）受取手数料 8,000

〔解答・解説〕

（単位：円）

①　×
仕訳の貸借が逆である。正しくは次のとおりである。

4/ 1 （借）現　金 100,000 （貸）資 本 金 100,000

②　×
貸方は「負債」ではなく具体的な勘定科目を記入する。正しくは次のとおりである。

6/10 （借）現　金 200,000 （貸）借 入 金 200,000

③　×
仕訳の日付に誤りがある。正しくは次のとおりである。

9/21 （借）備　品 20,000 （貸）現　金 20,000

④　×

元本返済分と利息支払分を分ける必要がある。正しくは次のとおりである。

12/15	（借）借　入　金	10,000	（貸）現　　　金	11,000
	支払利息	1,000		

⑤　○

3　**元　帳**

次の仕訳帳から元帳（一部）への転記について正しいものには○を、誤っているものには×を記入しなさい。

（単位：円）

①

9/21	（借）備　　　品	20,000	（貸）現　　　金	20,000

備　　品

			9/21	現　　　金	20,000

現　　金

9/21	備　　　品	20,000			

②

12/15	（借）借　入　金	10,000	（貸）現　　　金	11,000
	支払利息	1,000		

現　　金

			12/15	借　入　金	10,000
			〃	支払利息	1,000

③

1/23	（借）土　　地	10,000,000	（貸）現　　金	3,100,000
	租税公課	100,000	未 払 金	7,000,000

現　　金

			1/23　諸　　口 3,100,000

土　　地

1/23　諸　　口 10,000,000	

〔解答・解説〕

（単位：円）

① ×
備品の増加については備品勘定の借方、現金の減少については現金勘定の貸方に転記する。正しくは次のとおりである。

備　　品

9/21　現　　金　　20,000	

現　　金

	9/21　備　　品　　20,000

② ×
現金の減少取引なので、現金勘定の貸方に転記するが、相手科目が複数であるため「諸口」を記入する。正しくは次のとおりである。

現　　金

	12/15　諸　　口　　11,000

③ ○

4 **試算表①**

次の勘定科目（単位：円）について、合計残高試算表を作成した場合、金額が正しいものには○を、誤っているものには×を記入しなさい。

現　金

借方	貸方
15,000	1,000
4,000	
500	

売　掛　金

借方	貸方
10,000	4,000
	500

買　掛　金

借方	貸方
1,000	5,000

合計残高試算表（一部）　（単位：円）

借方 残高	借方 合計	勘定科目	貸方 合計	貸方 残高
	①18,500	現　金		
	10,000	売　掛　金	4,500	②5,500
		買　掛　金	③5,000	

〔解答・解説〕

① ×

借方合計は、15,000円＋4,000円＋500円＝19,500円である。

② ×

貸方残高でなく借方残高である。

③ ○

5 **試算表②**

次の誤りのうち、試算表を作成することによって発見できるものには○を、発見できないものには×を記入しなさい。

① 取引を仕訳する際に、勘定科目を誤った。

② 取引を仕訳する際に、借方と貸方を逆に記入した。

③　取引の仕訳が未処理であった。
④　ある勘定の残高の算定を誤った。
⑤　仕訳帳から元帳の借方に転記すべき項目について貸方に転記した。

〔解答・解説〕

①　×
仕訳における勘定科目の誤りは、試算表によって発見できない。

②　×
貸借逆の仕訳は、試算表によって発見できない。

③　×
未処理は、試算表によって発見できない。

④　○

⑤　○

第3節 基本的取引の処理

学習のポイント

◆期中における次の基本的取引の処理を学習する。
- 商品売買、売掛金及び買掛金の処理
- 消費税のしくみと会計処理
- 現金、現金過不足、小口現金の処理
- 普通預金、当座預金等の処理
- 約束手形の処理
- 有価証券の範囲、購入及び売却の処理
- 固定資産の処理と税法上の取扱い
- 印紙税、固定資産税、法人税等の処理
- その他の債権・債務の処理
- 会社の設立時と増資時の処理

1 商品売買

(1) 三分割法

企業の主たる事業活動である商品売買の記帳方法として最も一般的に用いられる方法が三分割法（三分法ともいう）である。三分割法によれば、商品を仕入れたときには仕入勘定（費用勘定）の借方に記入し、商品を販売したときには売上勘定（収益勘定）の貸方に記入する。そして、商品が期末に売れ残ったときは、繰越商品勘定（資産勘定）で処理し、翌期へ繰り越されていく。

三分割法において、仕入勘定は期中において商品の仕入のみを記録し、売上による商品の減少の記録は行わない。そのため、損益計算を行うための売上原価や翌期に繰り越される在庫商品については期中の処理からは把握されず、後述する決算整理手続が必要となる。これに伴い、前期から繰り越されてきた商品を示す繰越商品勘定は、決算時までそのままの状態で保持されることになる。

設例１

次の取引を三分割法により仕訳しなさい。

（1） A社から商品10,000円を購入し、代金は現金で支払った。

（2） B社へ商品13,000円（原価10,000円）を売り渡し、代金は現金で受け取った。

解　答（単位：円）

（1）	（借）仕　　入	10,000	（貸）現　　金	10,000
（2）	（借）現　　金	13,000	（貸）売　　上	13,000

Column　コーヒーブレイク

《商品売買に係る処理の変遷》

商品売買について、商品の仕入や売上という一連の過程を全て商品勘定により処理する方法も考えられる。しかし、この方法では商品勘定が資産勘定としての性格と損益勘定としての性質をあわせ持つことになり、本来の資産勘定としての純粋性が保持されないという問題点が生じ、簿記が果たすべき財産管理という役割に支障をきたすことになる。そこで、各勘定の残高に意味を持たせるために、商品勘定を、①仕入、②売上、③繰越商品、という３つの勘定に分割することにより、在庫商品や売上原価並びに売上高といった重要項目の内容を把握しやすくなる三分割法が考え出された。この背景には、企業規模の拡大により、仕入業務と売上業務を異なる人間が担当するようになり、仕入と売上という商品勘定の分割が必要になったということも関連している。

（2）売掛金と買掛金

①　売掛金勘定

商品売買という通常の営業取引によって生じた得意先に対する債権を、その都度現金等で代金決済をしないで、月末等にまとめて決済をする場合がある。このような信用取引のことを掛取引という。商品を掛で販売した場合には、その商品代金を受け取る債権が生じる。この債権は売掛金勘定（資産勘定）として処理する。掛販売は、売掛金勘定の借方に記入し、回収等によって売掛金が減少するときには売掛金勘定の貸方に記入する。したがって、売掛金残高は借方に生じ、売掛金の未回収高を示すことになる。

設例２

次の取引を三分割法により仕訳しなさい。

（１）Ｃ社に商品15,000円を掛で販売した。

（２）Ｃ社への売掛金のうち、10,000円を現金で回収した。

解　答（単位：円）

（１）	（借）売　掛　金	15,000	（貸）売　　　上	15,000
（２）	（借）現　　　金	10,000	（貸）売　掛　金	10,000

②　買掛金勘定

商品を掛で仕入れた場合には、その商品代金を支払う債務が生じる。この債務は買掛金勘定（負債勘定）によって処理する。商品を仕入れたときに買掛金勘定の貸方に記入し、その支払をしたときには借方に記入する。したがって、買掛金残高は貸方に生じ、買掛金の未払残高を示すことになる。

設例３

次の取引を三分割法により仕訳しなさい。

（１）Ｄ社から商品18,000円を掛で仕入れた。
（２）Ｄ社への買掛金のうち15,000円について、現金で支払った。

解　答 (単位：円)

（１）	（借）仕　　入	18,000	（貸）買　掛　金	18,000
（２）	（借）買　掛　金	15,000	（貸）現　　金	15,000

③　人名勘定

売掛金勘定だけでは、得意先に対する債権額を個別に明らかにすることが不可能となることから、売掛金勘定の代わりに、相手方の会社名や商店名をそのまま勘定として用いて記入する場合がある。この場合に用いる勘定を人名勘定という。また、仕入先に対する債務額についても、買掛金勘定の代わりに人名勘定を用いる場合がある。

設例４

次の取引を三分割法により仕訳しなさい。
（１）Ｅ社に商品20,000円を掛で販売した。
（２）Ｅ社から売掛金15,000円を現金で回収した。
（３）Ｆ社から商品16,000円を掛で仕入れた。
（４）Ｆ社の買掛金12,000円について現金で支払った。

解　答 (単位：円)

（１）	（借）Ｅ　　社	20,000	（貸）売　　上	20,000
（２）	（借）現　　金	15,000	（貸）Ｅ　　社	15,000
（３）	（借）仕　　入	16,000	（貸）Ｆ　　社	16,000
（４）	（借）Ｆ　　社	12,000	（貸）現　　金	12,000

(3) 返品・割戻・割引 →図表1-3-1

① 返品

商品の品違いあるいは傷などの理由により、販売した商品が返品される場合の売上戻りは、売上の減少となることから、売上勘定の借方に記入する。また、商品を仕入れたが、商品の品違い、傷などの理由により、仕入れた商品を返品する場合の仕入戻しは、仕入の減少となることから、仕入勘定の貸方に記入する。

② 割戻

商品を一定数量以上又は一定金額以上売り上げる場合に、代金の一部を免除する売上割戻は、売上の減少となることから、売上勘定の借方に記入する。また、商品を一定数量以上又は一定金額以上仕入れる場合に、代金の一部が免除される仕入割戻は、仕入の減少となることから、仕入勘定の貸方に記入する。

③ 割引

商品を掛により売り上げた場合で、掛代金が支払期日前に支払われたときに、掛代金の一部を免除する売上割引は、売手が早期に代金の回収ができたためによる金融費用ととらえることができるため、売上割引勘定（費用勘定）の借方に記入する。また、商品を掛により仕入れた場合で、掛代金を支払期日前に支払ったときに、掛代金の一部が免除される仕入割引は、金融収益ととらえることができるため、仕入割引勘定（収益勘定）の貸方に記入する。

図表1-3-1●商品売買に係る返品・割戻・割引

種類	発生事由	仕入側	売上側	処理
返品	品違い等	仕入戻し	売上戻り	仕入・売上の取消
割戻	多量の取引	仕入割戻	売上割戻	仕入・売上の減額
割引	期限前の支払	仕入割引	売上割引	金融収益・金融費用

設例５

次の取引を三分割法により仕訳しなさい。

（１）Ｇ社から商品50,000円を仕入れ、代金は掛とした。

（２）（１）の仕入商品（原価45,000円）を、Ｈ社へ80,000円で掛により販売した。

（３）（２）のＨ社へ販売した商品1,000円が品違いのため、返品された。

（４）（１）の仕入商品の代金を早期に現金で支払ったことにより２％（1,000円）の割引を受けた。

解　答（単位：円）

（１）	（借）	仕　　入	50,000	（貸）	買 掛 金	50,000
（２）	（借）	売 掛 金	80,000	（貸）	売　　上	80,000
（３）	（借）	売　　上	1,000	（貸）	売 掛 金	1,000
（４）	（借）	買 掛 金	50,000	（貸）	現　　金	49,000
					仕入割引	1,000

（４）分記法

商品を仕入れたとき、商品の仕入原価をもって商品勘定（資産勘定）の借方に記入し、商品を販売したときには、その商品の売上原価を商品勘定の貸方に記入し、この場合の売価と売上原価の差額を、商品売買益勘定（収益勘定）を設けて貸方に記帳する方法を分記法という。

しかし、この方法は商品の販売を行うごとに商品の仕入原価を確認する必要があることから、多品種の商品を大量に取り扱う取引には適さない。また、分記法では、商品勘定の残高が在庫金額を示すとともに、商品売買益が取引ごとに明らかになる長所がある反面、売上高は商品勘定の貸方金額と商品売買益勘定の貸方金額を合算しなければ把握できないという欠点がある。

設例6

次の取引を分記法により仕訳しなさい。

（1） I社から商品10,000円を仕入れ、代金は現金で支払った。

（2） J社へ商品12,000円（原価8,000円）を掛で売り渡した。

解　答 （単位：円）

（1）	（借） 商　　　品	10,000	（貸） 現　　　金	10,000
（2）	（借） 売　掛　金	12,000	（貸） 商　　　品	8,000
			商品売買益	4,000

（5）売上原価対立法

商品を仕入れたときには、その仕入原価によって商品勘定（資産勘定）の借方に記入し、商品を販売した都度、売価によって売上勘定（収益勘定）の貸方に記入するとともに、原価を商品勘定から売上原価勘定（費用勘定）の借方に振り替える方法を売上原価対立法という。

この方法は、商品勘定、売上原価勘定、売上勘定という3つの勘定が使用されるとともに、分記法と同様に、販売の都度、引き渡した商品の原価と売上高が把握され、同時に販売益も計算される。

そのため、売上原価対立法によれば、商品勘定は純粋に資産勘定としての性質を保持し、商品勘定の残高は商品の在庫金額を示すとともに、収益である売上高、費用である売上原価、そして両者の差額である販売益を常に把握することが可能である。

設例7

次の取引を売上原価対立法により仕訳しなさい。

（1） K社から商品10,000円を仕入れ、代金は現金で支払った。

（2） L社へ商品12,000円（原価8,000円）を掛で売り渡した。

解　答 (単位：円)

(１)(借)	商　　　品	10,000	(貸)	現　　　金	10,000
(２)(借)	売　掛　金	12,000	(貸)	売　　　上	12,000
	売上原価	8,000		商　　　品	8,000

(6) 諸掛

商品を購入する際にかかる運賃等の費用を引取費用という。この引取費用は仕入原価に含めて損益計算されることから、三分割法を例にとれば仕入勘定（費用勘定）によって処理する。

商品を販売する際に売主が発送運賃を支払ったとき、その費用を売主である当社の負担とする場合には、発送費勘定（費用勘定）の借方に記入する。また、これを買主である先方の負担とする場合には、売主の費用とせず、買主の負担費用を立て替えていることになることから売掛金勘定（資産勘定）又は立替金勘定（資産勘定）の借方に記入する。

設例８

次の取引を三分割法により仕訳しなさい。

(１) M社から商品50,000円を仕入れ、代金は掛とした。なお、商品の引取運賃2,000円は現金で運送業者に支払った。

(２) N社へ商品70,000円を掛で販売し、商品の発送運賃3,000円は当社の負担として、現金で支払った。

(３) O社へ商品70,000円を掛で販売し、商品の発送運賃3,000円は先方の負担として、現金で運送業者に立替払した。

解　答 (単位：円)

(１)(借)	仕　　　入	52,000	(貸)	買　掛　金	50,000
				現　　　金	2,000
(２)(借)	売　掛　金	70,000	(貸)	売　　　上	70,000
	発　送　費	3,000		現　　　金	3,000

(3)	(借) 売掛金	73,000	(貸) 売上	70,000
			現金	3,000

2 消費税

(1) 消費税の概要

消費税は、間接税の一種であり、物財やサービスの消費に担税力を見いだし課税される。消費税を負担するのは消費者であるが、納税の義務を負うのは事業者となる。消費税の納税義務を負う者（課税事業者）は全ての事業者ではなく、課税期間の基準期間（前々期の事業年度）における課税売上高及び特定期間（前事業年度開始の日以後6ヵ月間）における課税売上高等が1,000万円以下の事業者等については、課税事業者となることを選択した場合を除き、納税義務が免除され、これらの者を免税事業者という。

また、課税の対象として、輸出取引については消費税が免除されている。さらに、非課税取引として、消費税では、資本・金融取引等のように消費の概念になじまないもののほか、政策的に医療、福祉、教育の一部についても非課税となる。具体的には、土地の譲渡や貸付け、住宅の貸付け、利息、クレジット手数料、保険料、郵便切手類、印紙、社会保険医療、一定の介護保険サービス、学校の授業料等が非課税となる。

以上を整理すると、消費税の課税要件は、次の4つの要件を満たす取引ということになる。

① 国内において行われる取引

国内で消費される財貨・用役に対して課税を行うという趣旨に照らし、国外で行われる取引は対象外となる。

② 事業者が事業として行う取引

消費税は、事業者が「事業として」行う取引を課税の対象としている。よって、法人が行う取引は、全て「事業として」に該当するが、個人事業者の場合、消費者の立場で行う取引（例えば、自宅やマイカー等の売却）は、「事業として」に該当しない。

③　対価を得て行う取引

消費税は取引の価格に税率を乗じることにより計算するため、無償取引は原則として対象外となる。

④　資産の譲渡、貸付け又は役務の提供

同業者団体の会費等は、会費と役務提供に明確な対価関係（例えば、会費と会報の購読料）がなければ対象外となる。このほか、保険金や損害賠償金、配当金も対象外となる。

このように、消費税は、事業者が国内で商品の販売やサービスの提供等の取引を有償で行った場合に原則として課税される。しかし、物品等が複数の事業者を経由して消費者に到達するまでに、複数の取引が行われる場合、その都度、消費税が課されるため、多重課税が生じるという問題が生ずる。

例えば、原材料業者が原材料を製造業者へ1,000円で販売し（取引①）、製造業者が製品を製造して販売業者へ1,200円で販売し（取引②）、販売業者が消費者へ商品を1,500円で販売する（取引③）という状況を考えてみる。この場合、物財が最終消費者に渡るまでに3回の取引があり、いずれの取引にも消費税が課される。消費税率を10%とすると、取引①において製造業者は1,000円×10%＝100円の消費税を、取引②において販売業者は1,200円×10%＝120円の消費税を、さらに取引③において消費者は1,500円×10%＝150円の消費税を支払うことになる。最終的に消費者が消費する金額1,500円に対応する消費税は150円であるにもかかわらず、総額で370円（＝100円＋120円＋150円）の消費税が課されることになる。→図表1-3-2

そのため、事業者における消費税の納付税額は、課税期間中の課税売上に係る消費税額から課税仕入等に係る消費税額を差し引いて計算する。具体的には、販売業者は消費者より預かった消費税150円から製造業者に支払った消費税120円を控除した30円を納付し、製造業者は販売業者より預かった消費税120円から原材料業者へ支払った消費税100円を控

図表1-3-2●消費税の構造

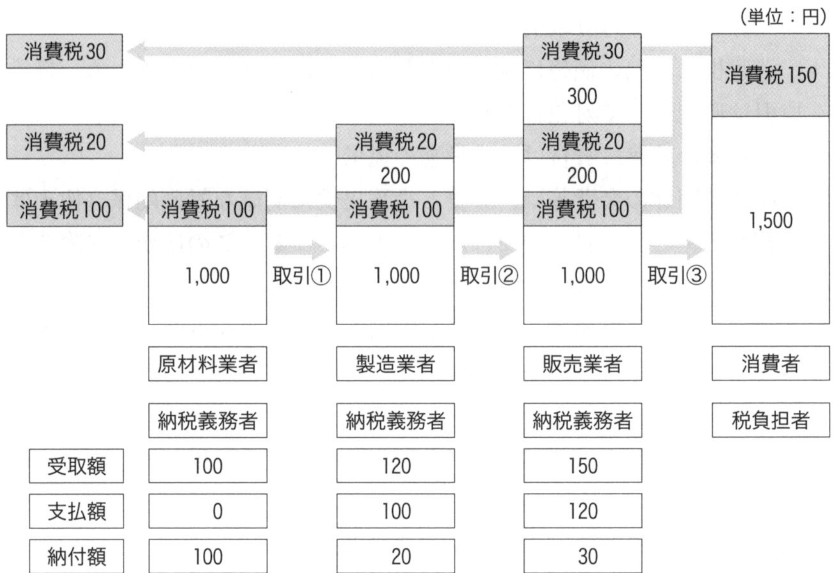

除した20円を納付し、原材料業者は支払う消費税がないため、製造業者より預かった消費税100円をそのまま納付する。これにより、3つの事業者が納付する消費税の合計額は150円となる。このように、各事業者段階において、課税仕入等に係る消費税額を差し引くことを仕入税額控除といい、多重課税を防止しているのである。なお、消費税率は、令和元年9月30日までは8％、令和元年10月1日からは10％（食品等は8％の軽減税率が適用）となっている。

(2) 消費税の経理方式

事業者は、消費税の経理処理方式として、税抜経理方式又は税込経理方式のいずれかを選択することができる。ただし、免税事業者は税込経理方式を採用しなければならない。

① 税込経理方式

税込経理方式による場合、三分割法を例にとれば、課税売上に係る消費税額は売上勘定に含め、仕入に係る消費税額は仕入勘定に含めて計上される。そして、決算時に申告納税すべき金額を計算し、その金額を租税公課勘定（費用勘定）の借方と未払消費税勘定（負債勘定）の貸方に記入する。預かった消費税よりも支払った消費税のほうが多い場合には、消費税の還付を受けることとなるため、未収消費税勘定（資産勘定）の借方と雑収入勘定（収益勘定）の貸方に記入する。

既に述べたように、消費税の納税義務者である事業者は、原則として実際に消費税を負担することはない。そのため、本来は費用が計上されることはないが、税込経理方式を採用する場合には、売上等の収益及び仕入原価等の費用には消費税が含まれてしまっているために、これら収益と費用の差額である利益についても消費税が含まれている状況が生じている。そこで、租税公課を計上することにより、消費税について実質的に損益が生じないようにしている。

② 税抜経理方式

税抜経理方式による場合は、課税売上に係る消費税額は仮受消費税勘定（負債勘定）の貸方に記入し、課税仕入に係る消費税額については仮払消費税勘定（資産勘定）の借方に記入する。仮受消費税は販売先から預かった消費税であり、仮払消費税は仕入先へ支払った消費税を表すため、申告において消費税額が確定したときには、仮受消費税及び仮払消費税を消滅させる。仮受消費税と仮払消費税の差額は納付すべき消費税となり、これを未払消費税勘定（負債勘定）として処理する。仮受消費税が仮払消費税よりも少ない場合には、消費税の還付を受けることになるため、未収消費税勘定（資産勘定）の借方に計上する。

ただし、実際の納税額は消費税法の規定に基づいて算出されるため、端数処理の方法等により、仮受消費税と仮払消費税の差額が納税額と一致しないことも少なくない。このような場合、貸方差額は雑収入勘定（収益勘定）、借方差額は雑損失勘定（費用勘定）又は租税公課勘定（費用勘定）で処理する。

なお、仮受消費税勘定と仮払消費税勘定は期中においてのみ存在する勘定であり、貸借対照表に計上される勘定ではないため、仮勘定と呼ばれる。このような理解によれば、借方に計上される仮払消費税勘定と貸方に計上される仮受消費税勘定について、これを資産勘定や負債勘定として区分することは厳密には正しくないが、ここでは便宜的に仮払消費税勘定を仕入先への前払の消費税、仮受消費税勘定を販売先からの預り金であると解して、それぞれ資産勘定と負債勘定として整理する。

設例1

次の取引を三分割法により、税込経理方式・税抜経理方式の場合についてそれぞれ仕訳しなさい。消費税率は10%とする。

（1）商品を20,000円（税抜価格）でA社より、消費税額2,000円とともに掛で仕入れた。

（2）（1）の商品を30,000円（税抜価格）でB社に販売し、消費税額3,000円とともに現金で受け取った。

（3）決算に際して、上記商品売買における消費税の納付額が1,000円と確定した。

（4）翌期の消費税の確定申告期限の前日に、当社の所轄税務署に対して確定申告をし、現金にて消費税額1,000円を納付した。

解　答（単位：円）

〈税込経理方式〉

（1）	（借）	仕　　入	22,000	（貸）	買　掛　金	22,000
（2）	（借）	現　　金	33,000	（貸）	売　　上	33,000
（3）	（借）	租税公課	1,000	（貸）	未払消費税	1,000
（4）	（借）	未払消費税	1,000	（貸）	現　　金	1,000

〈税抜経理方式〉

（1）	（借）	仕　　入	20,000	（貸）	買　掛　金	22,000
		仮払消費税	2,000			

（２）	（借）現　　　金	33,000	（貸）	売　　　上	30,000
				仮受消費税	3,000
（３）	（借）仮受消費税	3,000	（貸）	仮払消費税	2,000
				未払消費税	1,000
（４）	（借）未払消費税	1,000	（貸）	現　　　金	1,000

（３）中間納付

事業者は、消費者から消費税を預かる立場にあるので、本来預かった消費税は時間をおかずに納付されるべきである。そのため、課税事業者には、直前の課税期間の確定消費税額（年税額）を基礎として、年１回、年３回ないし年11回の中間申告をし、納付することが義務付けられている。ただし、仮決算を組んで計算した税額を中間申告額とすることもできる。

消費税を中間納付する場合には、経理方式によって次のようになる。

①　税込経理方式

中間申告により納税すべき金額を計算し、その金額を租税公課勘定（費用勘定）の借方に記入するとともに、未払（中間）消費税勘定（負債勘定）の貸方に記入する。

②　税抜経理方式

消費者から預かった消費税である仮受消費税勘定（負債勘定）と仕入等に際して支払った消費税である仮払消費税勘定（資産勘定）を消滅させ、その差額である納付する義務を負っている消費税額を未払（中間）消費税勘定（負債勘定）の貸方に記入する。

そして、いずれの処理方法によった場合も、消費税額を実際に納付するときに、未払（中間）消費税勘定の貸方に記入する。

設例２

次の取引を三分割法により、税込経理方式・税抜経理方式の場合についてそれぞれ仕訳しなさい。消費税率は10％とする。

（1）商品を10,000円（税抜価格）でC社より、消費税額1,000円とともに掛で仕入れた。

（2）（1）の商品を15,000円（税抜価格）でD社に販売し、消費税額1,500円とともに現金で受け取った。

（3）（1）及び（2）につき、中間申告に際して納付すべき消費税額が500円と確定した。

（4）消費税の中間申告期限前日に、所轄税務署への中間申告をし、現金にて消費税額500円を納付した。

解答（単位：円）

〈税込経理方式〉

（1）	（借）	仕入	11,000	（貸）	買掛金	11,000
（2）	（借）	現金	16,500	（貸）	売上	16,500
（3）	（借）	租税公課	500	（貸）	未払中間消費税	500
（4）	（借）	未払中間消費税	500	（貸）	現金	500

〈税抜経理方式〉

（1）	（借）	仕入	10,000	（貸）	買掛金	11,000
		仮払消費税	1,000			
（2）	（借）	現金	16,500	（貸）	売上	15,000
					仮受消費税	1,500
（3）	（借）	仮受消費税	1,500	（貸）	仮払消費税	1,000
					未払中間消費税	500
（4）	（借）	未払中間消費税	500	（貸）	現金	500

3 現金

（1）現金等の範囲

簿記・会計上では現金として処理するものとして、紙幣及び硬貨である通貨のほか、金融機関において直ちに現金化できる通貨代用証券が含まれる。通貨代用証券には、以下のようなものがある。

① 他人振出の小切手
② 送金小切手
③ ゆうちょ銀行発行の普通為替証書、定額小為替証書
④ 支払期日の到来した公社債の利札
⑤ 配当金領収証

これらを受け取った場合には、現金勘定（資産勘定）の借方に記入し、通貨を支払った場合には、同勘定の貸方に記入する。

なお、上記のものを受け取った際に、これを直ちに普通預金や当座預金に預け入れた場合には、現金勘定（資産勘定）の借方に記入するのではなく、直接、普通預金勘定（資産勘定）や当座預金勘定（資産勘定）の借方に記入する。

設例１

次の取引を仕訳しなさい。
Ａ社に商品を売上げ、同社振出しの小切手200,000円を受け取った。

解　答 （単位：円）

（借）現　　金	200,000		（貸）売　　上	200,000

（２）有価証券の利息

国債や社債等の有価証券を所有していて、これらについて利息を受け取った場合には、現金勘定（資産勘定）の借方に記入するとともに、受取利息勘定（収益勘定）又は有価証券利息勘定（収益勘定）の貸方に記入する。

公社債に係る利息には、15.315％（所得税15％及び復興特別所得税0.315％）が天引きされる。例えば、社債に係る利息が100円である場合、社債を発行する会社は所得税及び復興特別所得税15円（１円未満の端数切捨て）を控除した残額85円を社債保有者に支払うのであり、天引きし

た税金15円は社債発行会社が利息支払月の翌月10日までに納付することになっている。この制度を源泉徴収制度という。なお、法人が利息の支払を受ける際にも源泉徴収されるが、それをもって課税関係が完了するわけではなく、一旦、他の収入と合わせて法人税が計算される。そして、最終的に源泉徴収された税額は、法人税の確定申告において精算され納付すべき税額が確定することになる。このことから、源泉徴収税額は、法人税などの前払としての性格を持つものであることから、仮払税金勘定（資産勘定）又は仮払法人税等勘定（資産勘定）の借方に記入する。

設例２

次の取引を仕訳しなさい。

売買目的で所有していたＢ社の社債について利払日となったため、利札423,425円（源泉徴収税額76,575円控除後）を受け取った。

解　答 (単位：円)

（借）			（貸）	
現　　　　　金	423,425		有価証券利息	500,000
仮　払　税　金	76,575			

（３）株式配当金の受取

株式を所有していて、配当金を受け取った場合には、現金勘定（資産勘定）の借方に記入するとともに、受取配当金勘定（収益勘定）の貸方に記入する。

なお、株式に係る配当金にも、源泉徴収制度が適用される。このうち、法人株主（内国法人）に対して支払われる上場株式の配当等に対しては、復興特別所得税を含めた20.315％の源泉徴収税率が適用される。

設例３

次の取引を仕訳しなさい。

保有するＣ社株式（上場株式）につき、20,000株に対して１株５円の配当があり、株式配当金領収証を受け取った。79,685円（源泉徴収税額20,315円控除後の金額）の配当金領収証を受領した。

解　答（単位：円）

（借）	現　　　金	79,685	（貸）受取配当金	100,000
	仮払税金	20,315		

（4）現金過不足

現金は日々増減していることから、帳簿上の現金残高と実際の現金残高が何らかの理由により、異なることがある。この両者の不一致を現金過不足という。

① 実際有高が不足している場合

1）不一致が発生したときの処理

帳簿残高を減少させることによって、実際有高と一致させる必要がある。不一致の原因が判明するまでは、仮の勘定科目として現金過不足勘定を用いて仕訳をする。現金の実際有高が不足する場合には、現金過不足勘定の借方に記入する。

Column　コーヒーブレイク

《源泉徴収の処理における注意点》

源泉徴収に係る仕訳は、設例２、設例３において示したような仮払税金勘定を用いる方法のほか、法人税、住民税及び事業税勘定を用いる方法や純額で処理する方法がある。

① 法人税、住民税及び事業税勘定を用いる方法

（借）	現　　　金	423,425	（貸）有価証券利息	500,000
	法人税、住民税及び事業税	76,575		

② 純額で処理する方法

（借）	現　　　金	423,425	（貸）有価証券利息	423,425

2）不一致の原因が判明した場合の処理

本来の正しい処理が必要となることから、現金過不足勘定を減少させる場合には、貸方に記入し、正しい勘定科目を借方に記入する。

3）決算時まで原因が不明の場合の処理

帳簿残高と実際有高が不一致のまま財務諸表を作成することはしないため、決算時において現金過不足勘定の貸方に記入するとともに、雑損失勘定（費用勘定）又は雑損勘定（費用勘定）に記入する。

設例4

次の取引を仕訳しなさい。

（1）現金の実際有高を調べたところ、現金の実際有高50,000円に対して、帳簿残高が60,000円であった。

（2）（1）の不一致原因のうち、5,000円は買掛金の支払が記入漏れであることが判明した。

（3）（1）の不一致原因のうち、売掛金の回収額2,000円が3,000円と誤って記入されていたことが判明した。

（4）決算に際して、現金過不足勘定の残高に所要の手続を行う。

解　答（単位：円）

（1）	（借）	現金過不足	10,000	（貸）	現　　　金	10,000
（2）	（借）	買　掛　金	5,000	（貸）	現金過不足	5,000
（3）	（借）	売　掛　金	1,000	（貸）	現金過不足	1,000
（4）	（借）	雑　損　失	4,000	（貸）	現金過不足	4,000

②　実際有高が超過している場合

1）不一致が発生したときの処理

帳簿残高を増加させることによって、実際有高と一致させる必要がある。そのため、不一致の原因が判明するまでは、仮の勘定科目として現金過不足勘定を使って仕訳をする。現金の実際有高が超過する場合には、現金過不足勘定の貸方に記入する。

２）不一致の原因が判明した場合の処理

本来の正しい処理が必要となることから、現金過不足勘定を減少させる場合には、借方に記入し、正しい勘定科目を貸方に記入する。

３）決算時まで原因が不明の場合の処理

帳簿残高と実際有高が不一致のまま財務諸表を作成することはしないため、決算時において現金過不足勘定の借方に記入するとともに、雑収入勘定（収益勘定）又は雑益勘定（収益勘定）に記入する。

設例５

次の取引を仕訳しなさい。

（１）現金の実際有高を調べたところ、現金の実際有高60,000円に対して、帳簿残高が50,000円であった。

（２）（１）の不一致原因のうち、5,000円は売掛金の回収が記入漏れであることが判明した。

（３）（１）の不一致原因のうち、買掛金の支払額2,000円が3,000円と誤って記入されていたことが判明した。

（４）決算に際して、現金過不足勘定の残高を整理する。

解　答（単位：円）

（１）	（借）	現　　金	10,000	（貸）	現金過不足	10,000
（２）	（借）	現金過不足	5,000	（貸）	売 掛 金	5,000
（３）	（借）	現金過不足	1,000	（貸）	買 掛 金	1,000
（４）	（借）	現金過不足	4,000	（貸）	雑 収 入	4,000

（５）小口現金勘定の記帳方法

企業は、多額の現金を保有するのは危険が大きいことから、通常はこれを取引銀行に開設した当座預金口座に預け入れ、支払に際しては小切手を振り出す。しかし、日常の少額の経費を支払うために、その都度、小切手を振り出すのは非常に手間がかかるため、現金が必要となる。このような、小口現金の保管と出納には用度係が当たり、小口現金は会計係から支給される。この前渡しした少額の現金を示すために小口現金勘定（資産勘定）を用いる。

会計係から用度係への資金の支給方法としては定額資金前渡法（インプレストシステム）が一般的である。このほかにも、用度係に前渡しする額を定めないで適宜必要額を補給する臨時補給法もあるが、管理上、定額資金前渡法が優れている。

定額資金前渡法とは、会計係が一定期間（1ヵ月又は1週間）の初めに必要な一定額を見積もり、その一定額の小切手を用度係に前渡しし、これを現金化して日常の少額の経費の支払に充てる。小口現金の管理には、小口現金勘定を使用する。そして、会計係は月末等に用度係から当該期間の支払明細について、通信費、交通費、福利厚生費、事務用品費、雑費等の費目別に集計した金額の報告を受け、支払分と同額の小切手を用度係に支給する。

設例6

次の取引を仕訳しなさい。なお、資金の補給方法は定額資金前渡法（インプレストシステム）を採用している。

（1）当期首に、会計係は用度係に対して、小切手を30,000円手渡した。
（2）月末に、用度係から、当月分の支払報告を受けた。
　① 通信費　1,720円（内訳：はがき代520円、郵便切手代1,200円）
　② 福利厚生費　2,700円（内訳：コーヒー代1,200円、お茶代1,500円）
　③ 交通費　11,200円（内訳：タクシー代9,000円、バス代2,200円）
　④ 消耗品費　1,000円（内訳：消しゴム代1,000円）
（3）翌月初に、会計係は用度係に小切手を渡し、小口現金の前月使用額を補充した。

解　答 (単位：円)

（１）（借）	小口現金	30,000	（貸）	当座預金	30,000
（２）（借）	通信費	1,720	（貸）	小口現金	16,620
	福利厚生費	2,700			
	交通費	11,200			
	消耗品費	1,000			
（３）（借）	小口現金	16,620	（貸）	当座預金	16,620

4 預金

（１）普通預金

銀行に現金を預け入れる場合、基本的には入出金が自由である普通預金とすることが多い。この場合には、普通預金勘定（資産勘定）の借方に記入する。

普通預金については、定期的に利息が支払われ、これは受取利息勘定（収益勘定）の貸方に記入する。このとき、利息は源泉徴収の上、法人税の課税対象となり、源泉徴収税率は基本的に15.315％（所得税15％及び復興特別所得税0.315％）が適用される。そのため、源泉徴収された分については、現金の受領はないため、仮払税金勘定（資産勘定）又は仮払法人税等勘定（資産勘定）の借方に記入する。→本節３Column「源泉徴収の処理における注意点」

なお、普通預金に現金を預け入れるときに振込手数料がかかる場合、支払手数料勘定（費用勘定）の借方に記入する。

設例１

次の取引を仕訳しなさい。

（１）現金500,000円を普通預金に預け入れた。このとき、振込手数料110円を差し引かれた。

（２）１年後、（１）の普通預金につき、利息16,937円（所得税及び復興特別所得税3,063円源泉徴収後の金額）を受領し、普通預金口座に預け入れたままにしている。

解　答　（単位：円）

		借方科目	金額		貸方科目	金額
（1）	（借）	普通預金	499,890	（貸）	現　　金	500,000
		支払手数料	110			
（2）	（借）	普通預金	16,937	（貸）	受取利息	20,000
		仮払税金	3,063			

（2）当座預金

当座預金は、企業が現金決済の煩雑さと盗難等のリスクを軽減する目的で、出納の事務処理を銀行に委託する場合に、銀行との間で当座預金契約を結び、小切手を振り出す場合などに用いる銀行預金である。原則として利息は付かない。

当座預金に預け入れる場合には、当座預金勘定（資産勘定）の借方に記入し、引き出しは小切手を振り出すことによって行い、同勘定の貸方に記入する。

なお、自己が振り出した小切手を受け取った場合には、現金勘定の借方に記入するのではなく、当座預金勘定の借方に記入する。これは、自

A193377　小　切　手　東　京1301 0007―003

支払地　東京都新宿区

○○銀行　新宿支店

金額　金弐百五拾万円也

印

上記の金額をこの小切手と引替えに
持参人へお支払いください。

拒絶証書不要

振出日　令和　XX　年　XX　月　XX　日　株式会社 職業開発

代表取締役　協会 太郎　印

振出地　東京都新宿区　振 出 人

己振出小切手が戻って来た場合には、結果的に当座預金勘定に変動は生じず、小切手を振り出したときに当座預金勘定の貸方に記入した記録を消滅させるためである。

設例２

次の取引を仕訳しなさい。

（１）銀行の当座預金へ現金120,000円を預け入れた。

（２）パソコン１台を50,000円で購入し、代金の支払として、小切手（No. 01）を振り出した。

（３）Ａ社への売掛金10,000円の回収として、Ａ社振出しの小切手を受け取り、直ちに当座預金に預け入れた。

Column　コーヒーブレイク

《小切手の経済的機能》

購入代金の支払などの金銭債権の支払は、現金払が原則となっている（民法第402条）。しかし、現金の保管や運搬には盗難や紛失の危険が伴うことや、計算間違いを防ぐことから、あらかじめ現金を銀行に預金しておき、その銀行を支払人とする小切手を振り出し、債権者に交付すれば、債権者もトラブルから解放されることになる。

このように小切手は、もっぱら現金支払の手段（現金代用物）として用いられることを予定した制度である。その経済的機能から以下のような特徴を見いだせる。

①　小切手は流通を予定していない（受取人は記載されない）。

②　小切手は一覧払である（支払期日は記載されない）。

③　小切手においては、支払人の資格を銀行に制限するとともに、振出人が支払呈示の時点で支払銀行に支払資金を有し、かつ、支払銀行との小切手契約の締結を前提としている。

④　小切手の呈示期間は、振出日から10日である。

解　答 (単位：円)

(1)	(借) 当座預金	120,000	(貸) 現　　金	120,000
(2)	(借) 備　　品	50,000	(貸) 当座預金	50,000
(3)	(借) 当座預金	10,000	(貸) 売 掛 金	10,000

(3) 当座借越勘定の記帳方法

企業が当座預金残高を超えて小切手を振り出すことを過振りといい、当座預金残高が不足し、小切手が不渡りとなる。これを6ヵ月間に2回発生させてしまうと、銀行取引停止処分となり、企業活動に大きな支障をきたすことになる。

このような事態が生じることを防ぐために、当座預金口座を開設する銀行との間であらかじめ当座借越契約を結び、借越限度額を設定しておくと、当座預金口座が残高不足となった場合でも、その借越限度額の範囲で小切手を振り出すことが可能となる。その結果、期中に当座預金勘定の貸方残高は借越額を意味することになる。また、決算において当座預金勘定に貸方残高が生じている場合、銀行からの融資の性質を有することから、**当座借越**勘定（負債）の貸方に振り替える。

設例3

次の取引を仕訳しなさい。

(1) B銀行と当座預金契約を結び、現金500,000円を預け入れた。また、同行との間で当座借越契約を結び、借越限度額は300,000円とした。

(2) C社へ買掛金の代金を支払うため、小切手400,000円を振り出した。

(3) 現金を引き出すため、小切手200,000円を振り出した。

(4) 決算日を迎え、当座預金勘定の貸方残高を適切な勘定科目に振り替えた。

解　答 (単位：円)

(1)	(借) 当座預金	500,000	(貸) 現　　金	500,000

（２）	（借）買　掛　金	400,000	（貸）当 座 預 金	400,000
（３）	（借）現　　　金	200,000	（貸）当 座 預 金	200,000
（４）	（借）当 座 預 金	100,000	（貸）当 座 借 越	100,000

（４）定期預金

一定期間預け入れることを条件に、普通預金よりも金利が優遇される預金を定期預金という。預入期間は１ヵ月以上10年以内とされている。このうち、決算日の翌日から起算して１年以上（預入期間ではないことに留意）預け入れることとなっている（すなわち、翌期中に解約されないこととされている）定期預金は、後述する１年基準により、長期定期預金とされる。

なお、定期預金についても普通預金と同様に利息が付き、これに係る源泉徴収が行われる。

設例４

次の取引を仕訳しなさい。

（１）現金500,000円を定期預金に預け入れた。

（２）１年後、（１）の定期預金が満期になり、利息33,874円（源泉徴収税額6,126円控除後）を含めて普通預金に預け入れた。

解　答（単位：円）

（１）	（借）定 期 預 金	500,000	（貸）現　　　金	500,000
（２）	（借）普 通 預 金	533,874	（貸）定 期 預 金	500,000
	仮 払 税 金	6,126	受 取 利 息	40,000

（５）通知預金

一定金額を短期間預ける場合に、普通預金よりも金利が優遇される預金として利用されるのが通知預金である。通常、７日間は引き出すことができず、引き出す場合には２日以上前に通知することが必要となるため、通知預金と呼ばれる。預金を引き出す際には、全額が一括で払い戻され、利息は日割計算される。なお、通知預金についても普通預金等と同様に、源泉徴収が行われる。

設例5

次の取引を仕訳しなさい。

（1）現金36,500,000円を通知預金に預け入れた。

（2）60日後、事前通知の上、（1）の通知預金を引き出し、利息203,244円（源泉徴収税額36,756円控除後）を含めて普通預金に預け入れた。

解　答（単位：円）

（1）	（借）通知預金	36,500,000	（貸）現　　金	36,500,000
（2）	（借）普通預金	36,703,244	（貸）通知預金	36,500,000
	仮払税金	36,756	受取利息	240,000

5 諸経費

（1）人件費

企業が従業員に対して労働の対価として支払う給与や手当等は、給料勘定（費用勘定）や給与勘定（費用勘定）の借方に記入する。しかし、企業は給与全額を支給するのではなく、所得税の源泉徴収額や住民税の特別徴収額（住民税は前年の所得に対して課される地方税であり、従業員自らが納付する普通徴収と企業が従業員から徴収して納付する特別徴収がある）、社会保険料（健康保険料、介護保険料、厚生年金保険料等）、労働保険料（雇用保険料）等を企業が預かっておき、これらを控除した残額を従業員に支給することになっている。

所得税の源泉徴収額や住民税の特別徴収額は、企業が原則として翌月10日までに納付することとされているため、これらは一旦、企業が預かることになる。また、社会保険料及び労働保険料（雇用保険料）については、従業員負担分と企業負担分（労使折半）があり、企業は従業員負担分と企業負担分の合計額を後日納付する。そのため、社会保険料及び労働保険料（雇用保険料）についても一旦、企業が預かる。

企業が預かっている所得税等は、預り金勘定（負債勘定）に記入するが、所得税預り金、社会保険料預り金、従業員預り金等の勘定（負債勘定）が用いられる場合もある。社会保険料及び労働保険料（雇用保険料）のうち企業が負担する部分の支出については、月末に法定福利費勘定（費用勘定）の借方と未払金勘定（負債勘定）の貸方に記入し、翌月以降に支払ったときに未払金勘定（負債勘定）の借方に記入する。

設例１

次の取引を仕訳しなさい。

（１）Ａ社は、給与支給日に、従業員に対し、以下の給与を普通預金から支払った。
　給与300,000円、厚生年金保険料27,450円、健康保険料15,255円、介護保険料2,355円、雇用保険料900円、所得税6,700円、住民税12,300円

（２）Ａ社は、月末に、社会保険料等に関わる当社負担分を以下の金額と算定した。
　厚生年金保険料27,450円、健康保険料15,255円、介護保険料2,355円、雇用保険料1,800円

解　答（単位：円）

（１）	（借）給　　料	300,000	（貸）普通預金	235,040
			預り金（＊）	64,960

＊27,450円＋15,255円＋2,355円＋900円＋6,700円＋12,300円＝64,960円

（２）	（借）法定福利費（＊）	46,860	（貸）未　払　金	46,860

＊27,450円＋15,255円＋2,355円＋1,800円＝46,860円

（2）外注費

今日の企業は、全ての業務を自社内で行うのではなく、業務の規模や効率性を考慮し、一部の業務を外部に委託することがある。このような場合に企業が委託先に支払う金銭等の額を外注費といい、外注費を支払ったときは外注費勘定（費用勘定）や業務委託費勘定（費用勘定）の借方に記入する。なお、委託先に外注費を支払う際には、源泉徴収（原則として10.21%）を行うこととされており、これを控除した残額を支払う。

設例2

次の取引を仕訳しなさい。

Ａ社は、ホームページの制作費を制作会社に委託し、制作費総額800,000円から源泉所得税81,680円を差し引いた718,320円を当座預金から支払った。

解　答 （単位：円）

（借）	外　注　費	800,000	（貸） 当座預金	718,320
			預　り　金	81,680

（3）不動産賃借取引

土地や建物等の不動産を賃借するときは、企業は敷金や保証金を支払う。また、これとは別に、毎月支払う賃借料は、支払家賃勘定（費用勘定）又は賃借料勘定（費用勘定）の借方に記入する。敷金や保証金は、賃借料等を担保するために借主が貸主に預託する金銭のことをいい、賃貸借契約期間終了後はいまだ支払われていない賃借料等があれば、これを精算した残額が返還される。

敷金や保証金は、賃貸借契約期間終了後に返還されることが定められているので、これらの差入額を敷金勘定（資産勘定）や差入保証金勘定（資産勘定）に計上する。

賃貸借契約期間終了後は、借主が賃借不動産を貸主に返還した時点で、敷金勘定や保証金勘定から未収入金勘定（資産勘定）に振り替える。

敷金や保証金のうち、賃貸借契約において「賃貸借契約を終了する場合又は賃借人の都合により賃貸借契約を解除する場合は、敷金のうち20％に相当する金額は、賃借人に対し返還を要しないものとする」等のように将来返還されない部分の定めがある場合は、返還されない部分の金額を長期前払費用勘定（資産勘定）として計上し、賃貸借契約期間にわたって定額法により償却する。

このほか、不動産の賃貸借契約の締結に際しては、借主から貸主に権利金あるいは礼金が支払われることがある。権利金や礼金は、賃貸借契約期間終了後に返還されるものではないため、前述の敷金や保証金のうち将来返還されない部分の定めがある場合の処理と同様の処理となる。

さらに、長期前払費用の金額（敷金・保証金及び礼金の合計額）が20万円未満である場合には、全額を一時の経費とすることができる。

なお、不動産賃借に際しては、通常、１ヵ月分の家賃を前払する商慣行がある。前払家賃の処理については、本章第４節8「経過勘定項目」において詳しく解説する。

設例３

次の取引を仕訳しなさい。

（１）Ａ社（会計期間は１年）は、当期首において３年の賃貸借契約により賃借した建物につき、保証金6,000,000円（このうち20％に相当する金額は賃借人に対し返還を要しないものである）、翌月の賃借料1,000,000円を当座預金から支払った。

（２）決算を迎え、長期前払費用の償却処理及び家賃の前払分の処理を行った。

解　答（単位：円）

（１）	（借）	差入保証金	4,800,000	（貸）当座預金	7,000,000
		長期前払費用(＊)	1,200,000		

支 払 家 賃 1,000,000

＊6,000,000円×20％＝1,200,000円

（2）（借）長期前払費用償却（＊） 400,000 （貸）長期前払費用 400,000
（借）前 払 家 賃 1,000,000 （貸）支 払 家 賃 1,000,000

＊1,200,000円×$\frac{12月}{36月}$＝400,000円

（4）諸会費

企業は、業界団体や同業者団体、商工会等の団体に所属し、月会費や年会費を支払う。また、政治家や政党の後援会に加入することがある。これらの会費を支払ったときは、諸会費勘定（費用勘定）の借方に記入する。

設例4

次の取引を仕訳しなさい。

A社は、所属する同業者団体への当期分の年会費300,000円を当座預金から支払った。

解 答 （単位：円）

（借）諸 会 費 300,000 （貸）当 座 預 金 300,000

6 手 形

（1）手形の意義と種類

手形とは、手形法に基づいて支払期日、支払金額、支払場所、支払人等が明示された有価証券のことをいう（後に学習するが、簿記・会計上の有価証券とは異なる）。手形は、法律上商業手形と金融手形に分類され、商業手形は約束手形と為替手形に区分されるが、本テキストでは実務上重要性の高い約束手形を取り上げる。

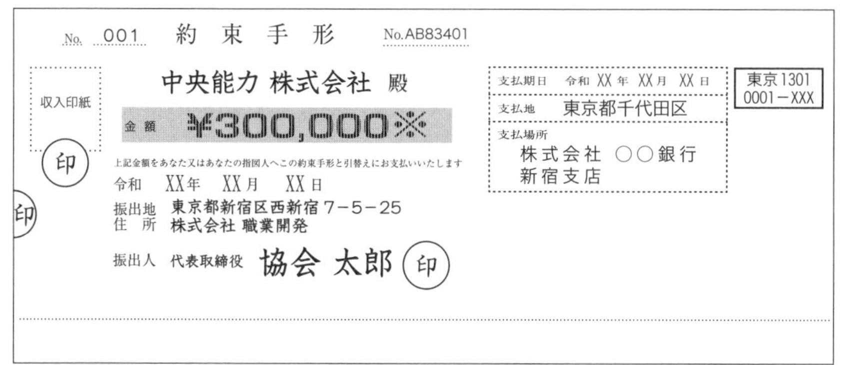

No. 001　約　束　手　形　No.AB83401

収入印紙　印

中央能力 株式会社 殿

金 額　¥300,000※

上記金額をあなた又はあなたの指図人へこの約束手形と引替えにお支払いいたします

令和　XX年　XX月　XX日

振出地 住 所　東京都新宿区西新宿７−５−25　株式会社 職業開発

振出人　代表取締役　協会 太郎　印

支払期日　令和 XX年 XX月 XX日

支払地　東京都千代田区

支払場所　株式会社 ○○銀行 新宿支店

東京1301 0001−XXX

印

(2) 約束手形

約束手形は、手形の振出人（支払人）が名宛人（受取人）に対して、一定の期日に、手形に記載された一定の金額（手形金額）を、一定の場所で支払うことを約束する証券をいう。→図表１−３−３

図表1-3-3●約束手形のしくみ

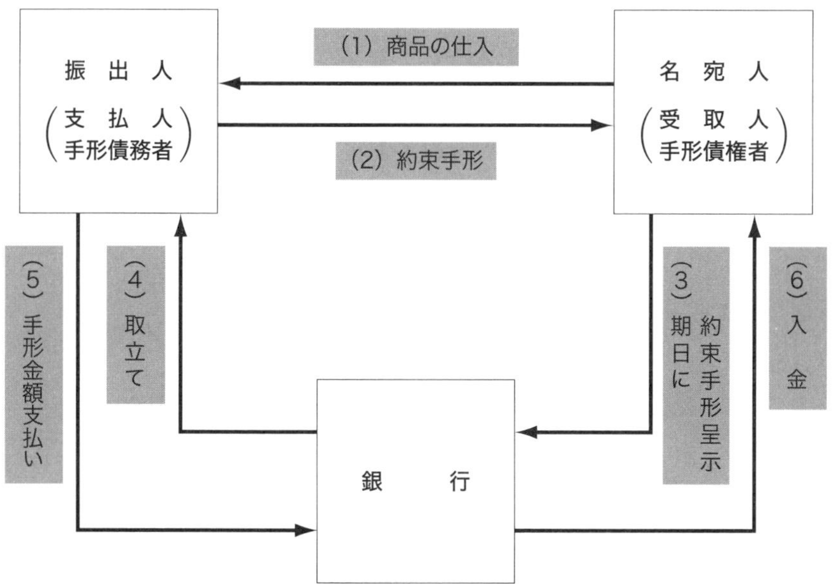

売上代金等の回収のために約束手形を受け取ったときには、受取手形勘定（資産勘定）の借方に記入する。そして、入金によって手形債権が消滅したときは同勘定の貸方に記入する。受取手形勘定の借方残高は、手形債権の残高を示す。

仕入代金等の支払のために約束手形を振り出したときは、支払手形勘定（負債勘定）の貸方に記入する。支払をしたときは、同勘定の借方に記入する。支払手形勘定の貸方残高は、手形債務の残高を示す。

なお、商品売買の代金決済を目的として、将来の振出日が記載された小切手が用いられることがあり、これを先日付小切手という。先日付小切手は、法形式上は小切手であるが、取引先との相互の信頼の下に振り出されるものであることから、受け取った時点ではすぐに現金化されないため、実質的には手形と同様の効果を持つものである。したがって、先日付小切手を受け取った場合には現金として処理せず、受取手形勘定で処理する。

設例1

次の取引を各社別に仕訳しなさい。なお、商品売買取引は三分割法による。

（1）A社は、B社へ商品200,000円を販売し、代金としてB社より同社振出しの約束手形を受け取った。

（2）（1）の手形の満期日が到来し、当座預金に入金決済がなされた。

解　答（単位：円）

〈A社〉

（1）（借）受取手形　200,000　（貸）売　　　上　200,000

（2）（借）当座預金　200,000　（貸）受取手形　200,000

〈B社〉

（1）（借）仕　　　入　200,000　（貸）支払手形　200,000

（2）（借）支払手形　200,000　（貸）当座預金　200,000

（3）手形の裏書譲渡・割引

①　手形の裏書譲渡

手形を所持する者は、その手形を期日到来前に第三者に譲り渡すことができる。このとき、手形の裏面に署名・押印する。このように、手形金額を受け取る権利を第三者に譲り渡すことを手形の裏書譲渡という。手形を裏書譲渡した場合には、受取手形勘定の貸方に記入する。

なお、裏書譲渡により手形が自己の手を離れても、その手形の代金を支払人が決済しない場合には、手形を所有する者は裏書譲渡した者に支払を求めることができるため、手形を裏書譲渡した場合には潜在的な債務を抱えていることになる。そのため、貸借対照表にその旨を注記しなければならない（例：手形裏書譲渡高100,000円）。

②　手形の割引

資金繰りのために現金が必要な場合の資金調達の手段として、手持ちの手形を取引銀行に持参し、銀行に対して裏書譲渡し、支払期日よりも前に換金することができる。このような取引を手形の割引という。

なお、手形の割引をした場合には、割引日から手形の支払期日までの利息を差し引かれることになる。この利息は、手形債権の譲渡に伴う損失であると考えられることから、支払利息勘定ではなく、手形売却損勘定（費用勘定）の借方に記入する。

$$\text{手形売却損} = \text{手形債権} \times \text{割引料年利率} \times \frac{\text{割引日数}}{365\text{日}}$$

また、割引により手形が自己の手を離れても、その手形の代金を支払人が決済しない場合には、銀行は割り引いた者に支払を求めることができるため、手形を割り引いた場合には潜在的な債務を抱えていることになる。そのため、貸借対照表にその旨を注記しなければならない（例：手形割引高100,000円）。

設例2

次の取引を仕訳しなさい。

（1）C社に対する買掛金の支払のため、手持ちの約束手形80,000円を裏書譲渡した。

（2）所有するD社の手形100,000円を取引先の銀行で割引を受け、割引料4,000円を差し引き、手取金は当座預金とした。

解　答（単位：円）

（1）	（借）	買　掛　金	80,000	（貸）	受取手形	80,000
（2）	（借）	当座預金	96,000	（貸）	受取手形	100,000
		手形売却損	4,000			

（4）手形の更改・不渡り

①　手形の更改

資金の都合がつかず、支払期日に手形代金の決済が困難な場合には、手形の支払人は受取人に期日の延期を申し出ることがある。これを手形の更改といい、受取人の了承があれば、支払人は期日を延長した新手形を振り出して旧手形と交換する。このとき、支払期日を延長することによる利息は、新手形の額面に加算する方法と現金払する方法がある。

設例3

次の取引を各社別に仕訳しなさい。また、①期日延長分の利息300円を新手形額面に加算する方法と、②期日延長分の利息300円を現金払する場合に分けて仕訳を記入しなさい。

（1）7月20日、E社は、F社への買掛金の支払のため10月20日期日の約束手形30,000円を振り出した。

（2）10月20日、E社は、資金繰りの都合により、（1）の手形の決済が困難であることから、F社に対して3ヵ月の期日延長を申し入れ、手形の更改を行った。

解 答 (単位：円)

（1）

〈E社〉

(借)	買掛金	30,000	(貸)	支払手形	30,000

〈F社〉

(借)	受取手形	30,000	(貸)	売掛金	30,000

（2）

① 期日延長分の利息を新手形額面に加算する方法

〈E社〉

(借)	支払手形	30,000	(貸)	支払手形	30,300
	支払利息	300			

〈F社〉

(借)	受取手形	30,300	(貸)	受取手形	30,000
				受取利息	300

② 期日延長分の利息を現金払する方法

〈E社〉

(借)	支払手形	30,000	(貸)	支払手形	30,000
	支払利息	300		現金	300

〈F社〉

(借)	受取手形	30,000	(貸)	受取手形	30,000
	現金	300		受取利息	300

② 手形の不渡り

所持している手形が、支払期日に支払を受けることができない場合を手形の不渡りといい、通常の手形債権とは区別する目的で、受取手形勘定を減少させるとともに、不渡手形勘定（資産勘定）の借方に振替処理をする。不渡手形が回収不能となった場合には、不渡手形勘定の貸方に記入するとともに、貸倒損失勘定（費用勘定）の借方に記入する。

設例4

次の取引を仕訳しなさい。

（1）所有していた、G社振出しの受取手形500,000円が不渡りとなったので、G社に対して償還請求を行った。償還請求に関する諸費用5,000円は現金で支払っている。

（2）G社に対して償還請求していた（1）の手形代金及び満期日以後の法定利息3,000円を現金で受け取った。

（3）所有していた不渡手形415,000円が回収不能となったため、貸倒処理することになった。

解　答（単位：円）

（1）	（借）不渡手形	505,000	（貸）	受取手形	500,000
				現　　金	5,000
（2）	（借）現　　金	508,000	（貸）	不渡手形	505,000
				受取利息	3,000
（3）	（借）貸倒損失	415,000	（貸）	不渡手形	415,000

（5）営業外手形

手形は通常、商品売買等の商取引において、営業債権・債務の決済の

Column　コーヒーブレイク

《手形の経済的機能》

銀行に当座預金口座を開かないと手形は使用することができない。手形は、指定した期日に指定の金額を支払することを約束した証券で、一定の期日までに支払を延ばすことができるものである。

支払期日が到来した手形は、受取人が取引銀行に取立てを委任することにより現金化できる。しかし、6ヵ月間に2回の不渡りを出すと銀行取引停止処分となり、企業活動に重大な障害となる。

ために利用され、商業手形と称される。商業手形には、このほかにも、固定資産の売却代金の決済のためにも利用される営業外手形がある。営業外手形を受け取った場合には、営業取引において使用される手形と区別するために、営業外受取手形勘定（資産勘定）の借方に、営業外手形を振り出した場合には営業外支払手形勘定（負債勘定）の貸方にそれぞれ記入する。

設例５

次の取引を各社別に仕訳しなさい。

Ｈ社は、保有する機械装置（帳簿価額900,000円）を同業のＩ社に現金800,000円にて売却し、額面800,000円のＩ社振出しの約束手形を受け取った。

解　答　（単位：円）

〈Ｈ社〉

（借）	営業外受取手形	800,000	（貸）	機械装置	900,000
	固定資産売却損	100,000			

〈Ｉ社〉

（借）	機械装置	800,000	（貸）	営業外支払手形	800,000

（６）金融手形

短期的な資金調達の際に借用書の代わりとして、手形を振り出した場合の手形を金融手形（融通手形）という。通常の商品取引の際に用いる支払手形勘定や受取手形勘定等の商業手形を意味する勘定科目と区別している。金融手形は、取引の実質が手形を用いた金銭貸借であることから、金銭を貸し付けた側は手形貸付金勘定（資産勘定）の借方に記入し、金銭を借り入れた側は手形借入金勘定（負債勘定）の貸方に記入する。

設例6

次の取引を各社別に仕訳しなさい。

Ｊ社は、Ｋ社に現金250,000円を貸し付け、借用証書の代わりに額面250,000円のＫ社振出しの約束手形を受け取った。

解　答 (単位：円)

〈Ｊ社〉

(借) 手形貸付金　250,000　　(貸) 現　　　金　250,000

〈Ｋ社〉

(借) 現　　　金　250,000　　(貸) 手形借入金　250,000

7 有価証券

(1) 有価証券の意義及び範囲

簿記・会計上の有価証券には国債、地方債、株式、社債、投資信託の受益証券等が含まれ、保有目的により以下のように分類される。

① 売買目的有価証券

時価の変動により利益を得ることを目的として保有する株式・社債等

② 満期保有目的債券

満期まで保有する意図を持って保有する社債その他の債券

③ 子会社株式・関連会社株式

他の会社を支配もしくは影響力を持つために保有する株式

④ その他有価証券

①から③のいずれにも分類されない有価証券

※子会社とは、他の会社に議決権の過半数を保有されているか、役員派遣等により実質的に支配されている会社等をいう。

※関連会社とは、他の会社により議決権の20%以上を保有されているように、事業等の方針に重要な影響を受けている会社等（子会社以外）をいう。

（２）有価証券の購入

売買目的有価証券を購入した場合、その取得原価で売買目的有価証券勘定（資産勘定）又は有価証券勘定（資産勘定）の借方に記入する。このとき、購入代価に証券会社へ支払う売買手数料などの付随費用を加算したものが、売買目的有価証券の取得原価となる。

同様に、満期保有目的債券を取得した場合には、その取得原価をもって満期保有目的債券勘定（資産勘定）又は投資有価証券勘定（資産勘定）の借方に、子会社株式を取得した場合には、その取得原価をもって子会社株式勘定（資産勘定）の借方に、関連会社株式を取得した場合には、その取得原価をもって関連会社株式勘定（資産勘定）の借方に、あるいは子会社株式と関連会社株式を合わせて関係会社株式勘定（資産勘定）の借方に、さらに、その他有価証券を取得した場合には、その他有価証券勘定（資産勘定）又は投資有価証券勘定（資産勘定）の借方にそれぞれ記入する。

設例１

次の取引を仕訳しなさい。

短期的な株価変動による利益を得る目的で、Ａ社株式1,000株を１株60円で購入し、１株当たり２円の手数料を含め、小切手を振り出して支払った。

解　答　(単位：円)

（借）売買目的有価証券　62,000　（貸）当　座　預　金　62,000

同一銘柄の有価証券を複数回に分けて購入した場合には、取得原価の算定方法として移動平均法と総平均法の２種類があるが、通常は移動平均法が用いられる。総平均法とは、期首における帳簿価額と期中に取得した取得原価総額との合計額を、これらの総数で除することによって１単位当たりの帳簿価額を算定する方法である。移動平均法とは、取得の都度、その直前の帳簿価額と新たに取得した取得原価との合計額を、これらの総数で除することによって1単位当たりの帳簿価額を算定する方法である。

(3) 有価証券の売却

有価証券を売却したときは、帳簿価額を有価証券勘定の貸方に記入する。売却価格が帳簿価額よりも低くなる場合は、その差額を有価証券売却損勘定（費用勘定）の借方に記入し、売却価格が帳簿価額よりも高くなる場合には、その差額を有価証券売却益勘定（収益勘定）の貸方に記入する。

設例2

次の取引を仕訳しなさい。

（1）売買目的でA社株式100株（@600円）を買い入れ、代金は現金で支払った。

（2）（1）の株式を1株700円で売却し、代金は現金で受け取った。

解　答（単位：円）

（1）	（借）売買目的有価証券	60,000	（貸）現　　　　金	60,000
（2）	（借）現　　　　金	70,000	（貸）売買目的有価証券	60,000
			有価証券売却益	10,000

公債や社債のように定期的に利息が支払われる債券が利払日以外の日に売買された場合には、その直前の利払日の翌日から売買日までの期間に発生した利息は売却した側の受取利息となるはずであるが、これを受け取ることはできず、購入側が一括して受け取ることになる。そのため、当該金額については売買時に、購入側から売却側へ支払われる。これを端数利息といい、購入側はこれを有価証券利息勘定（収益勘定）の借方に記入する。そして、売却側は、受け取った端数利息を有価証券利息勘

定の貸方に記入する。

設例３

次の取引を仕訳しなさい。

（１）売買目的で額面100,000円のＢ社社債1,000口を１口98円で買い入れ、代金は現金で支払った。なお、端数利息は生じていない。

（２）（１）の社債額面60,000円を１口97円で売却し、代金は現金で受け取った。なお、端数利息は生じていない。

解　答 （単位：円）

（１）	（借）	売買目的有価証券	98,000	（貸）現　　金	98,000
（２）	（借）	現　　金	58,200	（貸）売買目的有価証券	58,800
		有価証券売却損	600		

（４）有価証券の利息

国債や社債等の有価証券を所有していて、これらについて利息を受け取った場合には、有価証券利息勘定（収益勘定）の貸方に記入する。なお、公社債に係る利息は源泉徴収の対象となるため、源泉徴収税額を仮払税金などで処理する。

設例４

次の取引を仕訳しなさい。

売買目的で所有していたＣ社の社債について利払日となったため、利札47,811円（源泉徴収税額12,189円控除後）を受け取り、普通預金に入金した。

解　答 （単位：円）

（借）	普通預金	47,811	（貸）有価証券利息	60,000
	仮払税金	12,189		

(5) 株式配当金の受取

株式(有価証券)を所有していて、配当金を受け取った場合には、受取配当金勘定(収益勘定)の貸方に記入する。なお、株式に係る配当金は源泉徴収の対象となるため、源泉徴収税額を仮払税金などで処理する。

設例5

次の取引を仕訳しなさい。

売買目的で所有していたD社の株式20,000株に対して1株5円の配当(源泉徴収税額控除前)があり、株式配当金領収証を受け取った。なお、源泉徴収税額20,315円である。

解　答 (単位:円)

(借)	現　　金	79,685	(貸)	受取配当金	100,000
	仮払税金	20,315			

(6) 満期保有目的債券

満期保有目的の債券は満期保有目的債券勘定(資産勘定)で処理し、決算時の評価は取得原価によって貸借対照表価額とする。これは、売却の予定がなく、時価を考慮する必要性がないためである。

ただし、債券金額よりも低い金額又は高い金額で取得した場合に、その差額が実質的に金利の調整であると認められるときは、その差額を償還期までの一定の方法により貸借対照表価額に加減する。これを償却原価法という。

償却原価法には、定額法と利息法があるが、ここでは定額法を説明する。定額法では、債券金額と取得価額との差額を、期間に応じて均等配分し、差額を有価証券利息勘定(収益勘定)で処理する。

設例6

（1）X1年4月1日に償還日（X4年3月31日）まで保有する目的でF社社債（額面金額3,000,000円）を額面100円につき97円で購入し、代金は小切手を振り出して支払った。なお、取得価額と額面金額との差額は、金利の調整であると認められる。

（2）X2年3月31日の決算日に、（1）の社債について償却原価法（定額法）により処理する。

解　答（単位：円）

（1）	（借）満期保有目的債券	2,910,000	（貸）当座預金	2,910,000
（2）	（借）満期保有目的債券	30,000	（貸）有価証券利息	30,000

$$※3{,}000{,}000\text{円}\times\frac{(100\text{円}-97\text{円})}{100\text{円}}\times\frac{12\text{月}}{36\text{月}}=30{,}000\text{円}$$

8　有形固定資産

（1）有形固定資産の取得原価

有形固定資産は、企業が経営活動を行うために、1年以上の長期間において使用する目的で所有している資産のうち、形のあるものである。

有形固定資産として次のものがある。

①　土地
②　建物
③　備品
④　車両運搬具
⑤　機械装置

有形固定資産を取得したときは、その取得原価でそれぞれの勘定科目の借方に記入する。取得原価には、原則として購入代価のほか、引取費用等の付随費用を含める。引取運賃、荷役費、運送保険料、購入手数料、関税のほか、土地や建物を購入する際の仲介手数料、登記費用（登録免許税）等が付随費用となる。

設例1

次の取引を仕訳しなさい。

（1）土地15,000,000円を購入し、代金は仲介手数料450,000円、登記費用250,000円とともに小切手を振り出して支払った。

（2）営業用自動車2,000,000円を購入し、代金は諸費用76,500円とともに現金で支払った。

（3）備品540,000円を外国から輸入し、代金は関税50,000円ともに小切手を振り出して支払った。

解　答 (単位：円)

（1）	（借）	土　　地	15,700,000	（貸）	当座預金	15,700,000
（2）	（借）	車両運搬具	2,076,500	（貸）	現　　金	2,076,500
（3）	（借）	備　　品	590,000	（貸）	当座預金	590,000

（2）税法上の取得価額

①　取得価額

法人税法においても有形固定資産の取得価額が規定されており、その内容は、基本的に簿記・会計上の取得原価と同様である。購入した有形固定資産の取得価額には、原則として購入代価のほか、その資産を事業の用に供するために直接要した費用が含まれる。また、引取運賃、荷役費、運送保険料、購入手数料、関税等その資産の購入のために要した費用も含まれる。

ただし、次の費用については、有形固定資産の取得に関連して支出した費用であっても、取得価額に算入しないことができる。

1）次の租税公課等

ア　不動産取得税又は自動車取得税

イ　新増設に係る事業所税

ウ　登録免許税その他登記や登録のために要する費用

２）減価償却資産を取得するための借入金の利子（使用を開始するまでの期間に係る部分）

固定資産は、後述する減価償却の手続により、費用化されることになる。

②　少額減価償却資産

次のいずれかの要件を満たす減価償却資産は、取得価額の全額を損金算入することが認められることから、簿記・会計上も全額を費用処理することができる。なお、取得価額の判定は通常取引される単位を基準とする。また、取得価額が10万円未満であるか否かの判定に際し、税込経理方式を採用している場合には消費税を含めるが、税抜経理方式を採用している場合には消費税を含めないことに留意する。

ア　使用可能期間が１年未満であるもの

イ　取得価額が10万円未満であるもの

設例２

次の取引を仕訳しなさい。

（１）土地20,000,000円を購入し、代金は仲介手数料500,000円、不動産取得税600,000円、登録免許税450,000円とともに小切手を振り出して支

Column　コーヒーブレイク

《中小企業者等の少額減価償却資産の取得価額の損金算入の特例》

青色申告書を提出する中小企業者等（資本金１億円以下で、その２分の１以上を出資している法人がないこと）のうち常時使用する従業員の数が1,000人以下の法人は、取得価額30万円未満の減価償却資産を取得し事業の用に供した場合には、全額を損金算入することが認められている。なお、この適用を受ける資産の取得価額の合計額が年300万円を超える場合には、その合計額のうち年300万円に達するまでの金額が限度となる。これは租税特別措置法に規定されている時限立法措置であるが、長期にわたり運用されている。

払った。なお、土地の取得原価は税法の規定に基づく最低額となるよう処理する。

（2）備品70,000円を購入し、代金は小切手を振り出して支払った。なお、税法の規定に基づき、利益額が最も少なく計算されるよう処理する。

解　答（単位：円）

（1）	（借）土　　地	20,500,000	（貸）当座預金	21,550,000
	租税公課	1,050,000		
（2）	（借）消耗品費	70,000	（貸）当座預金	70,000

9　無形固定資産

無形固定資産は、企業が経営活動を行うために、1年以上の長期間において使用する目的で所有している資産のうち、法律上の権利や経済的な価値などのように形のないものである。

無形固定資産として次のものがある。

① 特許権
② 実用新案権
③ 商標権
④ 意匠権
⑤ 借地権
⑥ 漁業権
⑦ 鉱業権
⑧ 著作権
⑨ ソフトウェア
⑩ のれん

このうち、①～⑧は法律上の権利であり、⑨と⑩は経済的な価値を有するものである。本テキストではソフトウェアのうち、自社で利用するために制作又は購入したソフトウェアを扱う。このソフトウェアの制作・購入のための支出額は、ソフトウェア勘定（資産勘定）の借方に記入する。のれんは、買収や合併等の企業結合の場合に、取得に要した額が被取得企業の時価での純資産価額を超える額であり、のれん勘定（資産勘定）に計上する。なお、まれにではあるが、のれんが貸方に発生することがあり、この場合、負ののれん発生益勘定（収益勘定）の貸方に記入し、当期の利益とする。これらの無形固定資産は、有形固定資産と同様、その取得原価でそれぞれの勘定科目の借方に記入し、取得原価には、原則として特許（登録）料などの付随費用を含める。

このほか、研究開発費は、新技術や新製品の発見や発明を目的とした研究・開発のために支出した費用であり、支出時にその全額を研究開発費勘定（費用勘定）の借方に記入する。これは、研究開発が成功するかどうかは未知数であり、支出額を資産として計上することには疑問があると考えられるためである。なお、無形固定資産の取得原価については、法人税法も基本的に同様の規定となっているが、研究開発用の資産については、法人税法上、全額が損金として認められるとは限らず、また、のれんは会計上の無形固定資産であり、法人税法では類似のものとして資産調整勘定があるものの、のれんとは異なるものである。

設　例

次の取引を仕訳しなさい。

（１）特許権を5,000,000円で取得し、代金は特許料及び弁理士報酬料の合計額400,000円とともに現金で支払った。

（２）Ａ社より事業を譲り受け、現金6,000,000円を支払った。同社から承継した資産及び負債は次のとおりであった。

諸資産：簿価7,000,000円（時価8,000,000円）

諸負債：簿価3,000,000円（時価3,000,000円）

（３）研究開発のための費用1,200,000円を小切手で支払った。

解　答　(単位：円)

(1)	(借) 特　許　権	5,400,000	(貸) 現　　　金	5,400,000
(2)	(借) 諸　資　産	8,000,000	(貸) 諸　負　債	3,000,000
	の　れ　ん	1,000,000	現　　　金	6,000,000
(3)	(借) 研究開発費	1,200,000	(貸) 当座預金	1,200,000

10 そのほかの税金

(1) 印紙税

印紙税は、契約書等の経済取引に関連して作成される課税文書を作成する者に対して、所定の金額の印紙を購入し、課税文書に貼ることを求める税である。主な課税文書には以下のものがある。

① 土地の貸付け、譲渡等に関する契約書
② 金銭消費貸借契約書
③ 請負に関する契約書
④ 約束手形、為替手形
⑤ 株券、出資証券、社債券
⑥ 定款
⑦ 継続的取引の基本となる契約書
⑧ 配当金領収証等

印紙税を支払った場合、租税公課勘定（費用勘定）の借方に記入する。印紙税については、購入時に貯蔵品勘定（資産勘定）の借方に記入し、印紙貼付時に貯蔵品勘定の貸方に記入するとともに、租税公課勘定（費用勘定）の借方に記入する方法も適用できる。なお、租税公課勘定に代えて印紙税勘定（費用勘定）を用いる場合もある。

設例1

次の取引を仕訳しなさい。

(1) 収入印紙50,000円を購入し、現金で支払った。なお、印紙購入時に費用として処理する方法によるものとする。

（２）収入印紙80,000円を購入し、現金で支払った。なお、印紙購入時に資産として処理する方法によるものとする。

解　答 (単位：円)

（１）（借）租税公課	50,000	（貸）現	金	50,000
（２）（借）貯 蔵 品	80,000	（貸）現	金	80,000

（２）固定資産税等

企業が土地や建物を所有する場合においては、固定資産税・都市計画税が賦課される。固定資産税や都市計画税を支払った場合には、租税公課勘定（費用勘定）の借方に記入する。なお、租税公課勘定に代えて固定資産税勘定（費用勘定）を用いる場合もある。

固定資産税と都市計画税は毎年１月１日現在の所有者に賦課されるため、固定資産を取得した場合には、取得日から12月31日までに相当する未経過分の固定資産税を売主に支払うことが慣習化している。この未経過分の固定資産税は、租税公課勘定の借方に記入するのではなく、固定資産の取得原価に含める。

また、土地や建物を取得する際には、不動産売買契約書に貼付する印紙税のほか、不動産取得税や登録免許税がかかるが、いずれも不動産の取得に要する税金であることから、原則として土地や建物の取得原価に含める。ただし、税法規定によれば、不動産取得税、登録免許税及び登記に際し司法書士へ支払った報酬については、費用として処理することを認めている。

設例２

次の取引を仕訳しなさい。

所有する建物についての固定資産税及び都市計画税70,000円を、小切手を振り出して支払った。

解　答（単位：円）

（借）租税公課　70,000　（貸）当座預金　70,000

（3）法人税等（中間納付）

会社の利益については、法人税、地方法人税、住民税、事業税の4つの税金が課される。法人税と地方法人税は国税、住民税と事業税は地方税である。これらの税金は、利益が算定されてから税額が把握されるため、租税公課勘定ではなく、法人税、住民税及び事業税勘定（費用勘定）又は法人税等勘定（費用勘定）で処理する。

会社は、期首から半年を経過すると、2ヵ月以内に前年度の実績によるか、又は仮決算を行うことにより、法人税等について中間申告を行わなければならない。中間納付額は確定税額ではないため、申告納付額を法人税等勘定で処理するのではなく、仮払法人税等勘定（資産勘定）の借方に記入する。

設例3

次の取引を仕訳しなさい。

法人税等の中間申告を行い、前年度の法人税等の50％に相当する1,500,000円を現金で納付した。

解　答（単位：円）

（借）仮払法人税等　1,500,000　（貸）現　　　金　1,500,000

（4）自動車税等

自動車を保有している場合には、自動車税や自動車重量税が課される。これらの税金を支払った場合には、租税公課勘定（費用勘定）の借方に記入する。

また、自動車を購入する場合には、図表1－3－4の税金や諸費用が必要となる。ただし、税法規定によれば、自動車税、自動車取得税*、自動

図表１-３-４●自動車関連支出の取扱い

項　目	法人税法	勘定科目	消費税の課税対象
①車両本体価格	取得価額	車両運搬具	○
②オプション料	取得価額	車両運搬具	○
③自動車税	費用処理可	租税公課	×
④自動車取得税	費用処理可	租税公課	×
⑤自動車重量税	費用処理可	租税公課	×
⑥自賠責保険料	費用処理可	保険料	×
⑦検査登録料	費用処理可	支払手数料	×

車重量税、自賠責保険料、検査登録料等については、費用として処理することを認めている。

＊自動車取得税は消費税10％適用と同時に廃止され、自動車税及び軽自動車税に、環境性能割（０～３％）が追加導入された。

設例４

次の取引を仕訳しなさい。

所有する自動車につき、自動車重量税20,000円を現金で支払った。

解　答（単位：円）

（借）租 税 公 課　20,000　　（貸）現　　金　20,000

11　そのほかの債権・債務

（１）未収金・未払金

主たる営業活動である商品販売における代金の未回収額が売掛金勘定を用いるのに対して、有価証券や備品、土地等、商品以外のものの売却代金の未回収額は、未収金勘定（資産勘定）又は未収入金勘定（資産勘定）の借方に記入する。

主たる営業活動に関する商品の仕入額が買掛金勘定を用いるのに対して、有価証券や備品、土地等、商品以外のものの購入代金の未払額は、未払金勘定（負債勘定）の貸方に記入する。

設例1

次の取引を仕訳しなさい。

（1）備品を売却し、代金300,000円は月末に受け取ることとした。

（2）（1）で売却した備品の代金300,000円が現金で回収された。

（3）備品を500,000円で購入し、代金は月末に支払うこととした。

（4）（3）で購入した備品の代金500,000円を現金で支払った。

解　答（単位：円）

（1）	（借）	未　収　金	300,000	（貸）	備　　　品	300,000
（2）	（借）	現　　　金	300,000	（貸）	未　収　金	300,000
（3）	（借）	備　　　品	500,000	（貸）	未　払　金	500,000
（4）	（借）	未　払　金	500,000	（貸）	現　　　金	500,000

（2）前払金・前受金

商取引において、商品の受渡しに先立って、商品代金の全部又はその一部を手付金や予約金として授受することがある。この場合に、支払側は前払金勘定（資産勘定）又は前渡金勘定（資産勘定）の借方に記入し、受取側は前受金勘定（負債勘定）の貸方に記入する。

設例2

次の取引を各社別に仕訳しなさい。なお、商品売買取引は三分割法による。

（1）A社は、B社へ商品30,000円を注文し、内金として20,000円分の小切手を振り出した。

（2）A社は、（1）の商品を受け取り、内金を差し引いた残額は掛とした。

解　答（単位：円）

〈A社〉

（1）	（借）	前払金	20,000	（貸）当座預金	20,000
（2）	（借）	仕入	30,000	（貸）買掛金	10,000
				前払金	20,000

〈B社〉

（1）	（借）	現金	20,000	（貸）前受金	20,000
（2）	（借）	売掛金	10,000	（貸）売上	30,000
		前受金	20,000		

（3）貸付金・借入金

従業員や取引先等に金銭を貸し付けた場合には、その金銭を約束の期日に返してもらえるという債権を持つことになる。この債権は貸付金勘定（資産勘定）の借方に記入する。

銀行や取引先等から金銭を借り入れた場合には、その金銭を約束の期日に返済しなければならないという債務を負うことになる。この債務を借入金勘定（負債勘定）の貸方に記入する。

役員への貸付金や借入金はその他の貸付金や借入金と区別し、役員に金銭を貸し付けた場合には役員貸付金勘定（資産勘定）の借方に記入し、役員から金銭を借り入れた場合には役員借入金勘定（負債勘定）の貸方に記入する。

なお、貸付金に係る利息については、源泉徴収の対象とはならない。

設例3

次の取引を各社別に仕訳しなさい（C社の役員側における仕訳は不要）。

（1）C社は、D社に対して、借用証書を作成して現金300,000円を、また、C社は同社の役員に現金200,000円をそれぞれ貸し付けた。

（2）（1）の貸付金が返済期日となったため、C社はD社から貸付金の利息15,000円とともに現金315,000円を、C社の役員から利息10,000

円とともに現金210,000円を受け取った。

解　答 (単位：円)

〈C社〉

(1)	(借) 貸付金	300,000	(貸) 現金	500,000
	役員貸付金	200,000		
(2)	(借) 現金	525,000	(貸) 貸付金	300,000
			役員貸付金	200,000
			受取利息	25,000

〈D社〉

(1)	(借) 現金	300,000	(貸) 借入金	300,000
(2)	(借) 借入金	300,000	(貸) 現金	315,000
	支払利息	15,000		

(4) 立替金・預り金

企業内外の関係者が支払うべき金額を、企業が代わって一時的に立て替えて支払ったときは立替金勘定（資産勘定）の借方に記入する。また、先方負担の諸掛を売主が支払った場合、売掛金勘定（資産勘定）又は立替金勘定（資産勘定）の借方に記入する。

企業内外の関係者から一時的に金銭を預かったときは、預り金勘定（負債勘定）の貸方に記入する。なお、事業所の従業員に対する立替金や預り金については、従業員立替金勘定（資産勘定）や従業員預り金勘定（負債勘定）を用いる場合もある。

設例4

次の取引を仕訳しなさい。

(1) 従業員の社員旅行における自己負担金5,000円を現金で立て替えた。

(2) 給料日に従業員に対する今月分の給料80,000円を支払うに当たり、(1)の立替金5,000円及び源泉所得税8,000円を差し引き、残額を現金で支払った。

解 答 (単位：円)

（１）	(借) 従業員立替金	5,000	(貸)	現　　　　金	5,000
（２）	(借) 給　　　　料	80,000	(貸)	現　　　　金	67,000
				従業員立替金	5,000
				従業員預り金	8,000

（５）仮払金・仮受金

現金の支払があったが、その勘定科目は確定しているものの金額が確定していない場合、又は金額は確定しているが勘定科目が確定していない場合、一時的に仮払金勘定（資産勘定）で処理する。その後、勘定科目又は金額が確定したら、直ちに該当する勘定に振り替えなければならない。

また、現金の受入れがあったが、その勘定科目は確定しているものの金額が未確定の場合、又は金額は確定しているが勘定科目が確定していない場合、一時的に仮受金勘定（負債勘定）で処理する。その後、勘定科目又は金額が確定した段階で、直ちに該当する勘定に振り替えなければならない。

なお、仮払金・仮受金は、遅くとも決算において適切な科目に振り替えるべき性質の勘定であるため、これらは仮勘定に分類され、原則として貸借対照表に計上されることはない。

設例５

次の取引を仕訳しなさい。

（１）従業員が出張するため、旅費の概算分として50,000円を現金で渡した。

（２）（１）の従業員が出張から戻り、旅費として46,000円を支払ったとの報告を受け、差額を受け取った。

（３）出張中の従業員から、当社の預金口座に30,000円の送金がされたが、その内容は不明である。

（４）（３）の従業員から、送金はＡ社からの売掛金の回収分であるとの報告がなされた。

解　答（単位：円）

（１）	（借）仮 払 金	50,000		（貸）現　　金	50,000
（２）	（借）旅　　費	46,000		（貸）仮 払 金	50,000
	現　　金	4,000			
（３）	（借）当座預金	30,000		（貸）仮 受 金	30,000
（４）	（借）仮 受 金	30,000		（貸）売 掛 金	30,000

（6）クレジット売掛金

企業が商品を売り渡し、代金がクレジットカードを利用して支払われる場合、企業は顧客に対し商品を引き渡す際に、クレジットカードの提示を受け、代金はクレジットカード会社へ請求する。そして、通常３～７％の手数料を差し引いた金額が支払われる。そして、クレジットカード会社は、あらかじめ定められた日に顧客に対して代金の支払を請求し、顧客は指定日までにその支払を行う。→図表１-３-５

図表１-３-５●クレジットカードを使用した商品売買の流れ

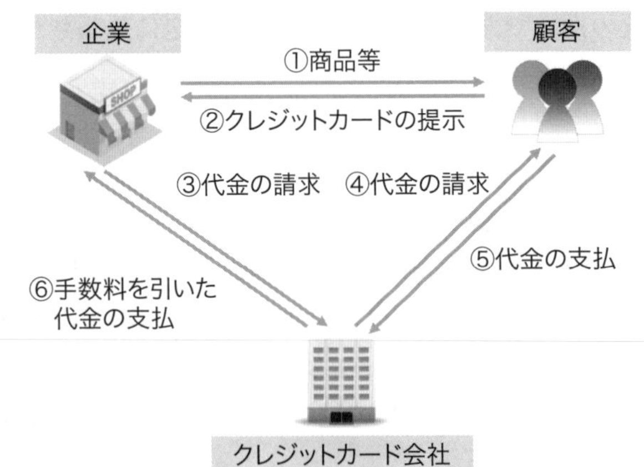

商品を販売する企業における処理は、通常の売掛金が顧客に対する請求権を意味するため、通常の売掛金と区別し、クレジット売掛金勘定（資産勘定）を用いる。また、通常の掛売上の場合には手数料を要しないのに対し、クレジットカードを利用した場合は、手数料を必要とする。この手数料については、支払手数料勘定（費用勘定）の借方に記入する。

設例６

次の取引を仕訳しなさい。

（１）Ａ社は、顧客に商品を100,000円にて販売し、クレジットカードの提示を受けたので、直ちにクレジットカード会社に代金の請求を行った。

（２）（１）の取引につき、クレジットカード会社から手数料５％（5,000円）を差し引いた95,000円が当座預金口座に振り込まれた。

解　答（単位：円）

（１）	（借）クレジット売掛金	100,000	（貸）売　　　上	100,000
（２）	（借）当　座　預　金	95,000	（貸）クレジット売掛金	100,000
	支　払　手　数　料	5,000		

（７）電子記録債権・債務

①　電子記録債権取引

電子記録債権取引とは、電子記録による金銭債権（相手に金銭を要求する権利）を用いた取引であり、インターネット等のIT（情報技術）を活用した、手形に代わる決済手段として創設された取引をいう。

手形取引においては、債権者は紛失・盗難のリスクを回避するための手形の保管コストを、債務者は手形に収入印紙を貼付する義務があるための印紙税を、それぞれ負担しなければならない。しかし、電子記録債権取引においては、これらのコストがかからないため、債権者・債務者双方にメリットがある。

電子記録債権取引には、債務者側、債権者側のいずれが電子記録を発生させる請求を行うかによって、債務者請求方式と債権者請求方式がある。

1）債務者請求方式

債務者請求方式とは、債務者側が発生記録の請求を行うことによって成立する電子記録債権取引である。→図表1-3-6

図表1-3-6●債務者請求方式の流れ

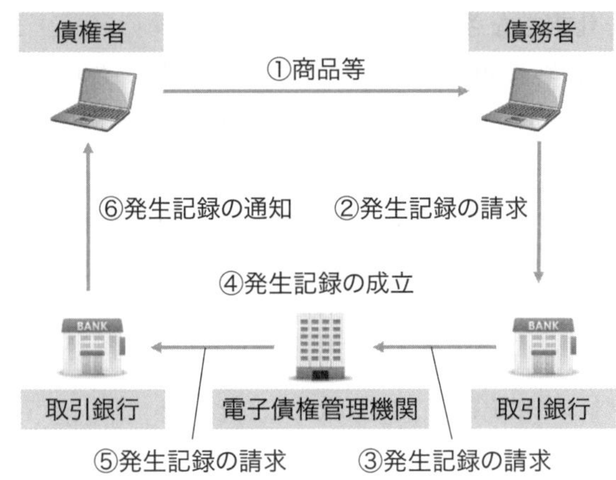

図表1-3-7●債権者請求方式の流れ

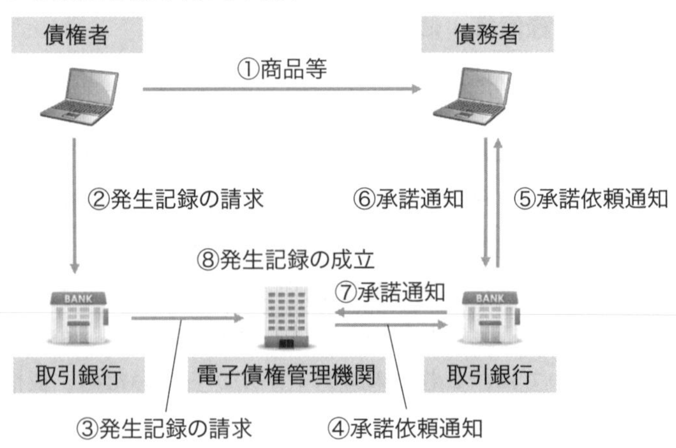

２）債権者請求方式

債権者請求方式とは、債権者側が発生記録の請求を行い、一定期日以内に債務者側から承諾を得ることによって成立する電子記録債権取引をいう。→図表１−３−７

②　電子記録債権取引の会計処理

電子記録債権取引は、基本的には手形取引と同様の会計処理を行うが、勘定科目は、手形取引とは区別して電子記録債権勘定（資産勘定）及び電子記録債務勘定（負債勘定）を用いる。

１）発生記録の成立時の仕訳

債務者請求方式、債権者請求方式のいずれによっても発生記録の成立時に電子記録債権勘定及び電子記録債務勘定によって処理する。

設例７

次の取引を各社別に仕訳しなさい。

（１）債務者請求方式

Ｅ社は、Ｆ社に対する買掛金500,000円の支払について発生記録の請求を行い、同額の電子記録債権に係る債務が生じた。

（２）債権者請求方式

Ｇ社は、Ｈ社に対する売掛金700,000円につき、取引銀行を通して発生記録の請求を行い、Ｈ社の承諾を得て同額の電子記録債権が生じた。

解　答（単位：円）

（１）

〈Ｅ社〉

（借）買　　掛　　金　500,000　　（貸）電子記録債務　500,000

〈Ｆ社〉

（借）電子記録債権　500,000　　（貸）売　　掛　　金　500,000

（２）

〈Ｇ社〉

（借）電子記録債権　700,000　（貸）売　掛　金　700,000

〈H社〉

（借）買　掛　金　700,000　（貸）電子記録債務　700,000

2）決済時の仕訳

支払期日が到来したら、手形の決済と同様に、債務者側の預金口座から引落しが行われ、債権者側の預金口座に振り込まれる。

設例8

次の取引を各社別に仕訳しなさい。

Ｉ社のＪ社に対する電子記録債務250,000円の支払期限が到来したので、Ｉ社の当座預金口座から引き落とされ、Ｊ社の当座預金口座に入金された。

解　答（単位：円）

〈Ｉ社〉

（借）電子記録債務　250,000　（貸）当座預金　250,000

〈Ｊ社〉

（借）当座預金　250,000　（貸）電子記録債権　250,000

3）電子記録債権の譲渡

電子記録債権取引においても、手形の割引や裏書と同様に、譲渡記録を行うことによって電子記録債権を支払期日前に換金や支払手段とすることができる。この場合の仕訳は、手形の割引や裏書と同様に、電子記録債権を売却したものとして処理し、債権の帳簿価額と譲渡額との差額が生じる場合には、その差額は**電子記録債権売却損**勘定（費用勘定）として処理する。

なお、電子記録債権は、手形とは異なって債権金額の一部を譲渡（分割譲渡）することも可能である。

設例９

次の取引を仕訳しなさい。

譲渡記録により、Ｋ社に対する電子記録債権500,000円のうち100,000円分を現金95,000円と引換えにＬ社に譲渡し、代金は当社の当座預金口座に振り込まれた。

解　答（単位：円）

（借）	当座預金	95,000	（貸）電子記録債権	100,000
	電子記録債権売却損	5,000		

12 資本金

（１）設立

会社は設立されることにより、「法人」と呼ばれる法律上の「人」としての地位が与えられる。会社には株式会社、合名会社、合資会社、合同会社といった種類があるが、最も多いのは株式会社であり、本テキストにおいては株式会社を前提として解説するものとする。

株式会社では、経営を専門的に行う取締役が、株主より出資を受けた財産を元手として運用する。株主は、出資を行うことにより株式を取得でき、会社が成長した見返りとして、会社が得た利益の一部を配当として受けることができたり、取得した株式を出資額以上の金額で売却することができる。

株式会社を設立する場合、発起人（ほっきにん）と呼ばれる個人又は法人が手続を担当し、株式を発行して資金調達を行うが、会社が発行して調達した出資金は会社法の規定により、その払込金額を**資本金**勘定（純資産（資本）勘定）により処理しなければならない。ただし、会社法では例外として払込金額の２分の１を超えない金額を資本金として計上せず、**資本準備金**勘定（純資産（資本）勘定）により処理することが認められている。

わが国では、例えば、税制上は資本金の額が増えるにつれて納税額が増えるように設計されていることや、中小企業の優遇制度が適用できなくなるなど、資本金の額を基準として税負担や法規制が重くなることがあることから、なるべく資本金勘定を増やさないように、払込金額の2分の1に相当する金額を資本準備金勘定により処理している場合が多い。

また、会社の設立に当たり、株式を発行する際に生じた株式の発行費用は**創立費**勘定（費用勘定）とし、原則として、支出時に営業外費用として処理される。

なお、通常、会社の設立前は会社の法人登記も存在しないため、銀行口座を開設することはできない。このため、実務上、会社の設立時の出資金は発起人の銀行口座において受け入れ、これを設立後の会社の口座に振り込まれたものとみなして会計処理が行われることが多い。

設例1

次の取引を仕訳しなさい。

（1）資本金勘定のみで処理する原則的方法

A社は株式会社の設立に当たり、1株当たりの払込金額を30,000円として、株式200株を発行し、A社の当座預金口座に払込みを受けた。なお、株式発行のための諸費用300,000円を現金で支払った。

（2）資本準備金勘定を用いた例外的方法

B社は株式会社の設立に当たり、1株当たりの払込金額を50,000円として、株式100株を発行し、B社の当座預金口座に払込みを受けた。払込金額のうち会社法で認められる最低額を資本金に組み入れることとした。なお、株式発行のための諸費用300,000円を現金で支払った。

解　答（単位：円）

（1）	（借）	当座預金	6,000,000	（貸）	資本金	6,000,000
	（借）	創立費	300,000	（貸）	現金	300,000
（2）	（借）	当座預金	5,000,000	（貸）	資本金	2,500,000
					資本準備金	2,500,000

（借）創　立　費　300,000　（貸）現　　　金　300,000

（2）増資

会社設立後、会社は発行可能株式総数の範囲内で自由に新しい株式を発行することができ、取締役会等の決議により新株発行を行うことにより、増資が行える。増資が行われた場合、設立時と同様に会社法の規定に基づき、払込金額を資本金勘定及び資本準備金勘定として計上する。

ただし、増資時においては、株式の引受人が会社の株主になるのは、出資金を払い込んだ時点とは限らず、会社が定めた払込期日の到来を受けて株式が発行され株主となる場合がある。このように、出資金を受け入れた時点では直ちに株式が発行されない場合、受け入れた払込金額は株式が発行されるまでの間、ひとまず**別段預金**勘定（資産勘定）とするとともに、**新株式申込証拠金**勘定（純資産（資本）勘定）として記録し、払込期日の到来による株式の発行とともに、別段預金勘定及び新株式申込証拠金勘定を振り替える処理を行う。

また、この場合の株式の発行費用は**株式交付費**勘定（費用勘定）とし、原則として、支出時に営業外費用として処理される。

なお、出資金の受入れについては、実務上、既に保有している普通預金口座において出資金を受け入れることが多いが、簿記の講学上では別段預金を用いて出資金を受け入れ、払込期日に当座預金へ振り替える処理によることが多い。

設例2

次の取引を仕訳しなさい。

（1）申込証拠金を受け入れたとき

C社は、取締役会の決議により、X1年3月31日を払込期日として、１株の払込金額20,000円として、株式1,000株を募集したところ、申込期日までに全株式が申し込まれ、払込金額の全額を受け入れたため、申込証拠金として受け入れ、別段預金とした。

（2）払込期日が到来したとき

C社は、X1年3月31日の払込期日が到来したことに伴い、受け入れた申込証拠金20,000,000円について、資本金及び資本準備金に振り替え、同時に別段預金を当座預金に振り替えた。なお、払込金額のうち会社法で認められる最低額を資本金に組み入れることとした。

（3）株式交付費の処理

C社は、一連の新株発行のための諸費用500,000円を現金で支払った。

解　答 (単位：円)

（1）	(借)	別段預金	20,000,000	(貸)	新株式申込証拠金	20,000,000
（2）	(借)	新株式申込証拠金	20,000,000	(貸)	資本金	10,000,000
					資本準備金	10,000,000
	(借)	当座預金	20,000,000	(貸)	別段預金	20,000,000
（3）	(借)	株式交付費	500,000	(貸)	現金	500,000

第１章第３節　理解度チェック

次の取引について示された仕訳又は記述が正しい場合には○を、誤っている場合には×を記入しなさい。なお、特に断りのない限り、消費税については税込経理方式で処理されているものとする。また、問題文に特別な指示がある場合にはそれによるものとする。仕訳の単位は円とする。

1　商品売買

〔問題１〕

企業が行う商品売買の記帳方法の１つとして三分割法（三分法）があるが、この方法は、①商品、②仕入、③売上という３つの勘定を用いる。

〔解答・解説〕

×

三分割法は、商品勘定を、①繰越商品、②仕入、③売上という３つの勘定に分割する方法であり、商品勘定は用いない。

〔問題２〕

次の取引について三分割法により記帳した。

①　Ａ社から商品500,000円を掛により仕入れた。

（借）仕　　　入　500,000　　（貸）買　掛　金　500,000

②　Ｂ社へ商品400,000円を掛により売り上げた。

（借）売　掛　金　400,000　　（貸）売　　　上　400,000

〔解答・解説〕

○

三分割法による場合、商品の仕入時に仕入勘定の借方に記入し、販売時に売上勘定の貸方に記入する。そのため、決算整理を行わなければ、売上原価及び商品売買益が判明しない。また、代金を後で支払う場合には、代金を支払う義務を負っていること

から買掛金勘定の貸方に記入し、代金を後で受け取る場合には、代金を受け取る権利を持っていることから売掛金勘定の借方に記入する。

〔問題3〕

次の取引について記帳した。

① A社への買掛金500,000円につき、小切手を振り出して支払った。

(借) 買　掛　金　500,000　　(貸) 当 座 預 金　500,000

② B社への売掛金40,000円につき、現金により回収した。

(借) 現　　　金　40,000　　(貸) 売　掛　金　40,000

〔解答・解説〕

○

買掛金を支払った場合には、負債の減少を意味するので、買掛金勘定の借方に記入する。また、売掛金を回収した場合には、資産の減少を意味するので、売掛金勘定の貸方に記入する。なお、小切手を振り出して代金の支払を行った場合には、現金勘定ではなく、当座預金勘定の貸方に記入する。

〔問題4〕

次の取引について記帳した。ただし、商品売買については三分割法を、売掛金及び買掛金については人名勘定を用いるものとする。

① A社から商品800,000円を掛により仕入れた。

(借) 仕　　　入　800,000　　(貸) 買　掛　金　800,000

② A社への買掛金800,000円につき、小切手を振り出して支払った。

(借) 買　掛　金　800,000　　(貸) 当 座 預 金　800,000

〔解答・解説〕

×

売掛金及び買掛金という勘定科目名では、誰にいくらの債権・債務が存在するのかが把握できないため、売掛金及び買掛金という勘定科目に代えて人名勘定を用いる場合がある。人名勘定は売掛金及び買掛金という勘定科目に代えて用いられるものであるため、仕訳は次のとおりとなる。

①（借）	仕　入	800,000	（貸）	Ａ　社	800,000
②（借）	Ａ　社	800,000	（貸）	当座預金	800,000

〔問題５〕

次の取引を三分割法により仕訳した。いずれの取引も仕入勘定又は売上勘定のいずれかの記帳がなされている。

① Ａ社から商品600,000円を仕入れ、代金は掛とした。
② ①の商品のうち40,000円は、多量の取引であるため、割戻を受けた。
③ ①の商品のうち300,000円を、Ｂ社へ500,000円で掛により販売した。
④ ③の商品のうち20,000円が品違いのため、返品された。
⑤ ①の商品の代金全額を早期に支払ったことにより１％（5,600円）の割引を受けた。

〔解答・解説〕

×

①は通常の仕入取引、②は仕入割戻、③は通常の売上取引、④は売上戻りであり、いずれも仕入勘定又は売上勘定の記帳がなされる。しかし、⑤は仕入割引という金融取引であり、仕入勘定の貸方に記入するのではなく、仕入割引勘定の貸方に記入する。

問題文の①～⑤の取引の仕訳は次のとおりとなる。

①	（借）仕　　　入	600,000	（貸）買　掛　金	600,000
②	（借）買　掛　金	40,000	（貸）仕　　　入	40,000
③	（借）売　掛　金	500,000	（貸）売　　　上	500,000
④	（借）売　　　上	20,000	（貸）売　掛　金	20,000
⑤	（借）買　掛　金	560,000	（貸）現　　　金	554,400
			仕入割引	5,600

〔問題6〕

企業が行う商品売買の記帳方法の１つとして分記法があるが、この方法は、①商品、②売上という２つの勘定を用いる。

〔解答・解説〕

×

分記法は、①商品、②商品売買益という２つの勘定に分記する方法であり、売上勘定は用いない。

〔問題7〕

次の取引について分記法により記帳した。

①　A社から商品500,000円を掛により仕入れた。

（借）仕　　　入	500,000	（貸）買　掛　金	500,000

②　B社へ商品400,000円（仕入原価300,000円）を掛により売り上げた。

（借）売　掛　金	400,000	（貸）仕　　　入	300,000
		商品売買益	100,000

〔解答・解説〕

×

分記法による場合、商品の仕入時に商品勘定の借方に記入し、販売時に商品勘定の貸方に記入するとともに、差額を商品売買益勘定の貸方に記入する。そのため、常に売上原価と商品売買

益の把握が可能となる。したがって、正しい仕訳は次のとおりである。

①（借）	商　　品	500,000	（貸）	買 掛 金	500,000
②（借）	売 掛 金	400,000	（貸）	商　　品	300,000
				商品売買益	100,000

〔問題８〕

企業が行う商品売買の記帳方法の１つとして売上原価対立法があるが、この方法は、①仕入、②売上原価、③売上という３つの勘定を用いる方法であり、商品売買益は決算整理を行うまでは把握できない。

〔解答・解説〕

売上原価対立法は、①商品、②売上原価、③売上という３つの勘定を用いる方法であり、仕入勘定は用いない。なお、商品売買益は売上勘定と売上原価勘定の差額により把握される。

〔問題９〕

次の取引について売上原価対立法により記帳した。

① Ａ社から商品500,000円を掛により仕入れた。

（借）	商　　品	500,000	（貸）	買 掛 金	500,000

② Ｂ社へ商品400,000円（仕入原価300,000円）を掛により売り上げた。

（借）	売 掛 金	400,000	（貸）	売　　上	400,000

〔解答・解説〕

×

売上原価対立法による場合、商品の仕入時に商品勘定の借方に記入し、販売時に売上勘定の貸方に記帳するとともに、売上原

価勘定の借方及び商品勘定の貸方に記入する。したがって、正しくは②の取引について次の仕訳を追加する。

（借）売上原価　300,000　　（貸）商　　　品　300,000

〔問題10〕

次の取引について三分割法により記帳した。

①　A社から商品500,000円を掛により仕入れた。なお、商品の引取運賃20,000円は現金で運送業者に支払った。

（借）仕　　　入　500,000　　（貸）買　掛　金　500,000
　　　運　送　費　 20,000　　　　　現　　　金　 20,000

②　B社へ商品400,000円（仕入原価300,000円）を掛により売り上げた。なお、商品の発送運賃15,000円は先方負担として、現金にて運送業者に立替払いした。

（借）売　掛　金　400,000　　（貸）売　　　上　400,000
　　　運　送　費　 15,000　　　　　現　　　金　 15,000

〔解答・解説〕

商品を仕入れる際に要した引取費用は、仕入原価に含める。また、商品を販売する際に要した発送費用は、当社の負担とする場合には発送費の借方に記入し、先方の負担とする場合には売掛金に含めて後に回収する。したがって、正しい仕訳は次のとおりとなる。

①（借）仕　　　入　520,000　　（貸）買　掛　金　500,000
　　　　　　　　　　　　　　　　　　現　　　金　 20,000

②（借）売　掛　金　415,000　　（貸）売　　　上　400,000
　　　　　　　　　　　　　　　　　　現　　　金　 15,000

2 **消費税**

〔問題１〕

次の取引について消費税の課税取引に〇を、それ以外の取引に×を記入しなさい。

① 国内において法人が商品を得意先に販売した。
② 国内において法人が商品を従業員に贈与した。
③ 国外において法人が商品を得意先に輸出販売した。
④ 法人が日本から米国への貨物の運送を請け負い、運送料を収受した。
⑤ 国内において法人が所有する株式につき配当金を収受した。
⑥ 国内において法人が行う土地の譲渡
⑦ 国内において法人が行う土地の貸付け（期間２週間）
⑧ 国内において法人が行う株式、国債、社債の譲渡
⑨ 国内において法人が収受する国債、預金、貸付金の利息
⑩ 国内において法人が行う居住用建物、事務所用建物の売却
⑪ 国内において法人が行うビール券、商品券の販売
⑫ 内国法人が商品を外国法人に輸出販売する取引

〔解答・解説〕

① 〇 課税取引に該当する。
② × 対価を得ない取引であるので、不課税取引となる。
③ × 国外での販売は、輸出免税取引となる。
④ 〇 国際運輸は、出発地又は到着地のいずれかが国内であれば課税取引となる。
⑤ × 株式の配当金は不課税取引となる。
⑥ × 土地の譲渡は不課税取引となる。
⑦ 〇 １ヵ月未満の土地の貸付けは課税取引となる。
⑧ × 株式、国債、社債の譲渡は非課税取引となる。
⑨ × 国債、預金、貸付金の利息は非課税取引となる。
⑩ 〇 建物の売却は課税取引となる。

⑪　×　ビール券、商品券等の金券の販売は非課税取引となる。
⑫　×　輸出取引は免税取引となる。

非課税取引、不課税取引、免税取引はいずれも消費税の課税されない取引であるが、厳密には、非課税取引は本来課税すべきであるが社会通念等を考慮して非課税としているもの、不課税取引とはそもそも消費税の課税要件を満たさないもの、免税取引とは税率０％の課税取引として区分される。

〔問題２〕

次の取引につき、税込経理方式により記帳を行った。なお、商品売買取引については三分割法により記帳するものとし、消費税率は10％とする。

①　商品を506,000円（税込価格）でＡ社より掛で仕入れた。
（借）仕　　　入　506,000　　（貸）買　掛　金　506,000

②　①の商品を715,000円（税込価格）でＢ社に販売し、代金を現金で受領した。
（借）現　　　金　715,000　　（貸）売　　　上　715,000

③　決算に際して、上記商品売買における消費税の納付額が19,000円と確定した。
（借）租 税 公 課　19,000　　（貸）未払消費税　19,000

④　翌期の消費税の確定申告期限の前日に、当社の所轄税務署に対して確定申告をし、現金にて消費税額19,000円を納付した。
（借）未払消費税　19,000　　（貸）現　　　金　19,000

〔解答・解説〕

○

税込経理方式の場合には、仕入勘定及び売上勘定は、消費税を含んだ金額で記入する。納付すべきこととなる消費税額は、租税公課勘定の借方に記入するとともに、未払消費税勘定の貸方に記入する。

〔問題３〕

次の取引につき、税抜経理方式により記帳を行った。なお、商品売買取引については三分割法により記帳するものとし、消費税率は10％とする。

① 商品を528,000円（税込価格）でＡ社より掛で仕入れた。

（借）仕　　　入　480,000　（貸）買　掛　金　528,000
　　　仮払消費税　 48,000

② ①の商品を726,000円（税込価格）でＢ社に販売し、代金を現金で受領した。

（借）現　　　金　726,000　（貸）売　　　上　660,000
　　　　　　　　　　　　　　　　　仮受消費税　 66,000

③ 決算に際して、上記商品売買における消費税の納付額が17,000円と確定した。

（借）租 税 公 課　17,000　（貸）未払消費税　17,000

④ 翌期の消費税の確定申告期限の前日に、当社の所轄税務署に対して確定申告をし、現金にて消費税額17,000円を納付した。

（借）未払消費税　17,000　（貸）現　　　金　17,000

〔解答・解説〕

×

税抜経理方式の場合には、仕入勘定及び売上勘定には、消費税を除いた金額で記入する。そのため、問題文に税込金額が与えられている場合には、1.1で除して本体価格を計算する。そして、消費税を支払った場合には仮払消費税勘定の借方に、消費税を受け取った場合には仮受消費税勘定の貸方に記入する。

納付すべきこととなる消費税額は、仮受消費税勘定と仮払消費税勘定を消滅させ、租税公課勘定は用いないことに注意する。このとき、仮受消費税勘定の金額66,000円と仮払消費税勘定金額48,000円の差額18,000円が納付税額17,000円と一致しないため、差額は雑収入勘定の貸方に記入する。したがって、③の取

引について、正しくは次の仕訳を行う。

③（借）仮受消費税　66,000　　（貸）仮払消費税　48,000
　　　　　　　　　　　　　　　　　　未払消費税　17,000
　　　　　　　　　　　　　　　　　　雑　収　入　1,000

〔問題4〕

次の取引につき、税抜経理方式により記帳を行った。なお、商品売買取引については三分割法により記帳するものとし、消費税率は10%とする。

中間申告に際して納付すべき消費税額が150,000円と確定した。なお、仮払消費税勘定の借方には250,000円、仮受消費税勘定の貸方には400,000円の残高がある。

（借）仮 受 消 費 税　400,000　　（貸）仮払消費税　250,000
　　　　　　　　　　　　　　　　　　未払中間消費税　150,000

〔解答・解説〕

○

消費税の中間納付に際しては、仮受消費税勘定と仮払消費税勘定を消滅させ、納付すべき消費税額を未払（中間）消費税勘定の貸方に記入する。

3 現金

〔問題1〕

他人が振り出した小切手を受け取った場合には、当座預金勘定の借方に記入し、反対に小切手を振り出した場合には、当座預金勘定の貸方に記入する。

〔解答・解説〕

×

他人が振り出した小切手を受け取った場合には、現金勘定の借

方に記入する。ただし、自己が振り出した小切手を受け取った場合には、当座預金勘定の借方に記入する。

〔問題２〕

売買目的で所有していた社債について利払日となったため、利札169,370円（源泉徴収税額30,630円控除後）を受け取った。

（借）現　　　金　200,000　（貸）有価証券利息　200,000

〔解答・解説〕

×

社債の利札につき支払期日が到来した場合には、現金勘定の借方に記入するとともに、有価証券利息勘定の貸方に記入する。社債に係る利息については15.315％の源泉徴収税額が控除された残額を受け取ることになるが、手取額の記帳だけではなく、源泉徴収税額の記帳も行わなければならない。したがって、正しい仕訳は次のとおりとなる。

（借）現　　　金　169,370　（貸）有価証券利息　200,000
　　　仮 払 税 金　30,630

なお、次のように純額で処理する方法も行われる。

（借）現　　　金　169,370　（貸）有価証券利息　169,370

〔問題３〕

保有する上場株式につき、100,000株に対して１株４円の配当があり、株式配当金領収証を受け取った。338,740円（源泉徴収税額15.315％相当額控除後の金額）の配当金領収証を受領した。

（借）現　　　金　338,740　（貸）受取配当金　400,000
　　　仮 払 税 金　61,260

〔解答・解説〕

○

株式につき配当金を受領した場合には、現金勘定の借方に記入するとともに、受取配当金勘定の貸方に記入する。配当金については源泉徴収税額が控除された残額を受け取ることになるが、手取額の記帳だけではなく、源泉徴収税額の記帳も行わなければならない。源泉徴収税額が問題文に与えられていない場合でも、手取額と源泉徴収税率から次の算式により計算することができる。

$$源泉徴収税額＝338{,}740円\times\frac{0.15315}{1-0.15315}＝61{,}260円$$

〔問題4〕

現金の実際有高を調べたところ、現金の実際有高90,000円に対して、帳簿残高が95,000円であった。不一致原因のうち、売掛金の回収額5,000円が7,000円と誤って記入されていたことが判明したが、残額については決算までに原因の特定に至らなかったため、所要の記帳を行った。

（借）	現金過不足	5,000	（貸）	現　　金	5,000
（借）	売　掛　金	2,000	（貸）	現金過不足	2,000
（借）	現　　金	3,000	（貸）	現金過不足	3,000

〔解答・解説〕

帳簿残高と実際有高に不一致が生じている場合、帳簿残高を実際有高に修正し、差額は現金過不足として記帳する。不一致の原因が判明した場合には必要な修正を行うが、残額については決算までに原因の特定に至らない場合には、仮勘定である現金過不足勘定を消滅させ、雑損失又は雑収入に振り替える。本問では、現金過不足が借方残となっているため、雑損失を計上することになる。したがって、3つ目の仕訳は次のとおりとなる。

（借）雑　　損　　失　3,000　　（貸）現金過不足　3,000

〔問題５〕

日常の少額の経費を支払うための少額の現金については、小口現金勘定により管理され、会計係から用度係への資金の支給方法としては定額資金前渡法（インプレストシステム）が一般的である。

〔解答・解説〕

◯

小口現金については、管理上の観点から、用度係に前渡しする額を定めないで適宜必要額を補給する臨時補給法よりも、定額資金前渡法（インプレストシステム）が一般的である。

4 預金

〔問題１〕普通預金

① 現金800,000円を普通預金に預け入れた。このとき、振込手数料110円を差し引かれた。

（借）普通預金　800,000　　（貸）現　　　金　800,000

② ①の普通預金につき、利息33,874円（源泉徴収税額6,126円控除後の金額）を受領し、普通預金口座に預け入れたままにしている。

（借）普通預金　40,000　　（貸）受取利息　40,000

〔解答・解説〕

×

預金口座への預入れに際しての振込手数料は、預金口座には入金されないため、支払手数料勘定の借方に記入する。したがって、正しい仕訳は次のとおりとなる。

（借）普通預金　799,890　　（貸）現　　　金　800,000
　　　支払手数料　　110

また、利息を収受した場合の源泉徴収税額は、利益に対して課される法人税等の前払であることから、仮払税金等勘定の借方に記入する。したがって、正しい仕訳は次のとおりとなる。

(借) 普通預金　33,874　　(貸) 受取利息　40,000
　　 仮払税金　6,126

〔問題2〕当座預金

① 備品を300,000円で購入し、代金の支払として、小切手を振り出した。

(借) 備　　品　300,000　　(貸) 当座預金　300,000

② A社への売掛金200,000円の回収として、自己振出しの小切手を受け取った。

(借) 現　　金　200,000　　(貸) 売 掛 金　200,000

〔解答・解説〕

×

商品や固定資産の購入代金の支払のために小切手を振り出した場合には、当座預金勘定の貸方に記入する。また、他人振出しの小切手を受け取った場合には、現金勘定の借方に記入するが、自己振出しの小切手を受け取った場合には、当座預金勘定の借方に記入する。したがって、②の取引の正しい仕訳は次のとおりとなる。

(借) 当座預金　200,000　　(貸) 売 掛 金　200,000

〔問題3〕

① 取引銀行との間で当座預金契約を結び、現金500,000円を預け入れた。また、同行との間で当座借越契約を結び、借越限度額は300,000円とした。

(借) 当座預金　500,000　　(貸) 現　　金　500,000

② A社へ買掛金の代金を支払うため小切手700,000円を振り出

した。

（借）買　掛　金　700,000　　（貸）当 座 預 金　700,000

③　決算日を迎え、当座預金勘定の貸方残高を適切な勘定科目に振り替えた。

（借）当 座 預 金　200,000　　（貸）当 座 借 越　200,000

〔解答・解説〕

○

当座借越契約を前提として、当座預金勘定の残高を超える金額の小切手を振り出した場合には、当座預金勘定の貸方に記入し、期中における当座預金勘定の貸方残高は銀行からの借入れを意味する。

〔問題４〕

現金2,000,000円を定期預金（期間５年）に預け入れた。

（借）定 期 預 金　2,000,000　　（貸）現　　　金　2,000,000

〔解答・解説〕

×

決算日の翌日から起算して１年以上預け入れることとなっている定期預金は、１年基準により、長期定期預金勘定の借方に記入する。したがって、正しい仕訳は次のとおりとなる。

（借）長期定期預金　2,000,000　（貸）現　　　金　2,000,000

〔問題５〕

Ａ社へ商品400,000円を販売し、代金としてＡ社より同社振出しの小切手を受け取った。なお、小切手には３ヵ月先の日付が記載されている。

（借）現　　　金　400,000　　（貸）売　　　上　400,000

〔解答・解説〕

×

先日付小切手は、法形式上は小切手であるが、実質的には手形と同様の効果を持つものであるため、先日付小切手を受け取った場合には現金として処理せず、受取手形勘定の借方に記入する。したがって、正しい仕訳は次のとおりとなる。

（借）受 取 手 形　400,000　　（貸）売　　　上　400,000

5 諸経費

〔問題１〕

①　Ａ社は、給与支給日に、従業員に対し、以下の給与明細に基づき普通預金から257,000円を支払い、この取引を仕訳した。

基本給	役職手当	家族手当	深夜手当	通勤手当	その他	欠勤控除	支給額計
270,000	0	8,000	23,000	12,000	0	0	313,000
健康保険料	介護保険料	厚生年金保険料	雇用保険料	所得税源泉徴収額	住民税特別徴収額	控除額計	差引支給額
15,000	0	25,000	1,500	5,500	9,000	56,000	257,000

（借）給　　　料　257,000　　（貸）普 通 預 金　257,000

②　Ａ社は、月末に、社会保険料等に関わる当社負担分を以下の金額と算定し、この取引を仕訳した。

健康保険料	介護保険料	厚生年金保険料	雇用保険料	合計
15,000	0	25,000	3,000	43,000

（借）給　　　料　43,000　　（貸）預　り　金　43,000

〔解答・解説〕

給与支給時には、社会保険料や雇用保険料、所得税及び住民税

の徴収額は従業員に支払わず、企業が預かるので、正しい仕訳は次のとおりとなる。

（借）給　　料	313,000	（貸）普通預金	257,000
		預 り 金	56,000

また、月末における企業負担分の社会保険料等については、借方は法定福利費として処理するとともに貸方は未払金として処理するため、正しい仕訳は次のとおりとなる。

（借）法定福利費	43,000	（貸）未 払 金	43,000

〔問題２〕

土地や建物などの不動産を賃借する場合に支払う20万円以上の保証金（敷金）及び権利金（礼金）については、支払時に一括して賃借料として処理する。

〔解答・解説〕

×

土地や建物等の不動産を賃借する場合に支払う保証金（敷金）は、賃貸借契約期間終了後に返還されることが定められているため、差入額をもって差入保証金勘定に計上する。なお、これらのうち、将来返還されない部分の定めがある場合は、返還されない部分の金額を長期前払費用として計上し、契約期間にわたって定額法により償却する。なお、権利金（礼金）についても同様の処理となる。

6 手形

〔問題１〕

① Ａ社は、Ｂ社への売掛金150,000円の回収として、Ｂ社より同社振出しの約束手形を受け取った。この取引を各社別に仕訳した。

〈Ａ社〉

（借）受取手形　150,000　　（貸）売　掛　金　150,000
〈Ｂ社〉
（借）買　掛　金　150,000　　（貸）支払手形　150,000

②　①の手形の満期日が到来し、当座預金に入金決済がなされた。
〈Ａ社〉
（借）当座預金　150,000　　（貸）受取手形　150,000
〈Ｂ社〉
（借）支払手形　150,000　　（貸）当座預金　150,000

〔解答・解説〕

○

商品代金等の支払のために約束手形を受け取ったときには、受取手形勘定の借方に記入する。そして、当座預金に入金された場合には同勘定の貸方に記入する。また、仕入代金等の支払のために約束手形を振り出したときは、支払手形勘定の貸方に記入し、手形の決済をしたときは、同勘定の借方に記入する。

〔問題２〕

Ａ社に対する買掛金の支払のため、手持ちのＡ社の約束手形750,000円を裏書譲渡した。
（借）買　掛　金　750,000　　（貸）受取手形　750,000

〔解答・解説〕

○

手形を裏書譲渡した場合には、受取手形勘定の貸方に記入する。なお、手形を裏書譲渡した場合には潜在的な債務を抱えていることになるため、貸借対照表にその旨を注記しなければならない。

〔問題３〕

所有するＡ社の手形200,000円を取引先の銀行で割引を受け、割

引料を差し引き、手取金は当座預金とした。割引料年利率は7.3%であり、割引を実施した日から決済日までは50日である。

（借）当座預金	198,000		（貸）受取手形	200,000
支払利息	2,000			

〔解答・解説〕

×

手形の割引をした場合には、割引日から手形の支払期日までの利息を差し引かれることになる。この利息は、手形債権の譲渡に伴う損失であると考えられることから、支払利息勘定ではなく、手形売却損勘定の借方に記入する。なお、利息相当額は次の算式により日割計算される。

$$手形売却損＝200,000円\times 7.3\%\times\frac{50日}{365日}＝2,000円$$

したがって、正しい仕訳は次のとおりとなる。

（借）当座預金	198,000		（貸）受取手形	200,000
手形売却損	2,000			

〔問題４〕

資金繰りの都合により、前月１日に振り出した約束手形500,000円の決済が困難であることから、Ａ社に対して３ヵ月の期日延長を申し入れ、手形の更改を行った。なお、支払期日を延長することによる利息6,200円は、新手形の額面に加算する方法によるものとする。

（借）支払手形	500,000		（貸）支払手形	500,000
支払利息	6,200		現金	6,200

〔解答・解説〕

×

手形の更改が行われる場合、支払人は期日を延長した新手形を振り出して旧手形と交換する。本問の方法によると、旧手形の金額を支払手形勘定の借方に記入し、これに支払利息を含めた新手形の金額を支払手形勘定の貸方に記入する。したがって、正しい仕訳は次のとおりとなる。

（借）	支払手形	500,000	（貸）支払手形	506,200
	支払利息	6,200		

〔問題5〕

①　所有していたＡ社振出しの受取手形700,000円が不渡りとなったので、Ａ社に対して償還請求を行った。償還請求に関する諸費用21,000円は現金で支払っている。

（借）	不渡手形	700,000	（貸）受取手形	700,000
	支払手数料	21,000	現　　金	21,000

②　所有していた①の不渡手形全額が回収不能となったため、貸倒処理することになった。

（借）	貸倒損失	700,000	（貸）不渡手形	700,000

〔解答・解説〕

所持している手形が不渡りになった場合、不渡手形勘定の借方に振替処理をする。なお、償還請求費用は、貸倒が確定するまで不渡手形に含める。したがって、正しい仕訳は次のとおりとなる。

①（借）	不渡手形	721,000	（貸）受取手形	700,000
			現　　金	21,000
②（借）	貸倒損失	721,000	（貸）不渡手形	721,000

〔問題６〕

当期首に保有する機械装置（帳簿価額600,000円）をＡ社に現金560,000円にて譲渡し、額面560,000円のＡ社振出しの約束手形を受け取った。

（借）	受取手形	560,000	（貸）	機械装置	600,000
	固定資産売却損	40,000			

〔解答・解説〕

×

営業外手形を受け取った場合には、営業外受取手形勘定の借方に、営業外手形を振り出した場合には、営業外支払手形勘定の貸方にそれぞれ記入する。したがって、正しい仕訳は次のとおりとなる。

（借）	営業外受取手形	560,000	（貸）	機械装置	600,000
	固定資産売却損	40,000			

〔問題７〕

Ａ社から現金575,000円を借り入れ（期間１年）、借用証書の代わりに額面575,000円の約束手形を振り出した。

（借）	現金	575,000	（貸）	手形借入金	575,000

〔解答・解説〕

○

通常の商品取引の際に用いる支払手形勘定や受取手形勘定等の商業手形を意味する勘定科目と区別するため、金融手形の場合、金銭を借り入れた側は手形借入金勘定の貸方に記入する。

7 有価証券

〔問題１〕

短期的な株価変動による利益を得る目的で、Ａ社株式1,000株を

１株250円で購入し、１株当たり５円の手数料を含め、小切手を振り出して支払った。

（借）売買目的有価証券　250,000　　（貸）当 座 預 金　255,000
　　　支 払 手 数 料　　5,000

〔解答・解説〕

×

短期的な株価変動による利益を得る目的で株式を購入した場合には、売買目的有価証券勘定又は有価証券勘定の借方に記入する。このとき、手数料は支払手数料勘定ではなく、有価証券の取得原価に含めて処理する。したがって、正しい仕訳は次のとおりとなる。

（借）売買目的有価証券　255,000　　（貸）当 座 預 金　255,000

〔問題２〕

１年以内に償還期限を迎えるＡ社社債を680,000円で購入し、手数料6,500円を含め、小切手を振り出して支払った。

（借）投資有価証券　686,500　　（貸）当 座 預 金　686,500

〔解答・解説〕

×

１年以内に償還期限を迎える社債を購入した場合には、有価証券勘定の借方に記入する。したがって、正しい仕訳は次のとおりとなる。

（借）有 価 証 券　686,500　　（貸）当 座 預 金　686,500

〔問題３〕

４月８日に売買目的で購入していたＡ社の株式20,000株（前期首に12,000株を１株当たり250円で、続いて3,000株を１株当たり260円で買い増し、前期中に5,000株を売却している。そして、当

期の４月２日に10,000株を１株当たり270円で買っている）のうち、5,000株を１株当たり280円で売却し、代金は現金で受け取った。なお、株式の取得原価は移動平均法によるものとする。

（借）現　　　金	1,400,000	（貸）売買目的有価証券	1,305,000
		有価証券売却益	95,000

〔解答・解説〕

前期売却時におけるＡ社株式１株当たりの取得原価は次の式により計算される。

$$１株当たりの取得原価=\frac{12{,}000株\times250円+3{,}000株\times260円}{12{,}000株+3{,}000株}=252円$$

この売却直前において、Ａ社株式15,000株を１株当たり252円で保有していたことになり、5,000株を売却したために、売却直後には10,000株を１株当たり252円で保有していたことになる。続いて、当期の４月２日に追加購入した直後のＡ社株式１株当たりの取得原価は次の式により計算される。

$$１株当たりの取得原価=\frac{10{,}000株\times252円+10{,}000株\times270円}{10{,}000株+10{,}000株}=261円$$

そして、４月８日の売却時点におけるＡ社株式１株当たりの取得原価は261円であり、売却による有価証券の減少額は次の式により計算される。

減少額＝5,000株×261円＝1,305,000円

〔問題４〕

６月９日に売買目的でＡ社の社債（券面金額2,000,000円）を100円につき96円で購入し、代金は端数利息を含めて小切手を振り出して支払った。なお、この社債の利率は年利3.65%、利払日は３

月と９月の末日である。端数利息は１年を365日とする日割計算によるものとする。

（借）売買目的有価証券　1,920,000　　（貸）当 座 預 金　1,934,000
　　　支 払 利 息　　14,000

〔解答・解説〕

×

Ａ社社債の取得原価は、次の算式によって計算される。

$$取得原価＝2{,}000{,}000円×\frac{96円}{100円}＝1{,}920{,}000円$$

４月１日から６月９日までの70日分の端数利息は次の算式によって計算される。

$$端数利息＝2{,}000{,}000円×3.65\%×\frac{70日}{365日}＝14{,}000円$$

端数利息は、費用勘定である支払利息勘定ではなく収益勘定である有価証券利息勘定のマイナスとして借方に記入する。したがって、正しい仕訳は次のとおりとなる。

（借）売買目的有価証券　1,920,000　　（貸）当 座 預 金　1,934,000
　　　有価証券利息　　14,000

〔問題５〕

子会社株式100,000株に対して１株５円の配当（源泉徴収税額控除前）があり、株式配当金領収証を受け取った。なお、源泉徴収税率は20.315％である。

（借）現　　　金　398,425　　（貸）受取配当金　500,000
　　　仮 払 税 金　101,575

〔解答・解説〕

○

所有する株式つき配当金を受け取った場合には、受取配当金勘定の貸方に記入する。配当金に係る源泉徴収税額は仮払税金として処理する。源泉徴収税額は、次の計算式によって求められる。

源泉徴収税額＝100,000株×５円×20.315％＝101,575円

〔問題６〕

X1年４月１日に償還日（X5年３月31日）まで保有する目的でＡ社社債（額面金額3,000,000円、利率年４％、利払日は９月末及び３月末の年２回）を額面100円につき96円で購入し、代金は小切手を振り出して支払った。なお、取得価額と額面金額との差額は金利の調整であると認められるものであり、取得時の記帳は適切に行われている。

X2年３月31日の決算日に、上記社債について償却原価法（定額法）の手続を行った。また、同日は利払日であり、利札47,811円（源泉徴収税額12,189円控除後）を普通預金に入金した。

（借）	満期保有目的債券	30,000	（貸）	有価証券利息	30,000
	普通預金	47,811		受取利息	60,000
	仮払税金	12,189			

〔解答・解説〕

×

償却原価法により社債の帳簿価額を増額させる金額は、次の算式により計算される。

$$3{,}000{,}000\text{円}\times\frac{(100\text{円}-96\text{円})}{100\text{円}}\times\frac{12\text{月}}{48\text{月}}=30{,}000\text{円}$$

取得価額と額面金額との差額は金利の調整であると認められるものであることから、満期保有目的債券勘定の借方に記入する

とともに、有価証券利息勘定の貸方に記入する。なお、A社社債に係る利息は、受取利息勘定ではなく、有価証券利息勘定の貸方に記入する。したがって、正しい仕訳は次のとおりとなる。

（借）満期保有目的債券	30,000	（貸）有価証券利息	90,000
普 通 預 金	47,811		
仮 払 税 金	12,189		

8 有形固定資産

〔問題1〕

備品830,000円を購入し、代金は引取運賃40,000円及び荷役費35,000円とともに小切手を振り出して支払った。

（借）備　　品	830,000	（貸）当 座 預 金	905,000
運　送　費	75,000		

〔解答・解説〕

×

備品等の固定資産を取得したときは、その取得原価で各固定資産名を付した勘定の借方に記入する。このとき、購入代価のほか、引取運賃及び荷役費は付随費用として取得原価に加算する。したがって、正しい仕訳は次のとおりとなる。

（借）備　　品	905,000	（貸）当 座 預 金	905,000

〔問題2〕

土地30,000,000円を購入し、代金は仲介手数料1,980,000円、不動産取得税900,000円、登録免許税650,000円とともに普通預金口座から支払った。なお、取得原価の算定は、税法の規定に基づき、最も低い金額となるよう処理した。

（借）土　　地	30,000,000	（貸）普 通 預 金	33,530,000
支払手数料	1,980,000		
租 税 公 課	1,550,000		

〔解答・解説〕

×

固定資産を取得したときは、原則として、その取得原価でそれぞれの勘定科目の借方に記入する。この場合の取得原価には、購入した価格のほかに、その資産を購入し、使用するために要した付随費用を取得原価に加算するのが原則であるが、税法は不動産取得税、登録免許税については取得価額に含めず、費用処理することを認めている。ただし、仲介手数料は取得価額に含めなければならない。したがって、正しい仕訳は次のとおりとなる。

（借）	土　　地	31,980,000	（貸）普通預金	33,530,000
	租税公課	1,550,000		

〔問題３〕

備品1,200,000円を外国から輸入し、代金は関税120,000円ともに小切手を振り出して支払った。

（借）	備　　品	1,200,000	（貸）当座預金	1,320,000
	租 税 公 課	120,000		

〔解答・解説〕

関税は税金の一種ではあるが、固定資産の取得に要する付随費用であり、税法においても費用として処理することを認めてはいない。したがって、正しい仕訳は次のとおりとなる。

（借）	備　　品	1,320,000	（貸）当座預金	1,320,000

〔問題４〕

備品98,000円を購入し、代金は消費税9,800円とともに小切手を振り出して支払った。なお、税法の規定に基づき、利益額が最も少なく計算されるよう処理するものとし、消費税については税抜

経理方式により処理した。

(借)	消耗品費	98,000	(貸) 当座預金	107,800
	仮払消費税	9,800		

〔解答・解説〕

○

取得原価が10万円未満である減価償却資産は、その全額を損金算入することが認められる。なお、取得原価が10万円未満であるか否かの判定については、税抜経理方式を採用している場合には消費税を含めない。

9 無形固定資産

〔問題1〕

無形固定資産とは、企業が長期間使用するために所有する資産のうち、法律上の権利や経済的な価値を持つ形のない資産をいい、以下のものが含まれる。

① 特許権
② 実用新案権
③ ソフトウェア（自社利用目的）
④ のれん

〔解答・解説〕

○

無形固定資産とは、企業が長期間使用するために所有する資産のうち、特許権、実用新案権等の法律上の権利や自社利用目的のソフトウェア及びのれんのような経済的な価値を持つ資産をいう。

〔問題2〕

のれんは、買収や合併等の企業結合の場合に、取得に要した額が被取得企業の純資産の帳簿価額を超える額であり、のれんが借

方に生じた場合には資産、貸方に生じた場合には負債となる。

〔解答・解説〕

×

のれんは、買収や合併等の企業結合の場合に、取得に要した額が被取得企業の資産の時価総額と負債の時価総額の差額としての純資産の時価を超える額である。また、借方に生じたのれんは資産となるが、貸方に生じたのれんは負債ではなく収益となる。

〔問題３〕

もっぱら研究開発のために使用する器具を200,000円で購入し、資産として処理した。

〔解答・解説〕

×

研究開発のために使用する器具等を取得した場合、これを資産計上せずに、即時全額を費用として処理する。

10 そのほかの税金

〔問題１〕

収入印紙35,000円を購入し、現金で支払った。なお、印紙購入時に費用として処理する方法によるものとする。

（借）租 税 公 課　35,000　　（貸）現　　金　35,000

〔解答・解説〕

○

印紙税を支払った場合、租税公課勘定の借方に記入する。

〔問題２〕

土地を購入し、次の金額について小切手を振り出して支払った。

なお、土地の取得原価については税法規定に基づく最低金額となるよう処理し、消費税については税込経理方式によるものとする。

① 土地の価格 10,000,000円
② 不動産取得税 600,000円
③ 固定資産税の未経過分 42,500円
④ 登録免許税 200,000円
⑤ 登記に際し司法書士へ支払った報酬 75,000円
⑥ 不動産業者への仲介手数料 396,000円
⑦ 合計 11,313,500円

（借）	土　　地	10,438,500	（貸）当座預金	11,313,500
	租税公課	800,000		
	支払手数料	75,000		

〔解答・解説〕

○

土地の取得に際して、取得に要した付随費用は取得原価に算入するのが原則であるが、税法規定によれば、不動産取得税、登録免許税及び登記に際し司法書士へ支払った報酬については、費用として処理することを認めている。しかし、固定資産税の未経過分及び仲介手数料については、取得原価に含めなければならない。

〔問題３〕

車両を購入し、次の金額について小切手を振り出して支払った。なお、車両の取得原価については税法規定に基づく最低金額となるよう処理し、消費税については税込経理方式によるものとする。

① 車両本体価格 3,200,000円
② 自動車税、自動車取得税、自動車重量税合計 250,000円
③ 自賠責保険料 23,000円

（借）車両運搬具 3,473,000 （貸）当座預金 3,473,000

〔解答・解説〕

×

自動車の取得に際して、取得に要した付随費用は取得原価に算入するのが原則であるが、税法規定によれば、自動車税、自動車取得税、自動車重量税、自賠責保険料、検査登録料等については、費用として処理することを認めている。したがって、正しい仕訳は次のとおりとなる。

（借）	車　　　両	3,200,000	（貸）当 座 預 金	3,473,000
	租 税 公 課	250,000		
	保　険　料	23,000		

11 そのほかの債権・債務

〔問題１〕

当期首に備品（帳簿価額840,000円）を900,000円にて売却し、代金は翌月末に受け取ることとした。なお、この備品は２年前に取得したものであり、過年度において適正に処理されている。

（借）	売　掛　金	900,000	（貸）備　　　品	840,000
			固定資産売却益	60,000

〔解答・解説〕

×

有価証券や備品、土地等、商品以外のものの売却代金の未回収額は、売掛金勘定ではなく、未収金勘定又は未収入金勘定の借方に記入する。したがって、正しい仕訳は次のとおりとなる。

（借）	未　収　金	900,000	（貸）備　　　品	840,000
			固定資産売却益	60,000

〔問題２〕

Ａ社は、Ｂ社へ商品350,000円を注文し、内金として、50,000円分の小切手を振り出した。この取引について、Ａ社及びＢ社の仕

訳を行った。

〈A社〉

(借) 仕　　　入　50,000　　(貸) 当座預金　50,000

〈B社〉

(借) 現　　　金　50,000　　(貸) 売　　　上　50,000

〔解答・解説〕

×

商品の受渡しに先立って、商品代金の全部又はその一部を、手付金として授受する場合に、支払側は前払金勘定又は前渡金勘定の借方に記入し、受取側は前受金勘定の貸方に記入し、仕入勘定や売上勘定は用いない。したがって、正しい仕訳は次のとおりとなる。

〈A社〉

(借) 前　払　金　50,000　　(貸) 当座預金　50,000

〈B社〉

(借) 現　　　金　50,000　　(貸) 前　受　金　50,000

〔問題３〕

Ａ社は、Ｂ社に対して貸し付けていた1,000,000円について、返済期日にＢ社から全額の返済を受け、利息60,000円とともに、Ｂ社振出しの小切手を受け取った。

〈A社〉

(借) 現　　　金　1,060,000　　(貸) 貸　付　金　1,000,000
　　　　　　　　　　　　　　　　　　受取利息　　60,000

〈B社〉

(借) 借　入　金　1,000,000　　(貸) 当座預金　1,060,000
　　支払利息　　60,000

〔解答・解説〕

○

取引先等に金銭を貸し付けた場合には貸付金勘定の借方に記入し、返済された場合には同勘定の貸方に記入する。金銭を借り入れた場合には借入金勘定の貸方に記入し、返済した場合には同勘定の借方に記入する。

〔問題４〕

従業員に対する給料総額4,000,000円につき、所得税300,000円、従業員負担分の社会保険料350,000円を控除して現金で支払った。

（借）	給　　料	3,350,000	（貸）	現　　金	3,350,000
	法定福利費	650,000		預 り 金	650,000

〔解答・解説〕

×

従業員の所得税・住民税・社会保険料（健康保険料、厚生年金保険料等）は企業が一旦、預かる。このとき、所得税預り金勘定や社会保険料預り金勘定（これらをまとめて従業員預り金勘定を用いることもできる）の貸方に記入する。これらは従業員が給与のうちから負担すべきものであるため、給料勘定の借方に記入する。なお、会社負担分を支払う場合には、法定福利費勘定の借方に記入する。したがって、正しい仕訳は次のとおりとなる。

（借）	給　　料	4,000,000	（貸）	所得税預り金	300,000
				社会保険料預り金	350,000
				現　　金	3,350,000

〔問題５〕

従業員が出張中に、当社の当座預金口座に200,000円の送金がされたが、その内容は不明であったため、適正に処理を行っている。

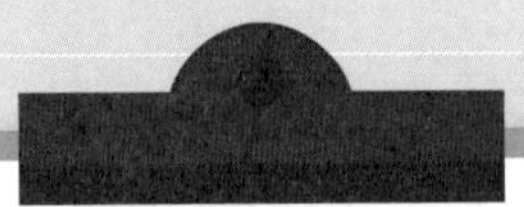

本日、従業員から、送金はＡ社よりの売掛金の回収分であるとの報告がなされた。

（借）当 座 預 金　200,000　　（貸）売　掛　金　200,000

〔解答・解説〕

従業員が当社の当座預金口座に送金した金額については、次の仕訳がなされているはずである。

（借）当 座 預 金　200,000　　（貸）仮　受　金　200,000

この仮受金は、Ａ社に対する売掛金の回収分であることが明らかとなったため、正しい仕訳は次のとおりとなる。

（借）仮　受　金　200,000　　（貸）売　掛　金　200,000

〔問題６〕

顧客に商品220,000円をクレジットカード払にて販売し、クレジットカード会社に代金の請求を行っていたところ、本日、クレジットカード会社から手数料５％を差し引いた金額が当座預金口座に振り込まれた。

（借）当 座 預 金　209,000　　（貸）クレジット売掛金　220,000
　　　支 払 手 数 料　11,000

〔解答・解説〕

クレジットカード払によって商品を販売する場合には、顧客に通常の売掛金と区別するため、クレジット売掛金勘定を用いる。

〔問題７〕

Ａ社は、Ｂ社に対する買掛金290,000円の支払について発生記録の請求を行い、同額の電子記録債権に係る債務が生じていたが、本日、支払期限が到来し、Ａ社の当座預金口座から引き落とされ、

Ｂ社の当座預金口座に入金された。この取引について、Ａ社とＢ社の仕訳を行った。

〈Ａ社〉

（借）支 払 手 形　290,000　　（貸）当 座 預 金　290,000

〈Ｂ社〉

（借）当 座 預 金　290,000　　（貸）受 取 手 形　290,000

〔解答・解説〕

×

電子記録債権取引は、基本的には手形取引と同様の会計処理を行うが、勘定科目は、手形取引とは区別して電子記録債権勘定及び電子記録債務勘定を用いる。したがって、正しい仕訳は次のとおりとなる。

〈Ａ社〉

（借）電子記録債務　290,000　　（貸）当 座 預 金　290,000

〈Ｂ社〉

（借）当 座 預 金　290,000　　（貸）電子記録債権　290,000

12 資本金

〔問題１〕

Ａ社は株式会社の設立に当たり、１株当たりの払込金額を20,000円として、株式100株を発行し、Ａ社の当座預金口座に払込みを受けた。なお、株式発行のための諸費用300,000円を現金で支払った。

（借）当 座 預 金　2,000,000　　（貸）資　本　金　2,000,000

（借）株式交付費　300,000　　（貸）現　　　金　300,000

〔解答・解説〕

×

株式会社設立時の株式発行のための諸費用は創立費勘定を用いる。したがって、正しい仕訳は次のとおりとなる。

（借）当座預金　2,000,000　（貸）資　本　金　2,000,000
（借）創　立　費　　300,000　（貸）現　　　金　　300,000

〔問題2〕

B社は株式会社の設立に当たり、1株当たりの払込金額を30,000円として、株式200株を発行し、B社の当座預金口座に払込みを受けた。払込金額のうち会社法で認められる最低額を資本金に組み入れることとした。なお、株式発行のための諸費用300,000円を現金で支払った。

（借）当座預金　6,000,000　（貸）資　本　金　2,000,000
　　　　　　　　　　　　　　　　　資本準備金　4,000,000
（借）創　立　費　　300,000　（貸）現　　　金　　300,000

〔解答・解説〕

×

払込金額のうち会社法で認められる最低額を資本金に組み入れる場合、払込金額の2分の1に相当する額を資本金として計上することとなる。したがって、正しい仕訳は次のとおりとなる。

（借）当座預金　6,000,000　（貸）資　本　金　3,000,000
　　　　　　　　　　　　　　　　　資本準備金　3,000,000
（借）創　立　費　　300,000　（貸）現　　　金　　300,000

〔問題3〕

C社は、取締役会の決議により、X1年6月30日を払込期日として、1株の払込金額50,000円として、株式400株を募集したところ、払込期日前の申込期日までに全株式が申し込まれ、払込金額の全額を受け入れたため、申込証拠金として受け入れ、別段預金とした。

（借）別段預金　20,000,000　（貸）新株式申込証拠金　20,000,000

〔解答・解説〕

○

払込期日前に受領した払込金額については、別段預金及び新株式申込証拠金として受け入れることから、正しい処理といえる。

〔問題４〕

Ｄ社は、取締役会の決議により、X1年３月31日を払込期日として、１株の払込金額10,000円として、株式1,000株を募集したところ、申込期日までに全株式が申し込まれ、払込金額の全額を受け入れたため、申込証拠金として受け入れ、別段預金としていたところ、X1年３月31日の払込期日が到来したことに伴い、受け入れた申込証拠金10,000,000円について、資本金及び資本準備金に振り替え、同時に別段預金を当座預金に振り替えた。なお、払込金額のうち会社法で認められる最低額を資本金に組み入れることとする。また、Ｄ社は払込期日に一連の新株発行のための諸費用500,000円を現金で支払っている。

（借）	新株式申込証拠金	10,000,000	（貸）	資本金	5,000,000
				資本準備金	5,000,000
（借）	当座預金	10,000,000	（貸）	別段預金	10,000,000
（借）	創立費	500,000	（貸）	現金	500,000

〔解答・解説〕

株式会社の設立後の増資による新株発行のための諸費用は株式交付費により処理することから、正しい仕訳は次のとおりとなる。

（借）	新株式申込証拠金	10,000,000	（貸）	資本金	5,000,000
				資本準備金	5,000,000
（借）	当座預金	10,000,000	（貸）	別段預金	10,000,000
（借）	株式交付費	500,000	（貸）	現金	500,000

第４節　決　算

学習のポイント

- ◆決算手続の意義及び手順とはどのようなものかを学習する。
- ◆決算整理の意義と代表的な決算整理事項について学習する。
- ◆損益計算書及び貸借対照表を作成するための基礎資料として精算表を決算整理時に作成することを学習する。
- ◆未払法人税等の算定と記帳について学習する。

1　決算手続

企業活動は、通常途切れることなく継続するものであるため、企業会計では一定期間（例えば１年）を一区切りにして、その期間の利益の額、その時点の資産、負債及び純資産（資本）の額を計算する。そのためには、日々記帳されている帳簿を一旦、締め切って整理する必要がある。このような一連の手続を決算といい、決算を行う日を決算日という。

決算手続は以下の手順による。

①　試算表の作成
②　決算整理
③　帳簿決算
④　財務諸表の作成

上記の手続のうち、①試算表の作成は、決算日を試算表作成日として勘定記録の正確性を検証するものである。この試算表の作成については本章第２節で説明しているので、以下では、決算整理以降の手続について説明する。

決算においては、まず試算表を作成することにより勘定記録の正確性を確認する。次に、一旦、帳簿を離れて事実の確認をし、これを棚卸表にまとめ、事実と帳簿記録の相違や記帳漏れがある場合には、帳簿記録に修正や追加が必要になる。そして、この手続を決算整理といい、決算整理事項には、特に重要なものとして次のようなものがある。

① 現金実査
② 当座預金の調整
③ 売上原価の算定
④ 貸倒引当金の計上
⑤ 減価償却
⑥ 有価証券の評価
⑦ 経過勘定項目
⑧ 未払消費税の計上
⑨ 未払法人税の計上

以下では、これらの①～⑨の決算整理事項についての処理を説明する。この決算整理を踏まえた上で、貸借対照表と損益計算書を作成することが理解できれば、差し当たりの簿記の目標は達成したといえよう。

2 現金実査

決算では現金実査（現金の残高を実際に数えること）を行い、現金勘定の帳簿残高と現金の実際有高との不一致（現金過不足）の有無を確認する。

現金過不足の処理については、本章第３節で説明しているが、決算で把握された現金過不足は、期中のように現金過不足勘定は用いない。すなわち、原因判明分については所定の勘定科目、原因不明分については現金不足を雑損失勘定（又は雑損勘定、いずれも費用勘定）、現金超過を雑収入勘定（又は雑益勘定、いずれも収益勘定）によって処理し、現金勘定残高を現金実際有高に修正する。

設 例

決算に当たり現金実査を行ったところ、現金勘定残高が60,000円であるのに対して、現金実際有高が50,000円であった。この不一致原因のうち5,000円は買掛金支払の記帳漏れ、売掛金回収額2,000円を3,000円と誤記帳していたことが判明し、残りについては原因不明であった。これに従い、決算整理仕訳をしなさい。

解 答 (単位：円)

(借)	買 掛 金	5,000	(貸) 現 金	10,000
	売 掛 金	1,000		
	雑 損 失	4,000		

3 当座預金の調整

企業側の当座預金勘定残高と銀行側の当座預金口座の残高は、連絡未達等の原因によって不一致が生ずることがある。そこで、これらの不一致が生じている場合には、原因を調査し、必要な修正仕訳を行う。

不一致の原因は、以下に示すとおりである。企業側に原因がある場合には修正仕訳が必要であるが、銀行側に原因がある場合には修正仕訳は不要である。

(１) 不一致の原因

１）企業側の原因（修正仕訳が必要）

ア 誤記帳

企業の帳簿記入が誤っている場合には、必要な修正を行う。

設例１

買掛金51,500円の支払のために振り出した小切手の処理について、誤って51,000円と記帳していたことが判明した。

解 答 (単位：円)

(借) 買掛金	500	(貸) 当座預金	500

イ 連絡未通知

取引先からの入金や自動引落しなどの通知が遅れたため、企業側で未記帳となった場合には、当該未処理事項の会計処理を行う。

設例2

得意先からの売掛代金10,000円の当座預金口座への入金と、営業費8,000円の当座預金口座からの引落しについて、当社に未通知であった。

解 答 (単位：円)

(借) 当座預金	10,000	(貸) 売掛金	10,000
(借) 営業費	8,000	(貸) 当座預金	8,000

ウ 未渡小切手

小切手の記入を行い、小切手振出の記帳を行ったが、相手方にまだ渡していない小切手を**未渡小切手**という。

設例3

買掛金20,000円の支払のために小切手を振り出したが、仕入先に未渡しであったことが判明した。

解 答 (単位：円)

(借) 当座預金	20,000	(貸) 買掛金	20,000

設例4

営業費10,000円の支払のために小切手を振り出したが、相手方に未渡しであったことが判明した。

解　答 (単位：円)

(借) 当座預金　10,000　　(貸) 未　払　金　10,000

※小切手が未渡しであっても営業費は発生済みであることから、貸方は営業費の取消しではなく未払金勘定を計上する。

2）銀行側の原因（修正仕訳が不要）

ア　時間外預入

現金を預け入れたが銀行の閉店後であったため、銀行側で翌日の入金として取り扱われた場合には、実際に現金が銀行に預け入れられているので企業側の修正は不要である。

イ　未取付小切手

小切手を振り出し相手方に渡しているが、その相手方が小切手を銀行に持ち込んでいないために当座預金口座から引き落とされていない場合には、実際に小切手を相手方に渡しているので企業側の修正は不要である。

(2) 銀行勘定調整表

銀行勘定調整表とは、当座預金に関する企業側残高（当座預金勘定残高）と銀行側残高（銀行残高証明書残高）の不一致を調整するために作成する表をいう。銀行勘定調整表は、左右のいずれかに企業側残高又は銀行側残高を記入し、これらの残高に不一致の原因ごとに加算・減算調整を行って修正後残高を算定する。→図表1－4－1

加算・減算調整項目のうち企業側のものについては、修正仕訳が必要になる項目である。また、銀行勘定調整表の修正後残高は、企業側も銀行側も一致し、当該金額が企業側の当座預金勘定の決算整理後残高になる。

設例5

決算日における当社の当座預金勘定の残高は250,000円であるのに対して、銀行残高証明書の残高は440,000円であった。この不一致原因を調査

図表1-4-1●銀行勘定調整表

銀行勘定調整表

当座預金勘定残高	××	銀行残高証明書残高	××
(加算)		(加算)	
誤　記　帳	××	時　間　外　預　入	××
未　通　知　入　金	××		
未　渡　小　切　手	××		
(減算)		(減算)	
誤　記　帳	△××	未　取　付　小　切　手	△××
未　通　知　引　落	△××		
修正後残高	××	修正後残高	××

したところ、以下の事項が判明した。よって、①銀行勘定調整表を作成し、②決算整理仕訳、③決算整理後の当座預金勘定残高を示しなさい。

(1) 広告宣伝費支払のために振り出した小切手331,000円を、311,000円と記帳していた。

(2) 得意先から掛代金120,000円が入金されていたが、当社に未通知であった。

(3) 決算日に現金50,000円を夜間金庫に預け入れたが、銀行では翌日入金として処理していた。

(4) 仕入先に対する買掛代金80,000円の支払のために振り出した小切手が、未渡しであった。

(5) 仕入先に対する買掛代金60,000円の支払のために小切手を振り出したが、いまだ銀行に呈示されていなかった。

解　答 (単位：円)

①　銀行勘定調整表

銀行勘定調整表

当座預金勘定残高	250,000	銀行残高証明書残高	440,000
(加算)		(加算)	
(2)未通知入金	120,000	(3)時間外預入	50,000
(4)未渡小切手	80,000		
(減算)		(減算)	
(1)誤記帳	△20,000	(5)未取付小切手	△60,000
修正後残高	430,000	修正後残高	430,000

② 決算整理仕訳

(1)(借)広告宣伝費 20,000 (貸)当座預金 20,000

(2)(借)当座預金 120,000 (貸)売掛金 120,000

(4)(借)当座預金 80,000 (貸)買掛金 80,000

③ 決算整理後の当座預金勘定残高:430,000円

決算整理前の当座預金勘定残高250,000円−(1)20,000円+(2)120,000円+(4)80,000円=430,000円(銀行勘定調整表の修正後残高)

4 売上原価の算定

(1)売上原価の意味

売上原価とは、売り上げた商品の原価(購入対価+付随費用)である。簿記・会計では、

売上高−売上原価=利益

として商品販売に係る利益が計算される。

ここで、当期の仕入高と売上原価の金額は一致しないことがあることに注意する必要がある。それは、仕入れたものが全て仕入れた期と同じ期に販売されるとは限らないからである。そして、会計上、当期の費用になるのは当期の仕入高ではなく、売上原価である(ただし、期首と期末の在庫がない場合は、当期の仕入高が売上原価となる)。売れ残った

商品は、資産として次期に繰り越される。→図表1-4-2

図表1-4-2●売上原価

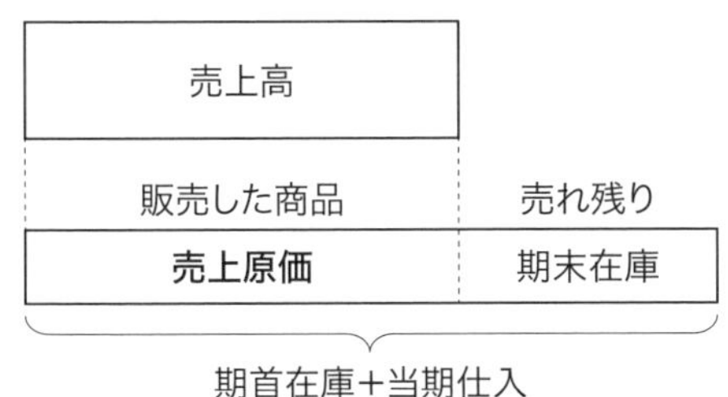

(2) 売上原価に関する決算整理仕訳

① 三分割法

三分割法によって商品売買の記帳を行っている場合、期末の決算整理において売上原価を計算するための手続が必要となる。売上原価は次のプロセスによって算出する。

期首商品棚卸高+当期商品仕入高-期末商品棚卸高=売上原価
(期首在庫)　(当期仕入)　(期末在庫)

この算出方法を理解し、仕訳ができるようにすることが重要である。仕訳については複数の方法がある。ここでは、一般的な方法として、仕入勘定で売上原価を計算する方法と売上原価勘定で売上原価を計算する方法を示す。

1) 仕入勘定で売上原価を計算する方法

商品を掛仕入れした取引について三分割法によった場合、次のような仕訳が記帳される。

(借) 仕　　入　××　　(貸) 買 掛 金　××

ここで注意すべきことは、当期に仕入れたものが、全て当期中に販売されず、一部が売れ残ってしまう点である。

そこで、期末の決算整理仕訳において、

（借）繰越商品　××　　（貸）仕　　入　××

として、売れ残った商品を繰越商品勘定（資産勘定）へ振り替える。一方、前期から繰り越されてきた商品があることも忘れてはならない。

前期から繰り越されてきた商品については、

（借）仕　　入　××　　（貸）繰越商品　××

とし、仕入勘定へ振り替える。

仕入勘定を算式にして示した場合、

売上原価＝期首商品棚卸高＋当期商品仕入高－期末商品棚卸高

となる。

◆期首商品棚卸高……前期末に売れ残って当期に繰り越されてきた商品

◆期末商品棚卸高……当期末に売れ残って次期に繰り越される商品

期首商品、期末商品ともに存在する場合、決算時の仕訳は次のようになる。

（借）仕　　入　××　　（貸）繰越商品　××　←期首商品棚卸高

（借）繰越商品　××　　（貸）仕　　入　××　←期末商品棚卸高

上記の、決算整理仕訳に関する勘定記入の一連の流れを図示すると、図表1-4-3のようになる。

図表1-4-3●決算に関する勘定記入の流れ

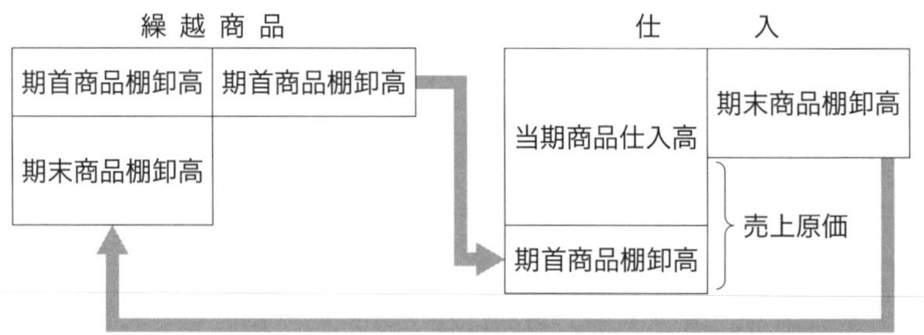

設例１

下記の資料により、期中取引の仕訳及び決算整理仕訳をしなさい。なお、商品売買取引の記帳は三分割法により、売上原価は仕入勘定で算定する。

期首に前期から繰り越されてきた商品が250個（@500円）ある。

（１）当期に1,000個の商品を@500円で仕入れ、代金は現金で支払った。

（２）当期に1,100個の商品を@600円で売り上げ、代金は現金で受け取った。

期末現在、150個の商品が残っている。

解　答（単位：円）

〈期中取引の仕訳〉

（１）	（借）仕　入	500,000	（貸）現　金	500,000
（２）	（借）現　金	660,000	（貸）売　上	660,000

〈決算整理仕訳〉

期首分

（借）仕　入（＊）	125,000	（貸）繰越商品	125,000

（＊）250個×500円＝125,000円

期末分

（借）繰越商品（＊）	75,000	（貸）仕　入	75,000

（＊）150個×500円＝75,000円

売上原価は、期首商品棚卸高125,000円＋当期商品仕入高500,000円－期末商品棚卸高75,000円＝550,000円であり、仕入勘定残高で示される。

これらを勘定に記入すると、次のとおりになる。

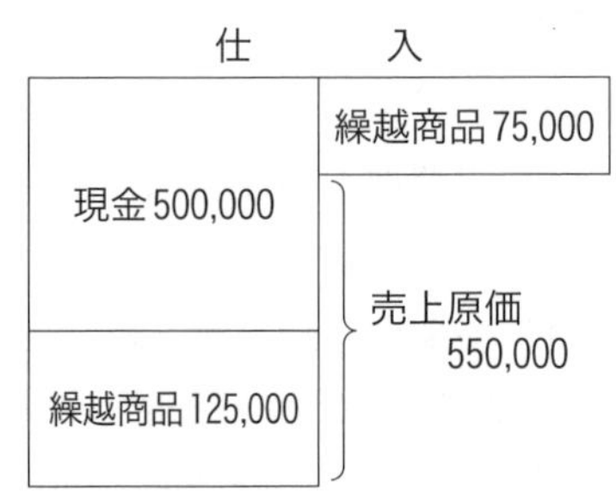

ちなみに利益は、売上高660,000円－売上原価550,000円＝110,000円となる。

2）売上原価勘定で売上原価を計算する方法

決算において新たに売上原価勘定（費用勘定）を設定して売上原価を算定する方法もある。この方法によると、以下の決算整理仕訳によって売上原価勘定で売上原価の算定要素を集計する。

（借）売上原価　××　（貸）繰越商品　××　←期首商品棚卸高

（借）売上原価　××　（貸）仕　　入　××　←当期商品仕入高

（借）繰越商品　××　（貸）売上原価　××　←期末商品棚卸高

上記の、決算整理仕訳に関する勘定記入の一連の流れを図示すると、図表1-4-4のようになる。

図表1-4-4●決算に関する勘定記入の流れ

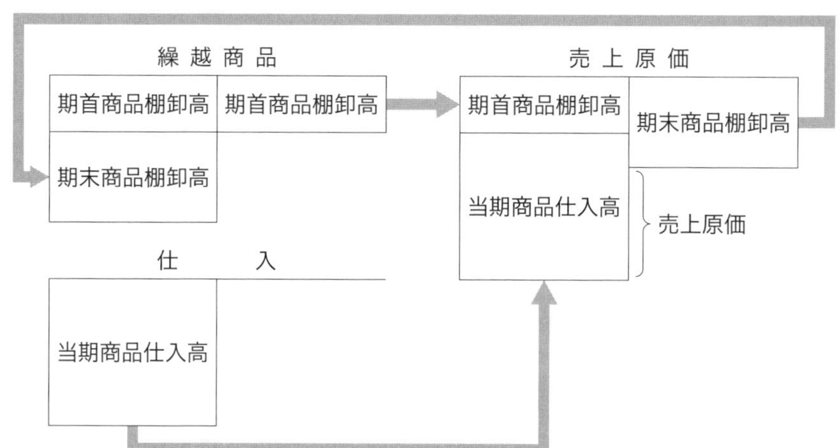

設例2

下記の資料により、期中取引の仕訳及び決算整理仕訳をしなさい。なお、商品売買取引の記帳は三分割法により、売上原価は売上原価勘定で算定する。

期首に前期から繰り越されてきた商品が250個（@500円）ある。

（1）当期に1,000個の商品を@500円で仕入れ、代金は現金で支払った。

（2）当期に1,100個の商品を@600円で売り上げ、代金は現金で受け取った。

期末現在、150個の商品が残っている。

解　答（単位：円）

〈期中取引の仕訳〉

（1）（借）仕　　入　500,000　（貸）現　　金　500,000

（2）（借）現　　金　660,000　（貸）売　　上　660,000

〈決算整理仕訳〉

期首分

（借）	売上原価（＊）	125,000	（貸）	繰越商品	125,000

（＊）250個×500円＝125,000円

当期仕入分

（借）	売上原価	500,000	（貸）	仕入	500,000

期末分

（借）	繰越商品（＊）	75,000	（貸）	売上原価	75,000

（＊）150個×500円＝75,000円

売上原価は、**期首商品棚卸高125,000円＋当期商品仕入高500,000円－期末商品棚卸高75,000円＝550,000円**であり、売上原価勘定残高で示される。

これらを勘定に記入すると、次のとおりになる。

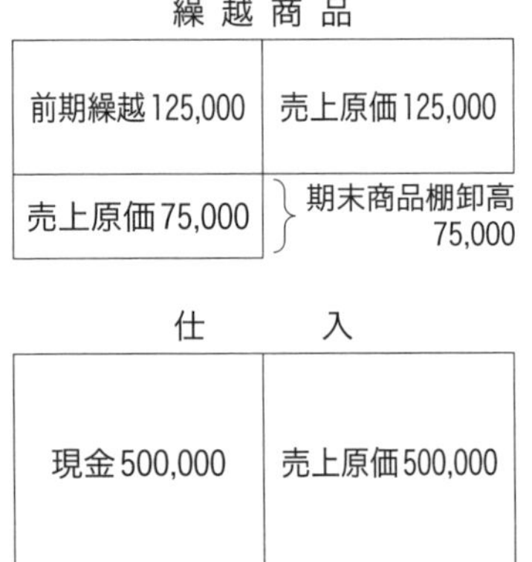

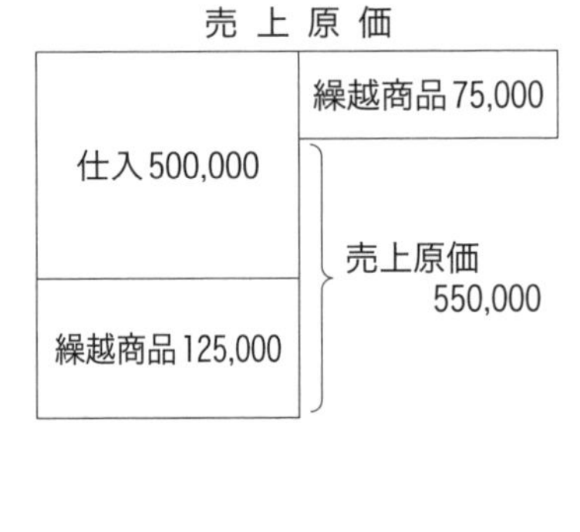

② 分記法

本章第3節で説明したとおり、分記法では商品を仕入れたとき、商品勘定（資産勘定）の借方に仕入高が記入され、商品を販売したときには、

商品勘定の貸方にその商品の売上原価が記入される。そのため、売上原価は商品の販売を行うごとに商品勘定の貸方に記入され、決算整理において売上原価を算定するための仕訳は必要ない。

この期中取引に関する勘定記入の一連の流れを図示すると、図表1-4-5のようになる。

図表1-4-5●期中取引に関する勘定記入の流れ

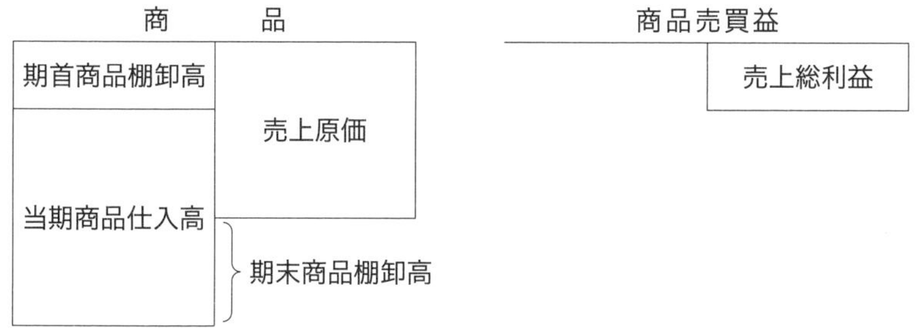

設例3

下記の資料により、期中取引の仕訳及び決算整理仕訳をしなさい。なお、商品売買取引の記帳は分記法による。

期首に前期から繰り越されてきた商品が250個（@500円）ある。

（1）当期に1,000個の商品を@500円で仕入れ、代金は現金で支払った。

（2）当期に1,100個の商品を@600円で売り上げ、代金は現金で受け取った。

期末現在、150個の商品が残っている。

解　答（単位：円）

〈期中取引の仕訳〉

（1）	（借）	商　　品	500,000	（貸）	現　　金	500,000
（2）	（借）	現　　金	660,000	（貸）	商　　品	550,000
					商品売買益	110,000

〈決算整理仕訳〉

仕訳なし

期中仕訳を勘定に記入すると、次のとおりになる。

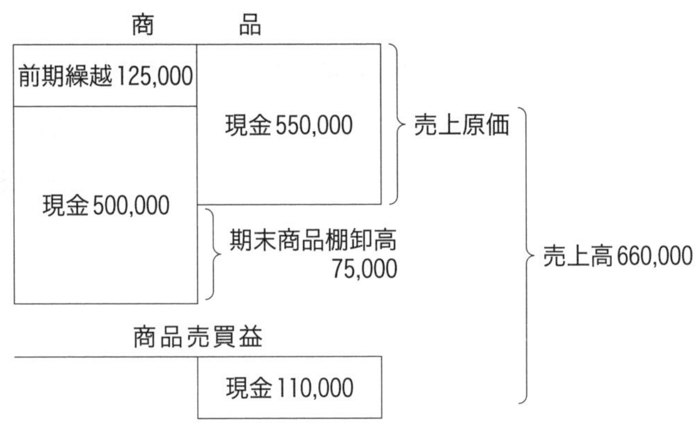

ちなみに売上高は、売上原価550,000円＋売上総利益110,000円＝660,000円となる。

③　売上原価対立法

本章第３節で説明したとおり、商品を仕入れたときには、商品勘定の借方に仕入高が記入され、商品を販売したときには、売上が計上されるとともに、売上原価を商品勘定から売上原価勘定に振り替える処理が行われる。そのため、売上原価は商品の販売を行うごとに売上原価勘定の借方に記入され、決算整理において売上原価を算定するための仕訳は必要ない。

この期中取引に関する勘定記入の一連の流れを図示すると、図表１-４-６のようになる。

図表１-４-６●期中取引に関する勘定記入の流れ

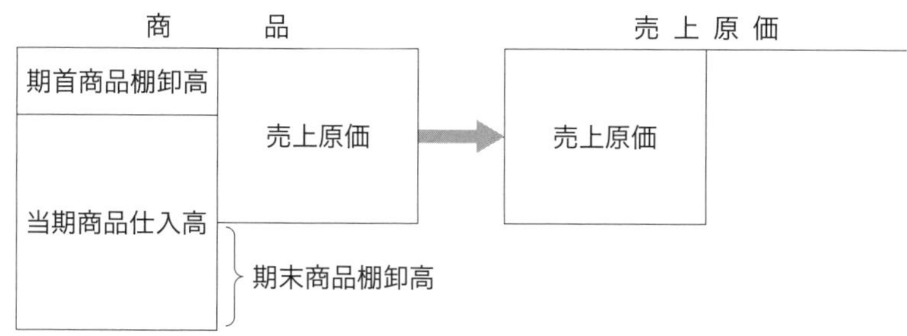

設例４

下記の資料により、期中取引の仕訳及び決算整理仕訳をしなさい。なお、商品売買取引の記帳は売上原価対立法による。

期首に前期から繰り越されてきた商品が250個（@500円）ある。

（１）当期に1,000個の商品を@500円で仕入れ、代金は現金で支払った。

（２）当期に1,100個の商品を@600円で売り上げ、代金は現金で受け取った。

期末現在、150個の商品が残っている。

解　答（単位：円）

〈期中取引の仕訳〉

（１）	（借）商　　　品	500,000	（貸）現　　　金	500,000
（２）	（借）現　　　金	660,000	（貸）売　　　上	660,000
	（借）売上原価	550,000	（貸）商　　　品	550,000

〈決算整理仕訳〉

仕訳なし

期中仕訳を勘定に記入すると、次のとおりになる。

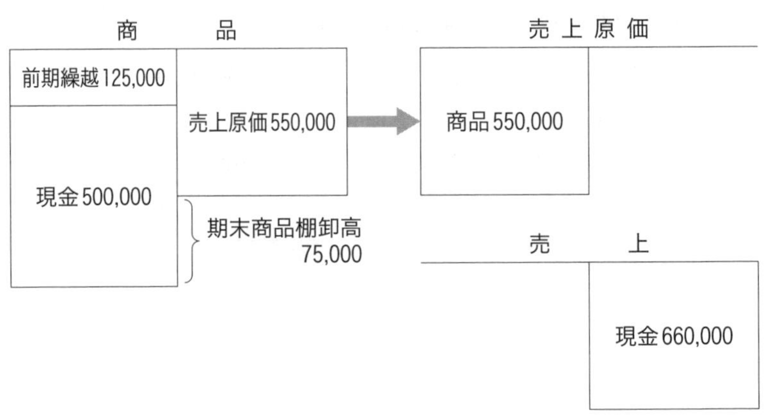

ちなみに売上総利益は、売上高660,000円－売上原価550,000円＝110,000円となる。

(3) 棚卸減耗費と商品評価損

商品に関する帳簿残高から、期末商品棚卸高を確定する方法を帳簿棚卸という。一方、現物の数量や価格を実際に確認して、商品有高を確定する方法を実地棚卸という。

① 棚卸減耗費

紛失や盗難などが原因で、実地棚卸数量が帳簿棚卸数量よりも少なくなることがある。このような数量の減少による価値の減少を棚卸減耗といい、棚卸減耗費勘定（費用勘定）で処理する。

棚卸減耗費は、次のように算定する。

棚卸減耗費＝原価×（帳簿棚卸数量－実地棚卸数量）

経常的に発生する棚卸減耗は、原価性を有すると認められる。経常的に発生しない棚卸減耗は、原価性を有しない。なお、原価性がある場合は、棚卸減耗費勘定で処理し、原価性がない場合は、棚卸減耗損勘定（費用勘定）で処理することもある。

②　商品評価損

期末商品の時価が、簿価を下回ることがある。この時価の下落分を評価損といい、商品評価損勘定（費用勘定）で処理する。

なお、棚卸資産については、時価が簿価を下回った場合、評価損を計上する必要があるが、時価が簿価を上回ったとしても、評価益の計上は行われないことに注意する。

商品評価損は、次のような算式で算定する。

商品評価損＝（簿価－時価）×実地棚卸数量

棚卸減耗費と商品評価損の算定方法を図で表したものが、図表１-４-７である。

図表１-４-７●棚卸減耗費と商品評価損

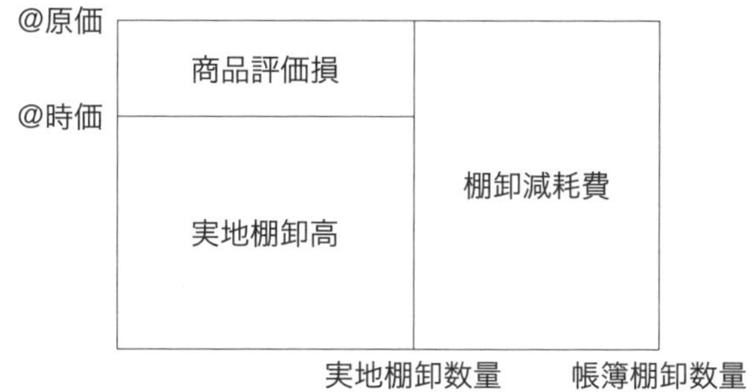

Column　コーヒーブレイク

《棚卸業務のアウトソーシング》

近年では、棚卸業務をアウトソーシング（専門業者に業務を委託すること）する企業が増えている。大手コンビニチェーンをはじめ、食品スーパーや家電量販店等における契約が大幅に伸びている。アウトソーシングにより、棚卸に熟練した担当者による効率的かつ正確な棚卸が可能になる。また、現場担当者と棚卸担当者を分けることによる不正の防止などにも役立っている。

設例5

次の例により、決算整理仕訳をしなさい。なお、商品売買取引は三分割法によって記帳し、売上原価は仕入勘定で算定する。

期首商品棚卸高　50個　@500円
当期商品仕入高　600個　@500円
期末商品棚卸高
帳簿棚卸数量　100個　実地棚卸数量　95個
原　価　@500円　時　価　@480円

解　答 (単位：円)

期首分

(借) 仕　入 (＊)　25,000　(貸) 繰越商品　25,000

(＊) 50個×500円＝25,000円

期末分

まず、帳簿棚卸数量×原価で繰越商品へ振り替える。

(借) 繰越商品 (＊)　50,000　(貸) 仕　入　50,000

(＊) 100個×500円＝50,000円

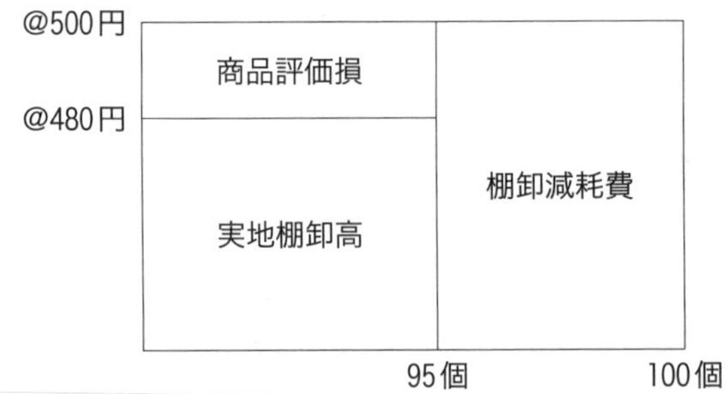

次に、棚卸減耗費及び商品評価損を計算し、繰越商品の価額を減じる。

（借）棚卸減耗費（＊1） 2,500 （貸）繰 越 商 品 4,400
　　　商品評価損（＊2） 1,900

（＊1）500円×（100個－95個）＝2,500円
（＊2）（500円－480円）×95個＝1,900円

5 貸倒引当金

（1）貸倒引当金の意味

貸倒れとは、売掛金、受取手形等の金銭債権が、回収不能になることをいう。そして、貸倒れが生じたときには、貸倒損失勘定（費用勘定）で処理する。

貸倒れが金銭債権の発生した次年度以降に生じる場合、貸倒れが実際に発生するのは次年度以降でも、図表1－4－8で示すように貸倒れが生じる原因は売上等があった時点で既に生じている。

図表1－4－8●貸倒時点と原因発生時点

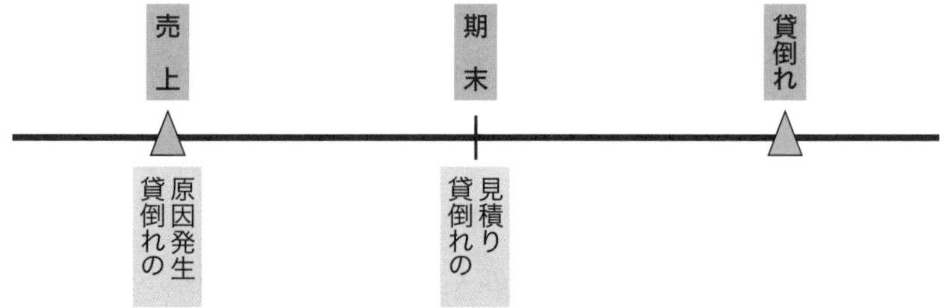

そこで、決算の際に売掛金や受取手形等の金銭債権残高に対して、過去の貸倒実績等から次年度以降の貸倒れを推定して、当期に貸倒引当金繰入勘定（費用勘定）を計上するとともに貸倒引当金勘定（資産のマイナス勘定）を設定する。

なお、貸倒引当金という勘定は、債権の控除項目としての性質を持つものであり、このような勘定を評価勘定という。

設例１

Ａ社では、決算に当たり、売掛金残高に対して５％の貸倒引当金を設定する。なお、期末における売掛金残高は100,000円で貸倒引当金残高は０円である。これに関する仕訳をしなさい。

解　答（単位：円）

（借）貸倒引当金繰入（＊）　5,000　　（貸）貸　倒　引　当　金　5,000

（＊）100,000円×５％＝5,000円

（２）貸倒れの処理（貸倒引当金を設定している場合）

当期の売上に係る債権が当期に貸し倒れた場合には、貸倒損失勘定で処理するが、貸倒引当金を設定している場合で、前期以前の売上に係る債権が当期に貸し倒れた場合には貸倒引当金勘定で処理する。ただし、貸倒額のうち貸倒引当金残高を超える部分は貸倒損失勘定で処理する。

設例２

Ａ社では、前期の売上に係る売掛金3,000円が貸し倒れた。貸倒引当金残高は5,000円である。これに関する仕訳をしなさい。

解　答（単位：円）

（借）貸倒引当金　3,000　　（貸）売　掛　金　3,000

この貸し倒れた売掛金が当期の売上に係るものであれば、次の仕訳を行う。

（借）貸　倒　損　失　3,000　　（貸）売　掛　金　3,000

設例３

Ａ社では、前期の売上に係る売掛金5,000円が貸し倒れた。貸倒引当金残高は3,000円である。これに関する仕訳をしなさい。

解 答 (単位：円)

(借) 貸倒引当金 3,000　(貸) 売 掛 金 5,000
　　貸 倒 損 失 2,000

(3) 貸倒引当金の設定 (決算整理)

決算整理において金銭債権の期末残高に貸倒引当金を設定するが、前期において設定済みの貸倒引当金残高がある場合において、次の2つの設定方法がある。

① 差額補充法

差額補充法は、貸倒引当金の要設定額と貸倒引当金残高との差額分について貸倒引当金繰入勘定（費用勘定）を計上する方法である。

(借) 貸倒引当金繰入 (＊) ××　(貸) 貸 倒 引 当 金 ××
　(＊) 貸倒引当金要設定額－貸倒引当金残高

なお、貸倒引当金要設定額＜貸倒引当金残高の場合には、次のように貸倒引当金戻入勘定（収益勘定）を計上する。

(借) 貸 倒 引 当 金 ××　(貸) 貸倒引当金戻入 ××

② 洗替法

洗替法では、まず、貸倒引当金残高を次のように戻し入れて、貸倒引当金残高をゼロにする。

(借) 貸 倒 引 当 金 ××　(貸) 貸倒引当金戻入 (＊) ××
　(＊) 貸倒引当金残高

次に、貸倒引当金要設定額について貸倒引当金繰入勘定を計上する。

(借) 貸倒引当金繰入 (＊) ××　(貸) 貸 倒 引 当 金 ××
　(＊) 貸倒引当金要設定額

さらに、貸倒引当金戻入勘定と貸倒引当金繰入勘定の両建ては認められないので、これらを相殺処理する。

(借) 貸倒引当金戻入 ××　(貸) 貸倒引当金繰入 ××

設例4

決算に当たり売掛金期末残高120,000円に対して５％の貸倒引当金を設定する。期末現在、貸倒引当金残高が2,000円ある。これに関する①差額補充法、②洗替法による仕訳をしなさい。

解　答 （単位：円）

①　差額補充法

（借）貸倒引当金繰入（＊）	4,000	（貸）貸倒引当金	4,000

（＊）120,000円×５％－2,000円＝4,000円

②　洗替法

（借）貸倒引当金	2,000	（貸）貸倒引当金戻入	2,000
（借）貸倒引当金繰入	6,000	（貸）貸倒引当金	6,000
（借）貸倒引当金戻入	2,000	（貸）貸倒引当金繰入	2,000

※差額補充法、洗替法のいずれの方法によっても貸倒引当金繰入勘定残高は同じ4,000円となる。

Column　コーヒーブレイク

《貸倒引当金の見積り》

貸倒引当金は、多額の貸付金を有する金融業等では金額も大きくなり、業績に与える影響が大きくなる。貸倒引当金の計上は、将来の事象の見積りであって、正確に見積もるためには、過去の実績や相手先の信用状況だけでなく将来のキャッシュ・フローなどを総合的に勘案して決定しなければならない。３級テキストでは扱わないが、貸付金等の貸倒れの見積りは、相手の信用状況に応じて債権を区分し、それぞれに債権の性質に応じた見積りを行うなどして、詳細に行われている。

時として会社の担当者と財務諸表を監査する公認会計士との間で、貸倒引当金の計上額をめぐる意見の違いが生じる。将来の見積りというのは、それだけ難しいのである。

6 減価償却

（1）減価償却の意義と目的

固定資産は、複数年にわたり使用することを目的として取得されるが、資産の取得時にどのように記帳するのかは、次の３つの方法が考えられる。

① 支出時に全額を費用処理する方法

② 資産計上し、除却時に全額を費用化する方法

③ 資産計上し、減価償却により漸次費用化する方法

耐用年数３年の固定資産を120万円で取得し、各期の収益を100万円と仮定すると、それぞれの方法によった場合の各事業年度における損益計算は図表１-４-９のとおりとなる。

図表１-４-９●有形固定資産を取得した場合の会計処理の比較

（単位：万円）

① 支出時費用処理

項 目	X１期	X２期	X３期	合 計
収 益	100	100	100	300
費 用	120	0	0	120
利 益	△20	100	100	180

② 資産計上＋除却時費用化

項 目	X１期	X２期	X３期	合 計
収 益	100	100	100	300
費 用	0	0	120	120
利 益	100	100	△20	180

③ 資産計上＋減価償却

項 目	X１期	X２期	X３期	合 計
収 益	100	100	100	300
費 用	40	40	40	120
利 益	60	60	60	180

固定資産の購入に際して、支出時に全額を費用処理する方法（①）によれば、初年度において全額が費用計上されることとなり、また、資産

計上して除却時に全額を費用化する方法（②）によると、最終年度において全額が費用計上されることとなるため、いずれの方法も適正な期間損益計算という面からは適切とはいえない。そこで、資産計上した上で減価償却により漸次費用化する方法（③）が考案された。現行実務においては、この方法がとられている。なお、固定資産のうち土地については、減価償却の対象外とされている。

固定資産を取得した場合には、資産の具体的な勘定（備品、車両運搬具、建物等）の借方に、取得原価をもって記入する。

（借）備　　品　×××　（貸）現　　金　×××

このように、減価償却は有形固定資産を対象として、その取得原価を各会計期間に費用として配分する手続をいう。

（2）減価償却の計算方法

一般的な減価償却費の計算方法として、定額法、定率法、生産高比例法が挙げられる。なお、今日、税制改正によって減価償却制度が見直され、取得の時期により下記のような従来の減価償却方法と税制改正後の方法（→（4）税法上の減価償却を参照）が併存することになった。そこで、例えば、前者の方法における定額法を意味する場合には、旧定額法と称して区別している。

①　旧定額法

旧定額法とは、固定資産の耐用期間中、毎期同額の減価償却費を計上する方法である。毎期の減価償却費は次の算式によって計算される。

$$\text{減価償却費} = \frac{\text{取得原価} - \text{残存価額}}{\text{耐用年数}}$$

取得原価は固定資産の購入価額に引取運賃、荷役費、運送保険料等の付随費用を加算した金額を、耐用年数は固定資産の見積使用可能年数を、さらに残存価額は固定資産が耐用年数に達したときの見積処分金額をそれぞれの内容とする。

設例1

期首に取得した備品の取得原価を1,000万円とし、耐用年数を３年、残存価額を100万円（取得原価の10%）とした場合の旧定額法による減価償却費を計算しなさい。なお、会計期間は４月１日から翌年の３月31日までの１年間とする。

解　答

$$\text{減価償却費} = \frac{1{,}000\text{万円} - 100\text{万円}}{3\text{年}} = 300\text{万円}$$

取得時から耐用年数到来時までの旧定額法による備品の帳簿価額の変化を示すと、図表１-４-10のようになる。

図表１-４-10●旧定額法による減価償却

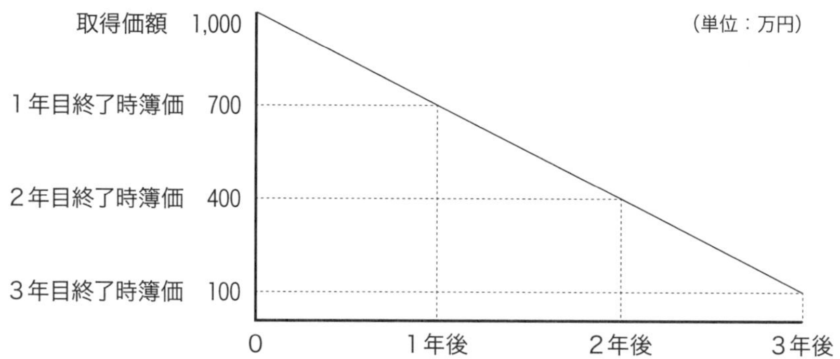

②　旧定率法

旧定率法は、取得したときから耐用年数到来時にかけて、減価償却費を逓減させていく方法であり、未償却残高に償却率を乗ずることによって計算する。毎期の減価償却費は次の算式によって計算される。

減価償却費＝未償却残高×償却率

未償却残高は通常期首帳簿価額であり、耐用年数に基づく償却率は次の算式によって算出可能であるが、試験問題等においては資料として与えられることが多い。

$$旧定率法償却率=1-\sqrt[耐用年数]{\frac{残存価額}{取得原価}}$$

設例２

設例１について、旧定率法（償却率：0.536）による１年目の減価償却費を計算しなさい。

解　答

減価償却費＝1,000万円×0.536（＊）＝536万円

$$＊償却率=1-\sqrt[3]{\frac{100万円}{1{,}000万円}}=0.536$$

取得時から耐用年数到来時までの旧定率法による備品の帳簿価額の変化を示すと、図表１－４－11のようになる。

図表１－４－11●旧定率法による減価償却

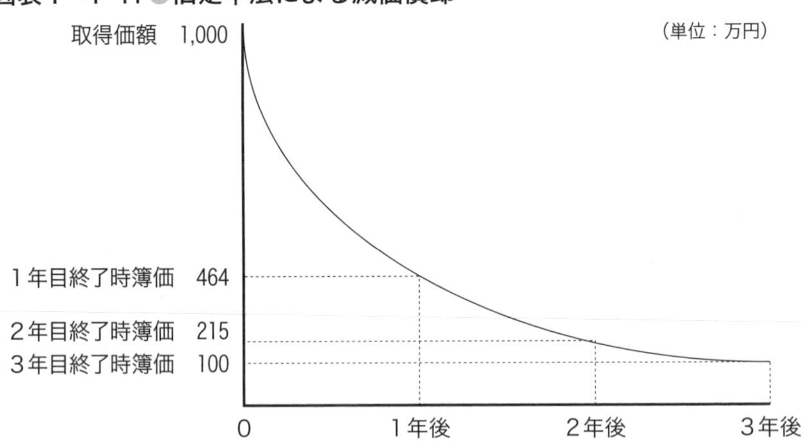

いずれの方法においても、事業年度の途中で購入した有形固定資産の減価償却は、月割計算されることが一般的である。例えば、４月１日から翌年３月31日までの１年間を事業年度とする企業において、備品を８月５日に取得して直ちに事業の用に供した場合には、１ヵ月未満は切り上げるので、当該事業年度のうち８ヵ月間事業の用に供したことになる。そして、各減価償却方法により計算された年間の減価償却費に８ヵ月/12ヵ月の割合を乗じた金額が、当該資産を取得した事業年度における減価償却費計上額となる。このように、１ヵ月未満の事業への供用期間は１ヵ月と考える。

新旧に限らず、定額法と定率法を比較した場合、定率法のほうが費用化、すなわち、資産の帳簿価額の減少のペースが速いということがわかる。機械装置等のように、耐用年数の後期において、維持修繕費が逓増する資産については、耐用年数の初期に多額の減価償却が計上されることを勘案すれば、耐用年数の全期間を見渡したときに、毎期おおむね均等額の費用が計上されることになり、定率法はこのような資産に適した減価償却の方法なのである。

③　旧生産高比例法

旧生産高比例法は、固定資産の利用の程度に応じて各期の減価償却費を計算する方法である。この方法は、自動車、航空機、鉱山設備等のように、総利用可能量や総採掘量及び各期の使用量や採掘量を合理的に見積もることができる資産を対象として適用可能なものであり、毎期の減価償却費は次の算式によって計算される。

$$減価償却費＝（取得原価－残存価額）\times\frac{当期利用量}{総利用可能量}$$

新旧に限らず、定額法及び定率法は、取得原価を費用化する方法として商品のような物量的計算方法を採用することが困難であることから、計算擬制的に収益との対応関係を把握させるべく考案された方法であり、一定の計算式に基づく規則的な減価償却費が計算される。これに対して生産高比例法は、見積りによる物量的な計算方法が可能であるために、固定資産の使用に応じた費用化の方法である。

設例3

車両の取得原価を1,000万円とし、総使用可能走行距離は60万km、当期の走行距離は12万kmである場合の旧生産高比例法による減価償却費を計算しなさい。ただし、残存価額は無視するものとする。

解　答

$$減価償却費 = 1{,}000万円 \times \frac{12万km}{60万km} = 200万円$$

(3) 減価償却の記帳方法

減価償却の仕訳は、財務諸表の表示方法の違いから、直接法と間接法の2つの方法がある。いずれも借方に減価償却費勘定（費用勘定）を用いる点は共通するが、直接法の場合には、固定資産の減価部分を直接減額する方法であり、間接法の場合には、減価部分を直接減額するのではなく、減価償却累計額勘定（資産のマイナス勘定）を用いて処理する方法である。なお、減価償却累計額勘定については、貸方に記入されることから資産のマイナス勘定と記述したが、貸借対照表においては、資産の控除項目として表示される。先述の旧定額法に関する 設例1 につき、直接法と間接法による1年目の仕訳は次のとおりとなる（単位：万円）。

①　直接法

（借）備品減価償却費　300　　（貸）備　　　　　　品　300

②　間接法

（借）備品減価償却費　300　　（貸）備品減価償却累計額　300

各勘定科目には、建物、備品、車両等の固定資産の種類を表す名称を付すことが一般的である。前述の旧定額法における 設例1 において、直接法の場合には、1年目の減価償却費を計上した段階で、備品勘定の残高は700万円となっており、これは備品の減価償却後の帳簿価額を示している。この方法は資産勘定がそのまま資産の価値を示していることになる。しかし、これでは資産の取得原価がいくらであったのかが不明確となる。間接法によれば、当初の取得原価を示しつつ、減価償却累計額を示すことによって、資産1,000万円と減価償却累計額300万円との差額として減価償却後の帳簿価額700万円を間接的に示す方法がとられる。なお、減価償却累計額という勘定は、固定資産の控除項目としての性質を持つものであり、このような勘定を評価勘定という。

(4) 税法上の減価償却

固定資産の減価償却については、企業会計原則において、「定額法、定率法等の一定の減価償却の方法によって、その取得原価を各事業年度に配分する」と記述され（企業会計原則「第三　貸借対照表原則」五)、同注解において、定額法、定率法のほか、級数法及び生産高比例法の説明がなされている（企業会計原則「注解」注20）のみであり、会計基準において詳細な規定がなされているわけではない。

しかし、減価償却は、企業の内部取引であることから恣意（しい）性の介入が避けがたいため、適正な課税所得計算を目的とする法人税法は、固定資産の減価償却につき、詳細な規定を設けている。具体的には、減価償却を規定するに当たり必要となる、①取得価額、②耐用年数、③償却方法等を規定している。なお、残存価額は廃止されている。ただし、有形固定資産については、簿外資産が生じることを回避する観点から、備忘価額として1円を付さなければならない。つまり、その帳簿価額が1円になるまで償却できるということである。このような状況の下、減価償却手続は法人税法の規定に基づいて行われることが一般的である。

①　取得価額

固定資産の取得価額は、購入代価に付随費用及び事業の用に供するために要した費用を加えた額である。

② 耐用年数

減価償却資産の細目ごとに「減価償却資産の耐用年数等に関する省令」の別表第一から第六までに規定されている。これを法定耐用年数といい、実務上は企業会計上も法定耐用年数を使用することが多い。法定耐用年数は、通常の維持修繕を適切に行っていれば使用可能と推測される期間に、ある程度の一般的陳腐化を織り込んだ年数とされる。

③ 償却方法

定額法、定率法、生産高比例法等のうちから、法人が届け出た方法によることを原則とし、届出がなされなかった場合には、法定償却方法（建物、建物附属設備及び構築物等を除き定率法）によることとなる。ただし、建物、建物附属設備及び構築物等については、取得時に定額法を選定したものとみなされる。なお、償却率については、次に示す算式において、小数点第3位までの償却率を用いる。定率法の償却率は、定額法の償却率の2倍としているので、200％定率法と呼ばれている。

定額法：償却限度額＝取得価額×定額法償却率
　　　　定額法償却率＝1÷耐用年数
定率法：償却限度額＝税務上の期首帳簿価額×定率法償却率
　　　　定率法償却率＝定額法償却率×2

旧定率法の償却率（→前掲 **(2)** ②参照）は残存価額を取得原価の10％としていたものであるが、残存価額を0とした場合、旧定率法償却率の算式に当てはめると償却率が1となってしまうため、このような計算方法を適用することができない。そこで、200％定率法という定額法の償却率を2倍して定率法償却を行い、耐用年数の末期近くになって減価のペースが鈍くなると、定額法償却に切り替えるという方法が導入された。

耐用年数5年の場合、定額法償却率は1÷5＝0.200となり、旧定率法償却率は0.369（1－0.369＝0.631を5回乗じるとおよそ0.1になる）であるが、200％定率法における償却率は0.200×2＝0.400となる。

図表1－4－12に示す200％定率法の償却率表（2年から6年まで）に

は、償却率のほか、改定償却率と保証率が記載されている。

図表1-4-12●200%定率法による償却率

耐用年数	償却率	改定償却率	保証率
2年	1.000	—	—
3年	0.667	1.000	0.11089
4年	0.500	1.000	0.12499
5年	0.400	0.500	0.10800
6年	0.333	0.334	0.09911

200%定率法によって計算した減価償却額が、取得原価×保証率によって計算される償却保証額未満となった場合に、その時点から、200%定率法による償却率ではなく、改定償却率を用いる。定率法は未償却残額に償却率を乗じるという構造上、永久に0に到達できず、備忘価額の1円まで減少させるためには、極めて不合理な償却率を用いなければならない。そこで、この問題に対処するために、償却保証額までは200%定率法による減価償却を行い、そこから先は改定償却率を用いて定額法による減価償却を開始する。

耐用年数5年の場合の保証率は0.10800なので、取得原価が100,000円ならば、償却保証額は10,800円と計算される。ここで、毎期の減価償却費がこの償却保証額を上回っているかどうかを確認する。→図表1-4-13

図表1-4-13●200%定率法による償却額

(単位:円)

	1年目	2年目	3年目	4年目	5年目
未償却残額	100,000	60,000	36,000	21,600	12,960
減価償却費	40,000	24,000	14,400	8,640	5,184
償却後簿価	60,000	36,000	21,600	12,960	7,776

3年目までは減価償却費が償却保証額を上回っているが、4年目からは減価償却費が償却保証額を下回ることがわかる。すなわち、この段階になると、200%定率法による減価額が少なくなり、ここから定額法で減価させたほうが減価額は大きくなる。そのため、4年目の減価償却計算は、200%定率法の償却率0.400を用いず、改定償却率0.500を用いる。この0.500という率は、2で割ることであり、最後の2年間は定額償却を実施することを求めている。したがって、4年目の減価償却費は、21,600円×0.500＝10,800円と計算され、これが償却保証額に等しい。同様に5年目の減価償却費も、21,600円（4年目の減価償却前の帳簿価額であることに注意）×0.500＝10,800円となるところであるが、備忘価額の1円を考慮して、10,799円となる。

以上のことからわかるように、200%定率法において、対象年数の終盤近くになるまでは、保証率や改定償却率を意識する必要はない。

設例4

X1年4月1日に器具備品（取得原価2,000,000円、耐用年数5年）を購入し、代金は当座預金より支払った。この器具備品について、各期の決算日における200%定率法による減価償却に関する仕訳（直接法）を示しなさい。なお、会計期間は4月1日から翌年の3月31日までの1年間とする。また、償却率等については、図表1－4－12及び図表1－4－13を参照すること。

解　答（単位：円）

（1）X2年3月31日

（借）減価償却費（＊）800,000　　（貸）機 械 装 置　800,000

＊2,000,000円×0.400＝800,000円、未償却残額：2,000,000円－800,000円＝1,200,000円

（2）X3年3月31日

（借）減価償却費（＊）480,000　　（貸）機 械 装 置　480,000

＊1,200,000円×0.400＝480,000円、未償却残額：1,200,000円－480,000円
＝720,000円

（3）X4年3月31日

（借）減価償却費（＊）288,000　　（貸）機 械 装 置　288,000

＊720,000円×0.400＝288,000円、未償却残額：720,000円－288,000円＝432,000円

（4）X5年3月31日

（借）減価償却費（＊）216,000　　（貸）機 械 装 置　216,000

＊432,000円×0.400＝172,800円＜2,000,000円×保証率0.10800＝216,000円
432,000円×改定償却率0.500＝216,000円
未償却残額：432,000円－216,000円＝216,000円

（5）X6年3月31日

（借）減価償却費（＊）215,999　　（貸）機 械 装 置　215,999

＊216,000円－1＝215,999円

④　少額減価償却資産及び一括償却資産の損金算入

減価償却資産のうち、取得価額が10万円未満であるもの又は使用可能期間が1年未満であるものについては、取得価額の全額の損金算入が認められる（法人税法施行令第133条）。

また、取得価額が20万円未満である減価償却資産については、次の算式により計算した金額を損金算入することができる（法人税法施行令第133の2）。

$$\text{一括償却資産の取得価額の合計額} \times \frac{12}{36}$$

取得価額が20万円未満かどうかの判定は、通常1単位として取引されるその単位、例えば、機械及び装置については1台又は1基ごとに、工具、器具及び備品については1個、1組又は1そろいごとに判定する。

一括償却資産の取得時に固定資産として処理する場合には、償却資産税（固定資産税）の課税対象となるため、実務上は取得時に一括償却資

産勘定の借方に記入し、決算時に３年均等償却を行う。また、一括償却資産については、３年を待たずに除却や譲渡をした場合であっても、当初の予定どおり３年間で均等償却を続けることにも留意する。→図表１-４-14

図表１-４-14●固定資産の費用化の方法

取得価額	0	10万	20万
少額減価償却資産の損金算入	○	×	×
一括償却資産の損金算入	○	○	×
通常の減価償却	○	○	○

（注）１．複数の取扱いがある場合には、法人の選択による。
２．一定の中小企業者等に該当する場合には、少額減価償却資産の取得価額の損金算入の特例も用意されている（本章第３節8 (2) Column参照）。

Column　コーヒーブレイク

《残存価額と備忘価額》

有形固定資産の減価償却を行うに当たり、残存価額が１円であることと、残存価額が０でありながら備忘価額として１円を付すというのは、異なる減価償却計算が行われることを意味する。

例えば、取得原価500,000円、耐用年数５年の有形固定資産を定額法（償却率0.200）により減価償却する場合、次のようになる。なお、１円未満の端数は切り捨てる。

① 残存価額１円

減価償却費＝（500,000円－１）×0.200＝99,999円

② 残存価額０、備忘価額１円

減価償却費＝500,000円×0.200＝100,000円

耐用期間を通じた各期の減価償却費は次のとおりとなる。

（単位：円）

	X1期	X2期	X3期	X4期	X5期	合計
残存価額１円	99,999	99,999	99,999	99,999	100,003	499,999
残存価額０、備忘価額１円	100,000	100,000	100,000	100,000	99,999	499,999

(5) 中古資産の耐用年数

中古資産を取得して事業の用に供した場合には、法定耐用年数が新品を取得した場合のものであることから、これをそのまま適用するのではなく、事業の用に供したとき以後の使用可能期間として見積もられる年数によることができる。しかし、使用可能期間を見積もることは難しいため、次の方法より算定した年数によることが一般的である（減価償却資産の耐用年数等に関する省令第３条、耐用年数の適用等に関する取扱通達１－５－１～５)。

① 法定耐用年数の全部を経過した資産
法定耐用年数×20%

② 法定耐用年数の一部を経過した資産
法定耐用年数－経過年数＋経過年数×20%

なお、計算結果は１年未満切捨てとし、２年に満たない場合には２年とする。

(6) 固定資産の売却と除却

固定資産は基本的に売却を目的とするものではないが、諸般の事情により売却する場合がある。ただし、固定資産の帳簿価額と同額で売却できるとは限らず、帳簿価額より高く売れる場合もあれば、安く売れることもある。

① 売却価格＞帳簿価額となる場合
差額は固定資産売却益勘定（収益勘定）で処理する。

② 売却価格＜帳簿価額となる場合
差額は固定資産売却損勘定（費用勘定）で処理する。

期中に売却を行った場合には、期首から売却月までの減価償却を月割り（１ヵ月未満は切り上げ）で行った後に売却処理を行う。なお、購入に際して古い資産を下取りに出す場合は、当該資産を下取り価額で売却する処理を行う。

また、耐用年数の経過、物理的原因等により使用できなくなった、あるいはしなくなった場合には、帳簿から除外する除却の手続をする。このとき、除却した資産に処分価値があると認められる場合には、その処分価値を見積もって貯蔵品勘定の借方に記入し、残額は固定資産除却損勘定の借方に記載する。

設例5

（1）A社（会計期間は4月1日から翌年の3月31日までの1年間とする）は、X6年9月30日に製造用機械装置（取得原価2,000,000円）を1,050,000円で売却し、代金は2ヵ月後に受け取る契約を結んだ。この機械装置はX1年4月1日に取得したものであり、減価償却は定額法（耐用年数10年、定額法償却率0.100）により行っている。なお、期首の減価償却累計額は1,000,000円であり、過年度において適正に処理されている。

（2）期首に備品（取得原価700,000円、期首の減価償却累計額560,000円）を除却した。なお、この備品の処分価値は100,000円と見積もられている。

（3）期首に営業用自動車（取得原価3,000,000円、期首の減価償却累計額2,620,000円）を下取りに出し、新車を3,500,000円で購入した。下取り価格250,000円を差し引いた残額について、小切手を振り出して支払った。

解答（単位：円）

		借方科目	金額		貸方科目	金額
（1）	（借）	減価償却費（＊）	100,000	（貸）	機械装置	2,000,000
		減価償却累計額	1,000,000		固定資産売却益	150,000
		未収金	1,050,000			

（＊）$2{,}000{,}000円 \times 0.100 \times \frac{6月}{12月} = 100{,}000円$

		借方科目	金額		貸方科目	金額
（2）	（借）	減価償却累計額	560,000	（貸）	備品	700,000
		貯蔵品	100,000			
		固定資産除却損	40,000			

（3）（借）	減価償却累計額	2,620,000	（貸）車両運搬具	3,000,000
	固定資産売却損	130,000	当座預金	3,250,000
	車両運搬具	3,500,000		

（7）無形固定資産

無形固定資産も有形固定資産と同様に、償却を行う。無形固定資産のうち、法律上の権利の償却については、会計上特段の定めを設けていないため、実務上は法人税法における法定耐用年数に従う。例えば、特許権の法定耐用年数は8年とされている。自社利用のソフトウェアについても、会計基準において減価償却を行うことは規定されているものの、償却期間には触れられておらず、法人税法における法定耐用年数5年により減価償却を行う。償却の記帳方法は、直接法によるため、減価償却累計額勘定は用いない。のれんについては、会計基準において、20年以内のその効果の及ぶ期間にわたる償却が要求されている。なお、期中に取得した無形固定資産の償却は月割計算を行う。

無形固定資産の償却は、維持管理費用を考慮する必要がないことから、定額法によることとされており、これは法人税法においても基本的に同様である。また、処分価値がないため残存価額は0とし、形がないことから簿外資産が生じるおそれがないため、備忘価額は不要である。

設例6

次の取引を仕訳しなさい。なお、会計期間は4月1日から翌年の3月31日までの1年間とする。

（1）当期の8月1日に取得した特許権5,400,000円につき、法人税法上の耐用年数8年により、償却を行う。

（2）当期首に取得したのれん1,000,000円につき、10年で償却を行う。

（3）当期の10月20日に取得した自社利用のソフトウェア600,000円につき、法人税法上の耐用年数5年により、減価償却を行う。

解　答 (単位：円)

（１）（借）特許権償却（＊）450,000　（貸）特　許　権　450,000

（＊）$5{,}400{,}000円 \times \frac{1}{8} \times \frac{8月}{12月} = 450{,}000円$

（２）（借）の　れ　ん（＊）100,000　（貸）の　れ　ん　100,000

（＊）$1{,}000{,}000円 \times \frac{1}{10} = 100{,}000円$

（３）（借）ソフトウェア償却（＊）　60,000　（貸）ソフトウェア　60,000

（＊）$600{,}000円 \times \frac{1}{5} \times \frac{6月}{12月} = 60{,}000円$

(8) 固定資産台帳

固定資産台帳とは、建物や備品等のうち、取得原価が10万円以上の固定資産を管理するための帳簿であり、購入日、購入金額、固定資産の名称等の情報を記録する。固定資産台帳は法人税法においても作成が要求されている。

固定資産台帳には、固定資産の取得年月日、名称、期末数量、耐用年数、期首（期中）取得原価、期首減価償却累計額、差引期首（期中取得）帳簿価額、当期減価償却費等を記載する。

固定資産台帳の詳細については、本章第６節で解説する。

7　有価証券の評価

有価証券の意義及び期中の取引については、本章第３節で述べた。ここでは、期末における有価証券の評価について学ぶ。

有価証券については、その保有目的に応じて期末の評価方法が異なる。保有目的によって次の４つに分類され、それぞれにおいて評価方法が異なる。

(1) 売買目的有価証券

売買目的有価証券は、売買により利益を得ることを目的として保有する有価証券であることから、期末時点で売却したと仮定して評価を行う。すなわち、期末においては時価により評価し、簿価と時価との差額は有価証券評価益勘定(収益勘定)又は有価証券評価損勘定(費用勘定)として処理される。

① 簿価<期末時価

(借) 売買目的有価証券	××	(貸) 有価証券評価益(*)	××

(*) 期末時価－簿価

② 簿価>期末時価

(借) 有価証券評価損(*)	××	(貸) 売買目的有価証券	××

(*) 期末時価－簿価

また、売買目的有価証券の評価替えの処理については、期末時価を翌期首の簿価とする切放法と翌期首に取得原価に修正する洗替法の選択適用が認められている。

設例1

次の取引に関する仕訳をしなさい。なお、X2年4月1日については、(a)切放法、(b)洗替法の両方を示しなさい。

○X1年4月15日

A社株式500株(売買目的)を@780円で購入し、代金は現金で支払った。

○X2年3月31日

決算に当たり必要な処理を行う。期末日現在におけるA社株式の株価は@800円である。

○X2年4月1日

期首において必要な処理を行う。

解　答（単位：円）

○４月15日

（借）売買目的有価証券（＊）　390,000　（貸）現　　　金　390,000

（＊）500株×780円/株＝390,000円

○３月31日

（借）売買目的有価証券　10,000　（貸）有価証券評価益（＊）　10,000

（＊）（800円－780円）×500株＝10,000円（益）

○４月１日

（ａ）切放法

仕訳なし

（ｂ）洗替法

（借）有価証券評価益　10,000　（貸）売買目的有価証券　10,000

（２）満期保有目的債券

満期保有目的債券は、有価証券の値上がりではなく利息の受取を目的として保有することから、期末においては、本章第３節で説明した償却原価法により評価される。

（３）子会社・関連会社株式（関係会社株式）

子会社・関連会社株式は、子会社・関連会社に対して支配力・影響力を及ぼすことを目的として保有していることから、期末に売却を仮定して評価することは適当でなく、期末における評価替えは行わないで取得原価で評価する。

設例２

決算に当たり、当社の子会社であるＢ社株式500株（簿価@780円）について必要な処理を行う。期末日現在におけるＢ社の株式の株価は@750円である。

解 答

仕訳なし

(4) その他有価証券

その他有価証券は、売買目的有価証券、満期保有目的債券、子会社・関連会社株式のいずれにも該当しないが、株式の経済価値や価格変動リスクを貸借対照表に反映するために、期末において時価で評価する。しかし、売買目的で保有しているのではないため、期末時の売却を仮定することは適当でない。そこで、時価評価は行うが、評価差額は原則として、当期の損益とはしないでその他有価証券評価差額金勘定（純資産勘定）で処理する。

次のように、その他有価証券の評価差額の全てをその他有価証券評価差額金勘定で処理する方法を全部純資産直入法という。

1）全部純資産直入法

ア　簿価＜期末時価

（借）その他有価証券　××　　（貸）その他有価証券評価差額金（＊）××

（＊）期末時価－簿価

イ　簿価＞期末時価

（借）その他有価証券評価差額金（＊）××　　（貸）その他有価証券　××

（＊）期末時価－簿価

これに対して、借方の評価差額である場合には、継続適用を要件として投資有価証券評価損勘定（費用勘定）で処理する方法（部分純資産直入法）も認められている。

2）部分純資産直入法

簿価＞期末時価

（借）投資有価証券評価損（＊）××　　（貸）その他有価証券　××

（＊）期末時価－簿価

その他有価証券の評価替えの処理については、売買目的有価証券とは異なり、洗替法のみによる。

設例3

決算に当たり、当社の保有するC社株式100株（その他有価証券に分類、簿価@750円）について必要な処理を、①全部純資産直入法、②部分純資産直入法によって行う。期末日現在におけるC社の株式の株価は@700円である。

解　答（単位：円）

①　全部純資産直入法

（借）その他有価証券評価差額金（＊）5,000　（貸）その他有価証券　5,000

（＊）（期末時価@700円－簿価@750円）×100株＝△5,000円（評価差損）

②　部分純資産直入法

（借）投資有価証券評価損　5,000　（貸）その他有価証券　5,000

（5）有価証券の減損処理

売買目的有価証券を除く有価証券の時価が著しく下落した場合には、回復の見込みが認められる場合を除いて時価評価が強制され、評価差額は当期の損失としなければならない。また、有価証券を減損処理した場合、その他有価証券であっても切放法によって処理する。

なお、時価を把握することが極めて困難である株式は、通常は取得原価で評価するが、発行会社の財政状態の悪化により実質価額が著しく低下した場合には減損処理を行う。

設例4

決算に当たり、当社の保有するD社株式100株（その他有価証券に分類、簿価@700円）について、期末の時価が@300円と著しく下落し、回復の見込みが不明であることから必要な処理を行う。当社はその他有価証券の処理について全部純資産直入法を採用している。よって、①必要な仕訳と、②翌期首の簿価を示しなさい。

解 答 (単位：円)

① 決算整理仕訳

(借) 投資有価証券評価損 (＊) 40,000　　(貸) その他有価証券 40,000

(＊)(期末時価@300円－簿価@700円)×100株＝△40,000円 (評価差損)

② 翌期首の簿価：30,000円

減損処理した場合には、洗替処理を行わないことに注意する。

設例5

当社が保有する関連会社E社 (発行済株式総数100株) の財政状態は、次のとおり著しく悪化しているので相当の減額を行う。なお、当社はE社株式を30株保有しており、取得原価は6,000円である。

E社貸借対照表 (単位：円)

諸 資 産	20,000	諸 負 債	12,000

解 答 (単位：円)

(借) 関係会社株式評価損 (＊) 3,600　　(貸) 関 係 会 社 株 式 3,600

(＊)(諸資産20,000円－諸負債12,000円)÷100株×30株＝実質価額2,400円
取得原価6,000円－実質価額2,400円＝評価損3,600円

図表1-4-15●有価証券評価まとめ

分　類	期末評価	処理方法	評価差額・償却額
売買目的有価証券	時　価	切放法or洗替法	有価証券評価損 有価証券評価益
満期保有目的債券	取得原価、償却原価	——	有価証券利息
関係会社株式	取得原価	——	——
その他有価証券	時　価	洗替法	その他有価証券評価差額金 （例外）評価差損の場合 →　投資有価証券評価損
減損処理	時価or実質価額	切放法	投資有価証券評価損 関係会社株式評価損など

8 経過勘定項目

(1) 損益の繰延べ・見越しの意義

企業においては、サービスの授受と対価の支払（受取）の時期が一致しないことが多い。例えば、家賃や利息等のように、一定の契約に基づいて継続的にサービスの授受が行われる場合、代金を前払したり後払いしたりすることがある。このように、対価の支払（受取）とサービスの授受の時期が一致しない場合、期末において一定の会計処理が必要になる。

既に対価の支払（受取）があって、かつ費用ないし収益に計上されているにもかかわらず、サービス等の授受が翌期以降に行われる場合には、その費用や収益を当期の損益計算から除外して、次期に繰り延べなければならない。これを、損益の繰延べという。

一方、いまだ対価の支払や受取がなされておらず、そのため費用や収益に計上されていなくても、サービスの授受が当期中に行われている場合には、当期に属する収益や費用を計上しなければならない。これを、損益の見越しという。

そして、これらの損益の繰延べや見越しのための調整項目が経過勘定項目である。

（2）前払費用

前払費用とは、一定の契約に従い、継続して役務の提供を受ける場合、いまだ提供されていない役務に対し支払われた対価である。これは当期の損益計算に含めず、資産として繰り延べる必要がある。例えば、保険料や家賃の前払分等がこれに当たる。

設例１

当社（会計期間は４月１日に始まる１年）の次の取引について仕訳しなさい。

○X3年10月１日

工場の火災保険料12ヵ月分240,000円を現金で支払った。

○X4年３月31日

決算になった。

解　答（単位：円）

○X3年10月１日

（借）支払保険料	240,000	（貸）現　　金	240,000

○X4年３月31日

（借）前払保険料（＊）	120,000	（貸）支払保険料	120,000

（＊）240,000円×未経過月数６ヵ月÷契約期間12ヵ月＝120,000円

保険料の支払と保険期間との関係を図示すると、次のとおりである。

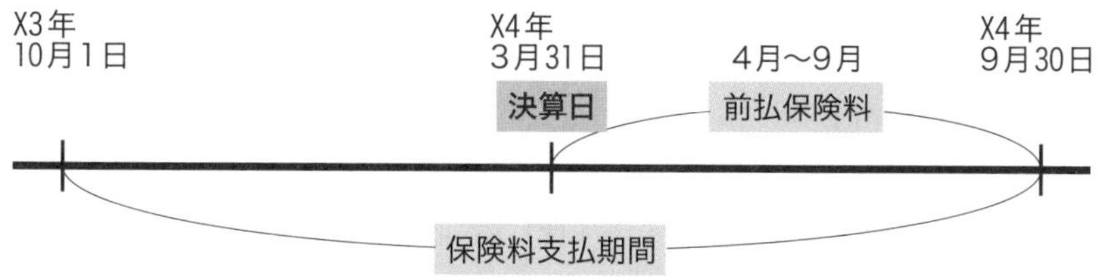

支払額は12ヵ月で240,000円であるから、1ヵ月当たり20,000円と計算できる。X4年4月以降の6ヵ月分（＝120,000円）を、次期に繰り延べる。この結果、期末の財務諸表では支払保険料（費用）が120,000円、前払保険料（資産）が120,000円計上される。

また、前払保険料は、次期に費用化されることになるため、翌期首において次の**再振替仕訳**を行う。再振替仕訳は、前期末の決算整理仕訳の借方と貸方を逆にした仕訳である。

○X4年4月1日

（借）支払保険料　120,000　　（貸）前払保険料　120,000

（3）前受収益

前受収益とは、一定の契約に従い、継続して役務の提供を行う場合、いまだ提供していない役務に対し既に支払を受けた対価をいう。これは当期の損益計算に含めず、負債として繰り延べる必要がある。例えば、次年度の家賃を、その前年度に受け取った場合等がこれに当たる。

設例2

当社（会計期間は4月1日に始まる1年）の次の取引について仕訳しなさい。

○X9年1月1日

家賃6ヵ月分120,000円を現金で受け取った。

○X9年3月31日

決算日になった。

解　答 (単位：円)

○X9年1月1日

（借）現　　金　120,000　　（貸）受取家賃　120,000

○X9年3月31日

（借）受取家賃　60,000　　（貸）前受家賃（＊）　60,000

（＊）120,000円×未経過月数3ヵ月÷受取済期間6ヵ月＝60,000円

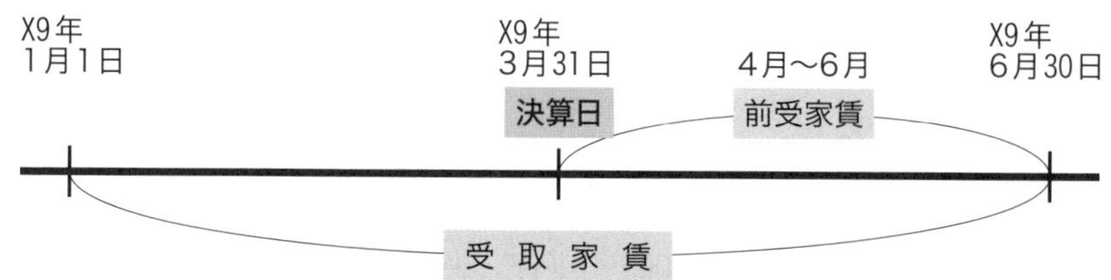

次期に繰り越すべき家賃は、120,000円×3ヵ月/6ヵ月＝60,000円。

また、前受家賃は、次期に収益となるため、翌期首において次の再振替仕訳を行う。再振替仕訳は、前期末の決算整理仕訳の借方と貸方を逆にした仕訳である。

○X9年4月1日

（借）前 受 家 賃　60,000　　（貸）受 取 家 賃　60,000

（4）未払費用

未払費用とは、一定の契約に従い、継続して役務の提供を受ける場合、既に提供された役務に対していまだその対価の支払が終わらないものをいう。支払が終わっていなくても、既に当期の費用として発生しているものと考え、これを当期の費用とするとともに、負債として見越計上する必要がある。例えば、後払いの利息を決算日現在で支払っていない場合が挙げられる。

設例3

当社（会計期間は4月1日に始まる1年）の次の取引について仕訳しなさい。

○X6年1月1日

100,000,000円を借り入れ、当座預金に預け入れた。返済期日はX6年12月31日、金利は年2.5%、金利の支払いは6月末、12月末（後払い）である。

○X6年3月31日

決算日になった。

解答 (単位：円)

○X6年1月1日

(借) 当座預金 100,000,000 (貸) 借入金 100,000,000

○X6年3月31日

(借) 支払利息 625,000 (貸) 未払利息 (＊) 625,000

(＊) 100,000,000円×2.5%×3ヵ月/12ヵ月＝625,000円

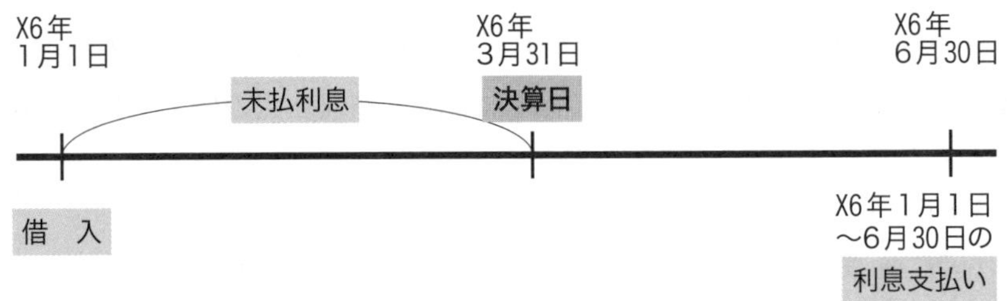

なお、翌期X6年6月30日の利払日に利息を現金払すると、次の仕訳が記帳される。

○X6年6月30日

(借) 支払利息 (＊) 1,250,000 (貸) 現金 1,250,000

(＊) 100,000,000円×2.5%×6ヵ月/12ヵ月＝1,250,000円

しかし、半年分の支払利息1,250,000円のうち、625,000円（X6年1月1日〜X6年3月31日の利息）は、既に前期末で計上済みである。そこで、決算整理を行った期末の翌期首において次の**再振替仕訳**を行う。再振替仕訳は、前期末の決算整理仕訳の借方と貸方を逆にした仕訳である。

○X6年4月1日

(借) 未払利息 625,000 (貸) 支払利息 625,000

上記の再振替仕訳と利払日の仕訳により、翌期の支払利息（決算整理前）が1,875,000円（＝2,500,000円－625,000円）となる。

（5）未収収益

未収収益とは、一定の契約に従い、継続して役務の提供を行う場合、既に提供した役務に対していまだその対価の受取が終わらないものをいう。このような収益は、対価の受取が行われていなくとも当期の収益とするとともに、資産として見越計上する必要がある。例えば、後払いの家賃を、決算日現在いまだ受け取っていない場合が挙げられる。

設例4

当社（会計期間は1月1日に始まる1年）の次の取引について仕訳しなさい。

○X8年10月31日

X8年5月1日から貸している土地の6ヵ月分の地代240,000円を現金で受け取った。地代は4月末、10月末の年2回にまとめて後払いされている。

○X8年12月31日

決算日になった。

解　答

○X8年10月31日

（借）現　　金　240,000　（貸）受取地代　240,000

○X8年12月31日

（借）未収地代（＊）　80,000　（貸）受取地代　80,000

（＊）240,000円÷6ヵ月×2ヵ月（11月・12月）＝80,000円

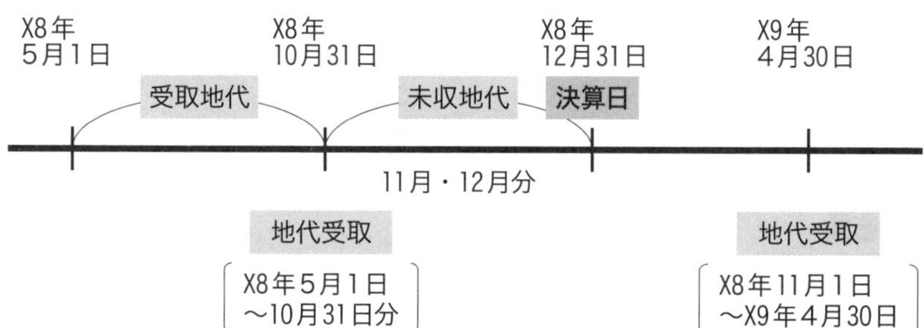

なお、翌期X9年4月30日の支払日に地代を現金で受け取ると次の仕訳が記帳される。

○X9年4月30日

（借）現　　　金　240,000　　（貸）受取地代　240,000

しかし、半年分の受取地代240,000円のうち、80,000円（X8年11月～X8年12月の地代）は、前期末で計上済みである。そこで、翌期首において次の再振替仕訳を行う。再振替仕訳は、前期末の決算整理仕訳の借方と貸方を逆にした仕訳である。

○X9年1月1日

（借）受取地代　80,000　　（貸）未収地代　80,000

上記の再振替仕訳と受取日の仕訳により、翌期の受取地代（決算整理前）が400,000円（＝480,000円－80,000円）となる。

（6）長期前払費用

保険料については36ヵ月払など、前払期間が非常に長期にわたることがある。この場合、前払費用を1年基準により、決算日の翌日から1年分を前払保険料、1年を超える分を長期前払保険料（資産勘定）とする。→図表1-4-16

図表1-4-16●前払費用と長期前払費用

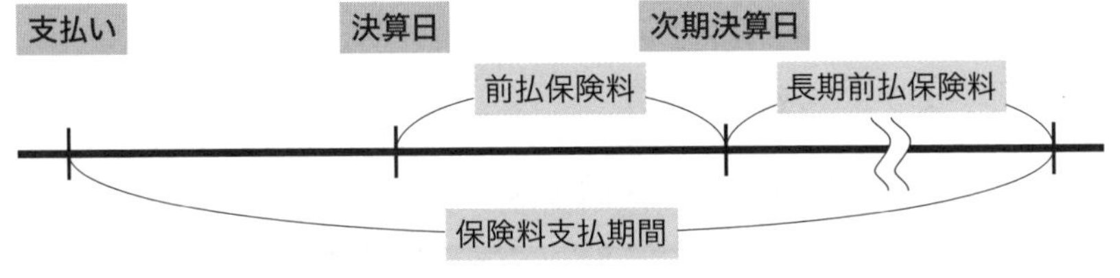

設例5

当社（会計期間は4月1日に始まる1年）の次の取引について仕訳しなさい。

○X3年10月1日

工場の火災保険料24ヵ月分240,000円を現金で支払った。

○X4年3月31日

決算になった。

解 答 (単位：円)

○X3年10月1日

(借)	支払保険料	240,000	(貸)	現金	240,000

○X4年3月31日

(借)	前払保険料	120,000	(貸)	支払保険料	180,000
	長期前払保険料	60,000			

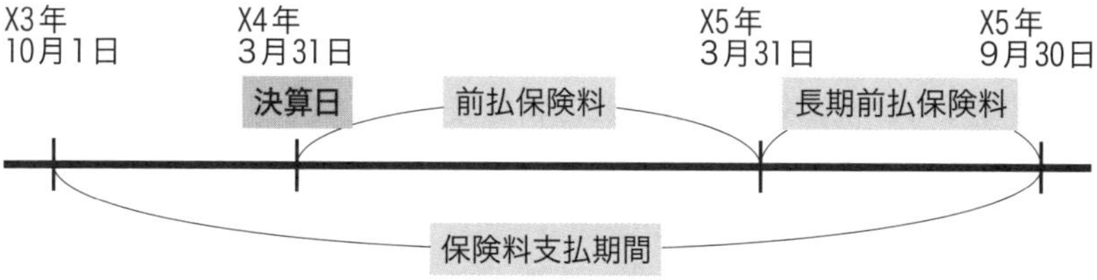

X3年
10月1日
X4年
3月31日
決算日
前払保険料
X5年
3月31日
長期前払保険料
X5年
9月30日
保険料支払期間

X4年4月1日～X5年3月31日→前払保険料（12ヵ月分） 120,000円

X5年4月1日～X5年9月30日→長期前払保険料（6ヵ月分） 60,000円

9 未払消費税

決算整理において当期に納付すべき消費税額が確定するので、納付分について未払消費税勘定を計上する。消費税に関する期中処理及び決算整理において計上する未払消費税については、本章第3節で説明している。

10 精算表の作成

決算整理時に、帳簿外において、損益計算書・貸借対照表といった財務諸表の基礎資料の１つとして精算表が作成される。精算表（８桁精算表）とは、決算整理前残高試算表・決算整理・損益計算書・貸借対照表を１つにまとめて、決算全体を示した表である。→図表１－４－17

図表１－４－17●（８桁）精算表

精　算　表

勘定科目	残高試算表		整理記入		損益計算書		貸借対照表	
	借　方	貸　方	借　方	貸　方	借　方	貸　方	借　方	貸　方

11 未払法人税等の算定

決算整理時に帳簿外で作成される精算表において税引前当期純利益が算定される。そこで、法人税等を計上するとともに、未払法人税等を算定する。

法人企業の税引前当期純利益を基礎に算定される税金には、法人税、地方法人税、法人住民税、法人事業税等があり、これらの税額は帳簿外の確定申告書で算定される。そして、算定された税額について法人税等勘定又は法人税、住民税及び事業税勘定（いずれも費用勘定）を計上する。

ただし、法人税等の額と納税額が一致するとは限らない。まず、中間納付分の法人税等の額については、納税済であるので、これを法人税等の額から控除する。

また、受取利息や受取配当金から源泉徴収された所得税等の額は法人税額から控除され、同じく住民税利子割額についても法人住民税から控除される。そこで、源泉徴収税額である仮払税金勘定残高を法人税等の額から控除する。

以上について、法人税等の仕訳は次のとおりになる。

（借）法　人　税　等	××	（貸）仮払法人税等	××
		仮　払　税　金	××
		未払法人税等	××

設　例

当社の次の資料に基づいて、①未払法人税等の計上及び法人税等の振替に関する仕訳、②当期純利益を示しなさい。

○税引前当期純利益　12,000円

○法人税等の中間納付額は2,500円、利子・配当からの源泉徴収税額は200円であった。

○当期の法人税等の額は4,800円と算定された。

解　答（単位：円）

①　未払法人税等の計上・法人税等の振替

（借）法　人　税　等	4,800	（貸）仮払法人税等	2,500
		仮　払　税　金	200
		未払法人税等	2,100
（借）損　　　　益	4,800	（貸）法　人　税　等	4,800

②　当期純利益：7,200円

税引前当期純利益12,000円－法人税等4,800円＝7,200円

12　決算整理後残高試算表

期中において仕訳帳から元帳への転記に関する正確性を検証するために、また、決算手続を経ることなく取引規模や取引実績を概観するために試算表を作成することを前述したが、決算整理後においても、決算整理仕訳の元帳への転記に関する正確性を検証するために、また、財務諸表作成の基礎資料とするために決算整理後残高試算表を作成する。

決算整理後残高試算表における資産・負債・純資産諸勘定残高が貸借

対照表の基礎資料となり、収益・費用諸勘定残高が損益計算書の基礎資料となる。厳密には次節で説明する決算振替仕訳も財務諸表作成のために必要であるが、決算整理後残高試算表の上部が貸借対照表の基礎資料になり、下部が損益計算書の基礎資料になる。→図表1-4-18

図表1-4-18●決算整理後残高試算表と財務諸表

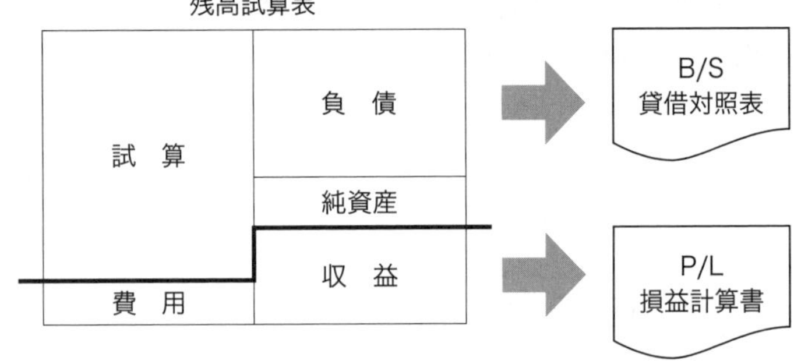

第１章第４節　理解度チェック

1 **現金実査**

次の資料に基づいて①決算整理後残高試算表における現金勘定残高、②雑損失勘定残高の金額として正しいものは○を、誤っているものには×を記入しなさい。

1．決算整理前残高試算表における現金勘定残高は5,440千円であった。

2．決算に当たり現金実査を行ったところ、次のものが保管されていた。なお、（1）から（3）については期中に現金勘定で処理しており、（4）及び（5）については未処理である。

（1）紙幣・硬貨　2,300千円
（2）他社振出小切手　2,000千円
（3）自己振出小切手　1,100千円
（4）株主配当金領収証　100千円（手取額）
（5）社債利札　180千円（手取額。このうち手取額120千円については期限未到来である）

3．利子、配当は税引後の手取額を計上する方法によっている。

4．現金の帳簿残高と実際有高との差額原因は不明である。

①決算整理後残高試算表における現金勘定残高　4,500千円
②決算整理後残高試算表における雑損失勘定残高　980千円

〔解答・解説〕

①　×
②　×

（単位：千円）

［1］自己振出小切手

（借）当座預金　1,100　（貸）現　金　1,100

［2］株主配当金領収証

（借）現　金　100　（貸）受取配当金　100

［3］期限到来済社債利札

（借）現　　金　　60　　（貸）有価証券利息　　60

［4］修正後現金勘定帳簿残高

前T／B残高5,440－自己振出小切手1,100＋株主配当金領収証100＋期限到来済社債利札60＝4,500

［5］現金実際有高

紙幣・硬貨2,300＋他社振出小切手2,000＋株主配当金領収証100＋期限到来済社債利札60＝4,460

［6］現金過不足

（借）雑　損　失（＊）　40　　（貸）現　　金　　40

（＊）修正後現金勘定帳簿残高4,500－現金実際有高4,460＝雑損失40

よって、決算整理後残高試算表における現金勘定残高は、現金実際有高4,460である。

2 **当座預金の調整**

次の資料に基づいて①決算整理後残高試算表における当座預金勘定残高、②銀行の残高証明書に記載された金額として正しいものは○を、誤っているものには×を記入しなさい。

〔資料〕

決算に当たり取引銀行より当座預金残高の残高証明書を入手したところ、銀行の残高証明書に記載された金額は　？　円（借方残高）であり、当社の当座預金帳簿残高48,000円と不一致であった。当該不一致の原因を調査したところ、以下の事項が判明した。

（1）商品仕入のために振り出した小切手11,000円が取り立てられていなかった。

（2）営業費支払のために4,110円の小切手を振り出したが、4,410円と誤記帳していたことが判明した。

（3）決算日において現金5,000円を預け入れたが、取引銀行では翌日に預入記入していた。

（4）水道光熱費1,000円が当座預金口座から引き落とされていたが、決算日までに通知が届いていなかったので未記帳であ

った。

①決算整理後残高試算表における当座預金勘定残高　47,300円
②銀行の残高証明書に記載された金額　53,300円

〔解答・解説〕
①　○
②　○

（単位：円）

1．銀行勘定調整表

銀行勘定調整表

企業側残高	48,000	銀行側残高	？
（加算）		（加算）	
（２）誤記帳	300	（３）締め後入金	5,000
（減算）		（減算）	
（４）水道光熱費	△1,000	（１）未取付小切手	△11,000
修正後残高	47,300	修正後残高	47,300

2．決算整理仕訳

（借）	当座預金	300	（貸）営業費	300
（借）	水道光熱費	1,000	（貸）当座預金	1,000

よって、決算整理後残高試算表における当座預金勘定残高は、47,300である。

3．銀行の残高証明書に記載された金額

銀行勘定調整表の調整後残高から逆算して算定する。

よって、銀行勘定調整表の調整後残高47,300＋未取付小切手11,000－締め後入金5,000＝53,300

3 **売上原価の算定①**

次の資料に基づいて①決算整理後残高試算表における仕入勘定残高、②繰越商品勘定残高として正しいものは○を、誤っているものには×を記入しなさい。

〔資料〕

１．決算整理前残高試算表（一部）

残 高 試 算 表　　（単位：円）

借方科目	金額	貸方科目	金額
繰 越 商 品	200,000	売　　上	4,150,000
仕　　入	2,500,000		

２．期末商品棚卸高　210,000円

３．売上原価は売上原価勘定で算定する。

①決算整理後残高試算表における仕入勘定残高　2,490,000円

②決算整理後残高試算表における繰越商品勘定残高　210,000円

〔解答・解説〕

①　×

②　○

（単位：円）

（借）	売 上 原 価	200,000	（貸）	繰 越 商 品	200,000
（借）	売 上 原 価	2,500,000	（貸）	仕　　入	2,500,000
（借）	繰 越 商 品	210,000	（貸）	売 上 原 価	210,000

よって、決算整理後残高試算表における仕入勘定残高は０になり、決算整理後残高試算表における繰越商品勘定残高は210,000になる。

4 **売上原価の算定②**

次の資料に基づいて、売上原価対立法によって商品売買取引を記帳した場合における①売上勘定残高、②売上原価勘定残高とし

て正しいものは〇を、誤っているものには×を記入しなさい。
〔資料〕
１．決算整理前残高試算表（一部）

残高試算表 （単位：円）

商　　品	30,000	商品売買益	50,000

２．商品は売上利益率20％で販売しており、分記法によって記帳している。
３．期首商品棚卸高は25,000円であり、当期商品仕入高は205,000円である。

①売上勘定残高　62,500円
②売上原価勘定残高　200,000円

〔解答・解説〕
① ×
② 〇

（単位：円）

１．売上
商品売買益50,000÷売上利益率20％＝売上250,000
２．売上原価
１－売上利益率20％＝売上原価率80％
売上250,000×売上原価率80％＝売上原価200,000
又は期首商品棚卸高25,000＋当期商品仕入高205,000－期末商品棚卸高（前T/B商品残高）30,000＝200,000

5 棚卸減耗費・商品評価損
次の資料に基づいて①決算整理後残高試算表における棚卸減耗費勘定残高、②商品評価損勘定残高として正しいものは〇を、誤っているものには×を記入しなさい。

〔資料〕

1．決算整理前残高試算表（一部）

残 高 試 算 表　（単位：円）

繰越商品	250,000	売上	5,900,000
仕入	3,000,000		

2．売上原価は仕入勘定で算定する。

3．期末商品帳簿棚卸高　1,000個　@300円

4．期末商品実地棚卸高　950個　時価@280円

①決算整理後残高試算表における棚卸減耗費勘定残高　14,000円

②決算整理後残高試算表における商品評価損勘定残高　20,000円

〔解答・解説〕

①　×

②　×

（単位：円）

（借）	仕入	250,000	（貸）	繰越商品	250,000
（借）	繰越商品（＊1）	300,000	（貸）	仕入	300,000
（借）	棚卸減耗費（＊2）	15,000	（貸）	繰越商品	15,000
（借）	商品評価損（＊3）	19,000	（貸）	繰越商品	19,000

（＊1）帳簿棚卸数量1,000個×簿価@300円＝期末商品帳簿棚卸高300,000

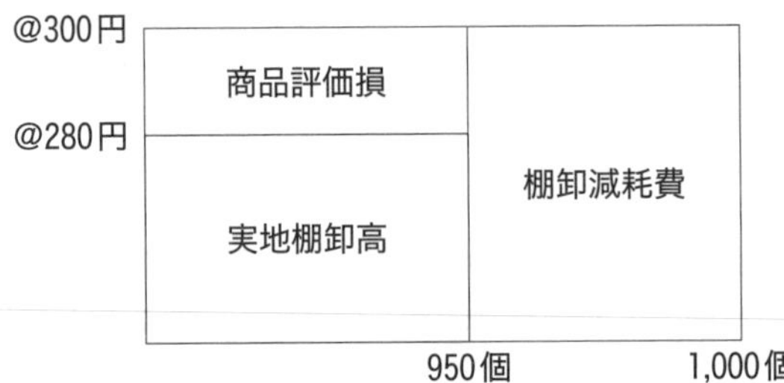

（＊2）（帳簿棚卸数量1,000個－実地棚卸数量950個）×簿価@300円＝棚卸減耗費15,000
（＊3）実地棚卸数量950個×（簿価@ 300円－時価@ 280）＝商品評価損19,000

6 貸倒引当金

次の資料に基づいて①決算整理後残高試算表における貸倒引当金勘定残高、②貸倒引当金繰入勘定残高として正しいものは○を、誤っているものには×を記入しなさい。

〔資料〕

1．決算整理前残高試算表（一部）

残 高 試 算 表　（単位：円）

受 取 手 形	200,000	貸 倒 引 当 金	15,000
売 掛 金	500,000		

2．売掛金5,000円（うち当期売上分2,000円）が貸し倒れたが未処理である。
3．売上債権期末残高について２％の貸倒引当金を洗替法により設定する。

①決算整理後残高試算表における貸倒引当金勘定残高　13,900円
②決算整理後残高試算表における貸倒引当金繰入勘定残高　13,900円

〔解答・解説〕
① ○
② ×

（単位：円）

1．期中の貸倒れ（未処理事項）

（借）貸 倒 損 失	2,000	（貸）売 掛 金	5,000
貸 倒 引 当 金	3,000		

２．貸倒引当金の設定

（借）貸倒引当金（＊）12,000　　（貸）貸倒引当金戻入　12,000
（借）貸倒引当金繰入（＊）13,900　　（貸）貸倒引当金　13,900
（借）貸倒引当金戻入（＊）12,000　　（貸）貸倒引当金繰入　12,000
（＊）（受取手形200,000＋売掛金495,000）×２％＝13,900

よって、決算整理後残高試算表における貸倒引当金勘定残高は13,900になり、決算整理後残高試算表における貸倒引当金繰入勘定残高は1,900になる。

7 **減価償却**

次の取引について示された仕訳又は記述が正しい場合には○を、誤っている場合には×を記入しなさい。なお、特に断りのない限り、消費税については税込経理方式で処理されているものとする。また、問題文に特別な指示がある場合にはそれによるものとする。

〔問題１〕

当期（X1年４月１日からX2年３月31日）の期首に取得した建物（取得原価5,000,000円、法定耐用年数10年、残存価額０）について、税法規定に基づき、定額法（償却率0.100）により償却した。なお、記帳方法は間接法による。

（単位：円）

（借）減価償却費　500,000　　（貸）減価償却累計額　500,000

〔解答・解説〕

○

税法規定による減価償却は、残存価額を０として計算するため、当期の減価償却は、5,000,000円×0.100＝500,000円となる。なお、直接法による記帳方法の場合、貸方は建物勘定を用いる。

〔問題２〕

当期（X1年４月１日からX2年３月31日）の７月に取得した備品（取得原価500,000円、法定耐用年数４年、残存価額０）について、税法規定に基づき、定額法（償却率0.250）により償却した。なお、記帳方法は直接法による。

（単位：円）

（借）減価償却費	125,000	（貸）備	品	125,000

〔解答・解説〕

×

期中に取得した固定資産については、月割計算を行うため、当期の減価償却は、以下の算式により93,750円となる。なお、直接法による記帳方法の場合、貸方は減価償却累計額勘定を用いず、固定資産を直接減額する。

$$減価償却費＝(500,000円 \times 0.250) \times \frac{9ヵ月}{12ヵ月}＝93,750円$$

〔問題３〕

当期（X1年４月１日からX2年３月31日）の10月に取得した備品（取得原価500,000円、法定耐用年数５年、残存価額０）について、税法規定に基づき、200％定率法（定額法償却率0.200、200％定率法償却率0.400）により償却した。なお、記帳方法は間接法による。

（単位：円）

（借）減価償却費	50,000	（貸）減価償却累計額	50,000

〔解答・解説〕

200％定率法による場合、定額法償却率を２倍した償却率を期

首末償却残額に乗じる。また、期中に取得した固定資産については、月割計算を行うため、当期の減価償却は、以下の算式により100,000円となる。

$$減価償却費＝(500,000円×0.400)\times\frac{6ヵ月}{12ヵ月}＝100,000円$$

〔問題４〕

前期（X1年４月１日からX2年３月31日）の期首に取得した機械装置（取得原価1,000,000円、法定耐用年数10年、残存価額０）について、税法規定に基づき、200％定率法（定額法償却率0.100、200％定率法償却率0.200）により償却した。この機械装置について、前期に減価償却費200,000円が適正に計上されている。なお、記帳方法は間接法による。

（単位：円）

（借）減 価 償 却 費　200,000　　（貸）減価償却累計額　200,000

〔解答・解説〕

×

200％定率法による場合、定額法償却率を２倍した償却率を用いるが、これを取得原価ではなく、期首未償却残額に乗じるため、当期の減価償却は、以下の算式により160,000円となる。

減価償却費＝(1,000,000円－200,000円)×0.200＝160,000円

〔問題５〕

当期（X1年４月１日からX2年３月31日）の７月に取得した車両について、税法規定に基づき、生産高比例法により減価償却した。車両の購入に際しては、3,000,000円の車両本体価格のほか、オプション料90,000円（カーナビゲーション装備費）を支払っている。この車両の総使用可能走行距離は500,000kmであり、当期の走行

距離は50,000kmである。なお、記帳方法は間接法による。

（単位：円）

（借）減価償却費　300,000　　（貸）減価償却累計額　300,000

〔解答・解説〕

×

固定資産の取得原価には、購入代価のほか、取得に要した付随費用も含まれることから、オプション料も取得原価に含めて減価償却計算を行う。また、生産高比例法は、時間を基準とするのではなく、全体使用可能量に占める当期の使用量によって減価償却費の計算を行うため、期中に取得した固定資産であっても月割計算は不要である。当期の減価償却は、以下の算式により309,000円となる。

$$減価償却費＝(3{,}000{,}000円＋90{,}000円)\times\frac{50{,}000\text{km}}{500{,}000\text{km}}＝309{,}000円$$

〔問題６〕

当期（X1年４月１日からX2年３月31日）の７月に小切手を振り出して取得し事業の用に供した備品（取得原価98,000円、法定耐用年数４年、残存価額０）について、取得原価の全額を費用として処理した。

（単位：円）

（借）消耗品費　98,000　　（貸）当座預金　98,000

〔解答・解説〕

○

減価償却資産のうち、取得原価が10万円未満であるもの、又は使用可能期間が１年未満であるものについては、取得原価の全額の損金算入が認められる。この場合の勘定科目としては、消

耗品費等の費用勘定を用いる。

〔問題7〕

当期（X1年4月1日からX2年3月31日）の6月に小切手を振り出して取得し事業の用に供した備品（1台当たり取得原価180,000円、法定耐用年数4年、残存価額0）2台について、直接法により減価償却した。

（単位：円）

（借）一括償却資産減価償却費　120,000　　（貸）一括償却資産　120,000

〔解答・解説〕

○

取得原価が20万円未満である減価償却資産については、3年間の均等償却により計算した金額を損金算入することができる。なお、取得原価が20万円未満かどうかの判定は、通常1単位として取引される単位ごとに判定されるため、本問における備品はいずれも一括償却資産の対象となる。その際、年度の中途取得であっても月割計算は不要である。

$$減価償却費＝(180{,}000円×2)×\frac{12ヵ月}{36ヵ月}＝120{,}000円$$

〔問題8〕

当期（X1年4月1日からX2年3月31日）の期首に取得し事業の用に供した中古の備品（取得原価1,200,000円、法定耐用年数10年、経過年数5年、残存価額0）について、税法規定に基づき、200%定率法により償却した。なお、この備品の使用可能期間は6年と見積もられた。記帳方法は直接法による。

償却率は次のとおりである。

①　耐用年数10年：定額法償却率0.100、200%定率法償却率

0.200
② 耐用年数６年：定額法償却率0.166、200％定率法償却率0.333
③ 耐用年数５年：定額法償却率0.200、200％定率法償却率0.400

（単位：円）

（借）備品減価償却費	480,000	（貸）備　　品	480,000

〔解答・解説〕

×

法定耐用年数の一部を経過した中古資産については、使用可能期間を見積もることは難しい場合に、以下の算式によりを計算する。

法定耐用年数（10年）－経過年数（５年）＋経過年数（５年）×20％＝６年

中古資産の耐用年数は６年となり、200％定率法償却率0.333を用いて計算する。したがって、減価償却費は、以下の算式により計算され、399,600円となる。

減価償却費＝1,200,000円×0.333＝399,600円

〔問題９〕

当期（X6年４月１日からX7年３月31日）のX6年12月20日に、備品（取得原価3,000,000円）を1,400,000円で売却し、代金は１ヵ月後に受け取る契約を結んだ。この備品はX1年４月１日に取得し事業の用に供したものであり、減価償却は定額法（償却率0.100）により行っている。なお、期首の減価償却累計額は1,500,000円であり、過年度において適正に処理されている。

（単位：円）

（借）減価償却累計額	1,500,000	（貸）備　　品	3,000,000
未　収　金	1,400,000	固定資産売却損	100,000

〔解答・解説〕

×

固定資産を期中に売却しているため、当期に使用した分については月割計算による減価償却費の計上が必要となる。したがって、正しい仕訳は次のとおりとなり、固定資産売却損ではなく、固定資産売却益が計上される。

（単位：円）

（借）	減価償却費（＊）	225,000	（貸）	備　　品	3,000,000
	減価償却累計額	1,500,000		固定資産売却益	125,000
	未収金	1,400,000			

（＊）$3{,}000{,}000円 \times 0.100 \times \frac{9ヵ月}{12ヵ月} = 225{,}000円$

〔問題10〕

X3年7月31日に、備品（取得原価600,000円、法定耐用年数5年、期首減価償却累計額384,000円、期首未償却残高216,000円）を修理不能の故障が生じたため、除却した。この備品はX1年4月1日に事業の用に供されたもので、過年度において減価償却の計算は、税法の規定に従って200％定率法（同償却率0.400）によって適正に行われている。なお、この備品の処分価値は50,000円と見積もられている。

（単位：円）

（借）	減価償却費	86,400	（貸）	備　　品	600,000
	減価償却累計額	384,000			
	固定資産売却損	129,600			

〔解答・解説〕

固定資産を期中に除却した場合、当期に使用した期間に係る減価償却費を月割計算により行う。そして、除却する固定資産に

処分価値がある場合には、貯蔵品として処理し、売却した時点で貯蔵品を減少させる処理を行う。

（単位：円）

（借）			（貸）	
減価償却費（＊）	28,800		備　　品	600,000
減価償却累計額	384,000			
貯　蔵　品	50,000			
固定資産除却損	137,200			

（＊）$216{,}000円 \times 0.400 \times \frac{4ヵ月}{12ヵ月} = 28{,}800円$

〔問題11〕

X1年10月20日に取得した自社利用のソフトウェア6,000,000円について、法人税法上の耐用年数５年により、以下の仕訳を行った。

（単位：円）

（借）		（貸）	
ソフトウェア償却	500,000	ソフトウェア	500,000

〔解答・解説〕

〇

残存価額を０、耐用年数５年の定額法により、月割計算も含め、適切に減価償却の手続が行われている。

$$6{,}000{,}000円 \times \frac{1}{5} \times \frac{6ヵ月}{12ヵ月} = 600{,}000円$$

8 有価証券の評価

次の資料に基づいて①決算整理後残高試算表における有価証券評価益勘定残高、②その他有価証券評価差額金残高、③投資有価証券評価損勘定残高、④関係会社株式勘定残高、⑤満期保有目的債券勘定残高として正しいものは〇を、誤っているものには×を記入しなさい。

〔資料〕

1．当社が保有する有価証券（単位：円）

	保有目的別分類	原始取得価額	前期末時価	当期末時価
Ａ社株式	売買目的有価証券	23,000	22,000	24,000
Ｂ社株式	その他有価証券	43,000	43,500	44,000
Ｃ社株式	その他有価証券	32,400	32,400	32,000
Ｄ社株式	その他有価証券	60,000	28,000	27,300
Ｅ社株式	子会社株式	55,000	－	－
Ｆ社社債	満期保有目的債券	44,000	45,000	46,000

2．売買目的有価証券の評価替の処理方法については切放法により行う。

3．その他有価証券の評価については部分純資産直入法により行う。

4．Ｄ社株式は、前期末において時価が著しく下落し、回復の見込みが認められなかった。

5．Ｅ社の財政状態は、次のとおり著しく悪化しているので相当の減額を行う。なお、当社はＥ社の発行済株式の80%を保有している。

Ｅ社貸借対照表　（単位：円）

諸資産	100,000	諸負債	70,000

6．Ｆ社社債は、額面金額50,000円、償還期間５年、利率年１％の条件で、前期首に取得したものである。額面金額と原始取得価額との差額は金利調整分と認められるため償却原価法（定額法）により評価する。

①決算整理後残高試算表における有価証券評価益勘定残高（1,000円）

②決算整理後残高試算表におけるその他有価証券評価差額金残

高　(500円)

③決算整理後残高試算表における投資有価証券評価損勘定残高　1,100円

④決算整理後残高試算表における関係会社株式勘定残高　55,000円

⑤決算整理後残高試算表における満期保有目的債券勘定残高　45,200円

(　)は貸方残高を示す。

〔解答・解説〕

①　×
②　×
③　○
④　×
⑤　×

（単位：円）

［1］Ａ社株式

（借）売買目的有価証券（＊）　2,000　（貸）有価証券評価益　2,000

（＊）切放法によっているので、前期末時価がＡ社株式の帳簿価額である。

よって、当期末時価24,000－前期末時価22,000＝評価益2,000

［2］Ｂ社株式

（借）その他有価証券（＊）　1,000　（貸）その他有価証券評価差額金　1,000

（＊）洗替法によっているので、原始取得価額がＢ社株式の帳簿価額である。

よって、当期末時価44,000－原始取得価額43,000＝評価差額（＋）1,000

［3］Ｃ社株式

（借）投資有価証券評価損（＊）　400　（貸）その他有価証券　400

（＊）当期末時価32,000－原始取得価額32,400＝評価損△400

［4］Ｄ社株式

（借）投資有価証券評価損（＊）　700　（貸）その他有価証券　700

（＊）前期末に減損処理を行っているので、前期末時価がＤ社株式の帳簿価額である。

よって、当期末時価27,300－前期末時価28,000＝評価損△700

［５］Ｅ社株式

（借）関係会社株式評価損（＊）　31,000　（貸）関係会社株式　31,000

（＊）（諸資産100,000－諸負債70,000）×80％＝実質価額24,000
原始取得価額55,000－実質価額24,000＝評価損31,000

［６］Ｆ社社債

（借）満期保有目的債券（＊）　1,200　（貸）有価証券利息　1,200

（＊）（額面金額50,000－原始取得価額44,000）÷償還期間60ヵ月＝１ヵ月当たり償却額100
100×12ヵ月＝1,200

なお、前期においても1,200円償却しているので、満期保有目的債券勘定残高は、原始取得価額44,000円＋前期償却分1,200円＋当期償却分1,200円＝46,400円となる。

9 **経過勘定項目**

当期（X3年４月１日に始まる１年間）における次の資料に基づいて①決算整理後残高試算表における支払保険料勘定残高、②未払利息勘定残高、③受取家賃勘定残高として正しいものは○を、誤っているものには×を記入しなさい。

〔資料〕

１．決算整理前残高試算表（一部）

残　高　試　算　表　（単位：円）

支　払　保　険　料	120,000	受　取　家　賃	130,000
支　払　利　息	750		

２．支払保険料は、X3年10月１日に向こう１年分の保険料を支払ったものである。

3．支払利息は借入金50,000円に関するものであり、当該借入金は、利率年３％、利払日年２回（６月末、12月末）の条件でX3年７月１日に借り入れたものである

4．受取家賃は、X1年４月１日に賃貸した建物に関するものであり、契約条件によれば翌月１ヵ月分の家賃を当月に前受けすることになっている。

①決算整理後残高試算表における支払保険料勘定残高　60,000円

②決算整理後残高試算表における未払利息勘定残高（1,125円）

③決算整理後残高試算表における受取家賃勘定残高　（130,000円）

（　）貸方残高を示す。

〔解答・解説〕

①　〇

②　×

③　×

（単位：円）

1．前払保険料

（借）前払保険料（＊）　60,000　　（貸）支払保険料　60,000

（＊）１年分の保険料120,000×未経過月数６ヵ月÷契約月数12ヵ月＝60,000

2．未払利息

（借）支 払 利 息（＊）　375　　（貸）未 払 利 息　375

（＊）借入金50,000×年利率３％×経過月数３ヵ月÷12ヵ月＝375

3．前受家賃

（借）受 取 家 賃（＊）　10,000　　（貸）前 受 家 賃　10,000

（＊）期首に再振替仕訳によって次の仕訳を行っているので、決算整理前の残高試算表の受取家賃残高は13ヵ月分の家賃である。

（借）前 受 家 賃　　10,000　（貸）受 取 家 賃　10,000
130,000円÷13ヵ月＝１ヵ月分10,000円を前受けしているので、これを繰り延べる。

10 未払法人税等

次の資料に基づいて決算整理後における①法人税等勘定残高、②未払法人税等勘定残高として正しいものは○を、誤っているものには×を記入しなさい。

〔資料〕

１．決算整理前残高試算表のデータ（一部）

（１）仮払法人税等　2,000円
期中に法人税等の中間納付を行った際に用いた科目である。

（２）仮払税金　100円
受取利息から差し引かれた源泉徴収税であり、その全額が法人税等の前払として控除できる。

２．決算整理後における収益諸勘定・費用諸勘定のデータ（法人税等を除く）

（１）売上　82,500円
（２）受取利息　5,000円
（３）仕入　34,000円
（４）給料　24,000円

３．税引前当期純利益の40％を当期の法人税等の額とする。

①決算整理後における法人税等勘定残高　11,800円
②決算整理後における未払法人税等勘定残高　11,800円

〔解答・解説〕

①　○
②　×

１．税引前当期純利益

収益合計87,500円（＝売上82,500円＋受取利息5,000円）－費用合計58,000円（＝仕入34,000円＋給料24,000円）＝税引前当期純利益29,500円

２．法人税等

税引前当期純利益29,500円×40%＝法人税等11,800円

３．未払法人税等

（単位：円）

（借）	法人税等	11,800	（貸）仮払法人税等	2,000
			仮払税金	100
			未払法人税等	9,700

第5節 財務諸表の作成・純資産

学習のポイント

◆帳簿決算の手順と損益勘定への振替（決算振替仕訳）を学習する。
◆損益勘定の差額（当期純損益）の繰越利益剰余金勘定への振替（決算振替仕訳）を学習する。
◆帳簿の締切りについて学習する。
◆損益計算書及び貸借対照表は、決算整理後残高試算表及び決算振替仕訳を基礎として作成されることを学習する。
◆公表用の損益計算書及び貸借対照表を作成するためには、勘定科目の表示科目への組替え手続や法令に定めるフォームに加工する必要があることを学習する。
◆利益剰余金の配当と利益準備金の積立てに関する会計処理を学習する。

1 帳簿決算

決算整理の後には、帳簿決算により帳簿を締め切る。帳簿決算は、次の3つの手順による。

① 収益・費用諸勘定の損益勘定への振替
② 税引後当期純利益（損失）の繰越利益剰余金勘定への振替
③ 帳簿の締切り

（1）収益諸勘定・費用諸勘定の損益勘定への振替

帳簿決算の第１段階は、収益と費用に属する諸勘定の残高を損益勘定に振り替えて、税引前当期純利益（損失）を計算することから始める。損益勘定は、決算に際して費用・収益の諸勘定を集計するために設定された集計（集合）勘定である。この手続によって損益勘定という１つの勘定で収益と費用を対置表示させ、その一覧的な把握が可能になる。

純損益を算出するためには、次のような振替記入をする必要がある。

① 収益に属する勘定の貸方残高を損益勘定の貸方に振り替える。

② 費用に属する勘定の借方残高を損益勘定の借方に振り替える。

損益勘定への振替をするためには、次のような振替仕訳（日付は決算日）が必要となる。

（借）	収益の諸勘定残高	××	（貸）	損　　　益	××
（借）	損　　　益	××	（貸）	費用の諸勘定残高	××

この振替仕訳を損益勘定に転記すると、損益勘定は次に示すとおり損益計算書のような形状になり、貸借差額が当期純利益（損失）である。

損　　益

費用の諸勘定残高	××	収益の諸勘定残高	××

また、この振替によって収益・費用諸勘定の残高はゼロになる。

設例１

当社の次に示す元帳（日付は省略）に基づいて、①収益・費用勘定の損益勘定への振替仕訳、②損益勘定への転記を行い、③当期純利益を示しなさい（単位：円）。

売　上

	売掛金 15,000
	売掛金 32,000
	売掛金 10,000

受取手数料

	現金 3,000

給　料

現金 12,000	

仕　入

買掛金 11,000	繰越商品 7,000
諸口 20,000	
繰越商品 4,000	

広告宣伝費

現金 8,000	

法人税等

諸口 4,800	

解　答 (単位：円)

① 振替仕訳

(借)	売上	57,000	(貸)	損益	60,000
	受取手数料	3,000			
(借)	損益	52,800	(貸)	仕入	28,000
				給料	12,000
				広告宣伝費	8,000
				法人税等	4,800

② 損益勘定

損　益

仕入	28,000	売上	57,000
給料	12,000	受取手数料	3,000
広告宣伝費	8,000		
法人税等	4,800		

※振替仕訳を損益勘定に転記するときには、相手科目が複数であっても「諸口」を用いない。

③ 当期純利益：7,200円

（2）税引後当期純利益（損失）の繰越利益剰余金勘定への振替

損益勘定には、借方に税金費用を含む費用の勘定が、貸方に収益の勘定が集計され、その借方と貸方の差額の結果として当期純利益（損失）が算定されることになる。損益勘定の貸方である収益の額が借方の費用の金額を超える場合が当期純利益であり、その逆の場合が当期純損失となる。

本章第１節で説明したとおり、当期純利益は純資産の増加、当期純損失は純資産の減少を意味する。そこで、当期純利益（損失）の額を、損益勘定から繰越利益剰余金勘定（純資産勘定）へ振り替える。

また、この振替によって損益勘定の残高はゼロになる。

〈収益＞費用：当期純利益〉

（借）損　　　　益　××　　（貸）繰越利益剰余金　××

〈収益＜費用：当期純損失〉

（借）繰越利益剰余金　××　　（貸）損　　　　益　××

Column　コーヒーブレイク

《個人企業の当期純利益（損失）》

当期純利益（損失）は、個人企業の場合、資金の拠出者である資本主（店主等）に帰属するものである。したがって当期純利益（損失）は、元手である資本金の増減額を表すことになり、資本金勘定へ純損益が振り替えられることになる。資本金勘定への振替仕訳を示すと以下のようになる。

〈当期純利益を計上した場合の振替仕訳〉

（借）損　　益　××　　（貸）資　本　金　××

〈当期純損失を計上した場合の振替仕訳〉

（借）資　本　金　××　　（貸）損　　益　××

設例2

当社の次の損益勘定（単位：円）に基づいて、①当期純利益の繰越利益剰余金勘定への振替仕訳、②損益勘定残高を示しなさい。

損　益

借方	金額	貸方	金額
仕入	28,000	売上	57,000
給料	12,000	受取手数料	3,000
広告宣伝費	8,000		
法人税等	4,800		

解答

① 振替仕訳（単位：円）

（借）損　　益（＊） 7,200　　（貸）繰越利益剰余金　7,200

（＊）損益勘定の貸借差額

② 損益勘定残高：０円

（3）帳簿の締切り

まず、収益・費用・損益勘定の締切りは、図表1－5－1のように借方・

図表1－5－1●収益・費用・損益勘定の締切り

仕　入

借方	金額	貸方	金額
買掛金	15,000	繰越商品	3,000
現金	2,000	損益	14,000
	17,000		17,000

売　上

借方	金額	貸方	金額
損益	39,000	売掛金	26,000
		現金	13,000
	39,000		39,000

損　益

借方	金額	貸方	金額
仕入	14,000	売上	39,000
給料	10,000		
法人税等	6,000		
繰越利益剰余金	9,000		
	39,000		39,000

給　料

借方	金額	貸方	金額
現金	10,000	損益	10,000

貸方それぞれの合計額を記入し、合計額の下に二重線を引くことによる（日付は決算日）。なお、元帳の締切りでは、貸借の合計額を同じ行で一致させる必要があるので、余白が生じた側に斜線を入れる。

次に、資産・負債・純資産（資本）に属する勘定は、実在勘定であるために、期末の残高は、費用・収益の処理とは異なり、繰越という次期への引継ぎの処理がなされる。

繰越処理の方法は、各勘定の貸借差額の少ない側に「次期繰越」と貸借差額を記入して貸借合計を一致させる（日付は決算日）。そして、繰越額を記入したときと反対側に「前期繰越」と同額を記入する（日付は決算日の翌日）。これは、開始記入と呼ばれるものである。→図表1-5-2

図表1-5-2●資産・負債・純資産（資本）勘定の締切り

現　　金

資本金	100,000	給料	10,000
売上	13,000	仕入	2,000
		次期繰越	101,000
	113,000		113,000
前期繰越	101,000		

売　掛　金

売上	26,000	次期繰越	26,000
前期繰越	26,000		

繰越商品

仕入	3,000	次期繰越	3,000
前期繰越	3,000		

買　掛　金

次期繰越	15,000	仕入	15,000
		前期繰越	15,000

未払法人税等

次期繰越	6,000	法人税等	6,000
		前期繰越	6,000

資　本　金

次期繰越	100,000	現金	100,000
		前期繰越	100,000

繰越利益剰余金

次期繰越	9,000	損益	9,000
		前期繰越	9,000

2　財務諸表の作成

帳簿決算の手続が終了した後、決算整理後残高試算表及び決算振替仕訳を基礎資料として財務諸表が作成される。

ただし、ここで作成される財務諸表は、そのまま公表用の財務諸表となるものではない。なぜなら、財務諸表は、帳簿上で使用される勘定科目を用いて計算表示するものではないからである。

会計帳簿の勘定科目に何を用いるかは、科目名が取引の内容を示していればよく、その選択は各企業の慣行等にゆだねられている。これに対して、決算書の表示科目は根拠法等のルールによって定められている。

また、本章第１節で説明した貸借対照表・損益決算書は勘定式のものを示したが、これらの形式についても決算書の根拠法によって異なってくるものである。

そこで、正式な決算書を作成するためには、勘定科目から表示科目への組替えの方法や、各根拠法に基づく決算書のフォームを知る必要がある。そして、これらについては第２章第１節で説明する。

3　利益剰余金の配当

会社が株主に対して会社財産を分配することを剰余金の配当という。この剰余金の配当のうち、会社が獲得した利益を株主に分配するのが利益剰余金（繰越利益剰余金）からの配当である。

利益剰余金の配当は、通常、株主総会の決議によって行われる。

（1）利益準備金

会社法の規定により、利益剰余金の配当を行う際には、配当額の10分の１を利益準備金として積み立てることが要求されている。これは、利益剰余金の配当によって会社財産が過度に流出することを防止するための規定である。

この利益準備金の積立ては、資本準備金と利益準備金の合計額が資本金の４分の１に達するまで行う必要がある。

(2) 配当決議・配当金支払時の会計処理

利益剰余金の配当決議時には、株主配当金については未払配当金勘定（負債勘定）、利益準備金積立てについては利益準備金勘定（純資産勘定）を計上し、これらの合計額について繰越利益剰余金勘定を減額する処理を行う。

設例3

次の取引を仕訳しなさい。

当社は、利益剰余金（繰越利益剰余金）から100,000円の配当を行う決議を行った。また、この配当に伴って10,000円を利益準備金として積み立てる。

解　答（単位：円）

(借)		(貸)	
繰越利益剰余金	110,000	未払配当金	100,000
		利益準備金	10,000

設例4

次の取引を仕訳しなさい。

設例3における株主配当金を普通預金口座から支払った。

解　答（単位：円）

(借)		(貸)	
未払配当金	100,000	普通預金	100,000

第１章第５節　理解度チェック

1　**帳簿決算**

次の資料に基づいて①決算振替後における資本金勘定残高、②繰越利益剰余金勘定残高として正しいものには○を、誤っているものには×を記入しなさい。

〔資料〕決算整理後残高試算表

残高試算表　（単位：円）

借方科目	金額	貸方科目	金額
現金	92,580	買掛金	13,000
繰越商品	3,000	未払消費税	3,880
仕入	34,000	未払法人税等	9,700
給料	24,000	資本金	50,000
法人税等	11,800	繰越利益剰余金	1,300
		売上	82,500
		受取利息	5,000
	165,380		165,380

①決算振替後における資本金勘定残高　50,000円
②決算振替後における繰越利益剰余金勘定残高　17,700円

〔解答・解説〕
①　○
②　×

（単位：円）

1．損益振替仕訳

（借）	売上	82,500	（貸）	損益	87,500
	受取利息	5,000			
（借）	損益	69,800	（貸）	仕入	34,000
				給料	24,000
				法人税等	11,800

よって、当期純利益は、収益合計87,500円－費用合計69,800円＝17,700円である。

２．当期純利益の振替

（単位：円）

（借）損　　　　　益　17,700　　（貸）繰越利益剰余金　17,700

よって、決算振替後の繰越利益剰余金勘定残高は、後T/B残高1,300円＋17,700円＝19,000円である。

2 **利益剰余金の配当**

次の資料に基づいて、繰越利益剰余金勘定の各相手勘定として正しいものには○を、誤っているものには×を記入しなさい。

〔資料〕締切後の繰越利益剰余金勘定

繰越利益剰余金

6/20	（　①　）	12,000	4/ 1	前期繰越	19,000
6/20	（　②　）	1,200	3/31	（　③　）	18,000
3/31	次期繰越	23,800			
		37,000			37,000
			4/ 1	前期繰越	23,800

①受取配当金
②利益準備金
③当期純利益

〔解答・解説〕

①　×
②　○
③　×

（単位：円）

1．利益剰余金の配当決定（6月20日）

（借）	繰越利益剰余金	13,200	（貸）	未払配当金	12,000
				利益準備金	1,200

2．当期純利益の振替（3月31日）

（借）	損益	18,000	（貸）	繰越利益剰余金	18,000

第６節 帳簿・伝票

学習のポイント

◆証憑の内容と種類について理解する。
◆主要簿・補助簿の意味と仕訳帳・元帳の記入法について理解する。
◆仕入帳・売上帳の記入法について理解する。
◆商品有高帳の記入法について理解する。
◆売掛金元帳・買掛金元帳の記入法について理解する。
◆現金出納帳の記入法について理解する。
◆当座預金出納帳の記入法について理解する。
◆小口現金出納帳の記入法について理解する。
◆受取手形記入帳・支払手形記入帳の記入法について理解する。
◆固定資産台帳の記入法について理解する。
◆伝票の意味と三伝票制における入金伝票・出金伝票・振替伝票の記入法について理解する。

1 証 憑

証憑（しょうひょう）は、取引の発生について証拠付ける書類をいい、送り状、受領書、注文書、請求書、領収証、納品書、契約書等がある。

証憑には、外部証憑と内部証憑がある。外部証憑は、例えば、受領書や納品書を企業の外部者が作成した場合のほか、企業内部で作成し外部者に渡した受領書、納品書の控・副本のように企業外部との取引を裏付ける証拠になるものである。これに対して、内部証憑とは、入出金伝票、振替伝票等のように企業内部で取引を処理するために作成される証憑である。

設例1

(株)東京商事は大阪商会(株)から商品を仕入れ、品物とともに次の請求書を受け取り、代金は後日支払うこととした。(株)東京商事と大阪商会(株)それぞれの仕訳をしなさい。なお、消費税については両社とも税抜経理方式によるものとする。

請　求　書

(株)東京商事　御中

大阪商会(株)

発行日　X1年6月10日

品　物	数量	単価	金　額
A商品	10	1,000	¥10,000
B商品	20	800	¥16,000
	消費税		¥2,600
	合　計		¥28,600

X1年6月30日までに合計額を下記口座へお振込み下さい。
BC銀行心斎橋支店　当座　3816481　オオサカショウカイ（カ

解　答 (単位：円)

(株)東京商事

(借) 仕　　入 26,000　(貸) 買　掛　金 28,600
仮払消費税 2,600

大阪商会(株)

(借) 売　掛　金 28,600　(貸) 売　　上 26,000
仮受消費税 2,600

2 主要簿

仕訳帳と元帳は、複式簿記の機構上、必要不可欠な帳簿であることから主要簿と呼ばれる。これに対して、主要簿からなる最低限の帳簿を補足するために、取引の明細や勘定の増減記録の明細を把握するために必要に応じて作成する帳簿を補助簿という。

本章第2節では、仕訳や勘定の形式を中心に説明したが、以下では主要簿である仕訳帳と元帳の記入方法について説明する。

(1) 仕訳帳

仕　訳　帳

日付		摘　　要	元丁	借　方	貸　方

① 日付欄…取引が発生した日を記入する。ただし、月の記入は各頁の最初の行だけに行う。

② 摘要欄…左側に借方の勘定科目を記入し、右側に貸方の勘定科目を記入する。それぞれの勘定科目は（　）でくくる。

借方側又は貸方側の勘定科目が2つ以上になる場合は、その上の行に「諸口」と記入する。諸口には（　）を付けない。また、仕訳を記入した行の下に取引内容の要約を書く。これを「小書（こがき）」といい、行間の2分の1ぐらいの大きさの文字で書く。

③ 元丁欄…当該勘定に設定されている元帳番号を記入する。

④ 借方欄・貸方欄…借方欄に借方勘定科目の金額を、貸方欄に貸方勘定科目の金額を、それぞれの勘定科目を記入したときと同じ行に記入する。

⑤ 仕訳帳に記入するときは、1つの取引の仕訳と次の仕訳を区別するため摘要欄に線を引く。なお、1つの取引の仕訳は2頁に分けて

記入してはならない。

仕訳帳の開始記入の例を示せば、次のとおりである。

1）開業の場合

仕　訳　帳

日付		摘　要		元丁	借　方	貸　方
6	1	諸　口	諸　口			
		(現　金)			×××	
		(備　品)			×××	
			(借入金)			×××
			(資本金)			×××
		上記資産・負債で開業				

2）前期繰越の場合

仕　訳　帳

日付		摘　要	元丁	借　方	貸　方
6	1	前期繰越	✓	×××	×××

(注)✓：元丁欄の✓印は、元帳に転記の必要がないことを意味している。

前述のように、次期の最初の日付で仕訳帳の１行目（摘要欄の下）に「前期繰越」と記入し、借方・貸方欄の下には繰越試算表の合計額を記入する。この記入によって、仕訳帳の合計額と合計試算表の合計額とは一致することになり、記帳漏れを発見することができる。

設例２

次の取引を仕訳帳に記入しなさい。なお、商品売買取引は三分割法による。

ただし前期繰越高（４月１日）は、次のとおりである。

現金50,000円、売掛金50,000円、繰越商品150,000円、買掛金60,000円、

資本金190,000円

4月6日　A社より商品200,000円を掛で仕入れた。

4月18日　B社へ商品を80,000円で販売し、代金のうち20,000円は現金で受け取り、残金は掛とした。

4月30日　当月分の家賃20,000円を現金で支払った。

解　答

仕　訳　帳　(単位：円)

日付		摘　要	元丁	借　方	貸　方
4	1	前期繰越	✓	250,000	250,000
	6	(　仕　入　)		200,000	
		(　買掛金　)			200,000
		A社から仕入			
	18	諸　口　(　売　上　)			80,000
		(　現　金　)		20,000	
		(　売掛金　)		60,000	
		B社へ売上			
	30	(　支払家賃　)		20,000	
		(　現　金　)			20,000
		家賃の支払			

(2) 総勘定元帳

元帳で、勘定科目ごとに取引を基礎とする増減額を記録・計算するために設けられた場所を、勘定口座という。勘定口座の形式には、標準式と残高式の2つがある。

標準式の勘定口座は、中央から分けて借方側と貸方側を左右対称に表したものである。

[標準式]

○○○○　1

日付		摘　要	仕丁	借　方	日付		摘　要	仕丁	貸　方
(1)		(2)	(3)	(4)	(1)		(2)	(3)	(4)

(注) ○○○○には、勘定科目を記入する。

残高式の勘定口座は、借方欄と貸方欄のほかに残高欄を持つ形式である。借方又は貸方に取引金額を記入する都度、差し引いて残高を知ることができる。

[残高式]

○○○○　1

日付		摘　要	仕丁	借　方	貸　方	借又は貸	残　高
(1)		(2)	(3)	(4)	(4)		

なお、標準式及び残高式の勘定口座について説明すると、次のとおりである。

(1) は日付欄であり、取引日を書く。

(2) は摘要欄であり、取引の要約を書く。通常は、後述する仕訳の相手勘定科目を書く。

(3) は仕丁欄であり、当該勘定口座への記入と対応する仕訳帳の丁数（ページ数）を書く。

(4) は金額欄であり、取引額を記入する。

設例3

前記 設例2 について現金・売上勘定（標準式）への転記をしなさい。

解 答

（単位：円）

現 金 1

日付		摘 要	仕丁	借 方	日付		摘 要	仕丁	貸 方
4	1	前期繰越	✓	50,000	4	30	支払家賃	1	20,000
	18	売 上	1	20,000					

売 上 6

日付		摘 要	仕丁	借 方	日付		摘 要	仕丁	貸 方
					4	18	諸 口	1	80,000

3 補助簿

（1）仕入帳

仕入帳とは、商品の仕入に関する取引、仕入戻しの明細として仕入先名・代金決済方法・商品名・数量等を記入する補助簿である。

設例4

次の取引を仕入帳に記帳しなさい。

4月1日　目白物産から下記の商品を仕入れ、代金は掛とした。
　A商品　10個　@20,000円
4月15日　上記商品のうち、毀損品を下記のとおり返品した。
　A商品　1個
4月25日　大塚商事から下記のとおり仕入れ、代金は掛とした。引取費用500円を現金で支払った。
　A商品　3個　@10,000円
　B商品　5個　@5,000円

解　答

仕　入　帳　　(単位：円)

XX年		摘　要		内　訳	金　額
4	1	目白物産	掛		
		A商品　10個　@20,000円			200,000
	15	目白物産	掛　返　品		
		A商品　1個　@20,000円			△20,000
	25	大塚商事	掛		
		A商品　3個　@10,000円		30,000	
		B商品　5個　@ 5,000円		25,000	
		引取運賃現金払		500	55,500
	30		総仕入高		255,500
	30		仕入戻し高		△20,000
			純仕入高		235,500

(2) 売上帳

売上帳とは、商品の販売に関する取引、売上、売上戻りの明細として、得意先名・代金決済方法・商品名・数量等を記入する補助簿である。

設例5

次の取引を売上帳に記帳しなさい。

6月2日　巣鴨商会へ下記の商品を販売し、代金は掛とした。

C商品　　4個　　@15,000円

D商品　　2個　　@25,000円

6月10日　大塚商事へ下記の商品を販売し、代金は掛とした。

E商品　　3個　　@10,000円

6月20日　大塚商事に売り渡した上記E商品のうち、一部に不良品があったため、商品1個が返品された。返品額10,000円は売掛金から差し引く。

解　答

売　上　帳　（単位：円）

XX年		摘　要		内　訳	金　額
6	2	巣鴨商会	掛		
		C商品　4個　@15,000円		60,000	
		D商品　2個　@25,000円		50,000	110,000
	10	大塚商事	掛		
		E商品　3個　@10,000円			30,000
	20	大塚商事	掛返品		
		E商品　1個　@10,000円			△10,000
	30		総売上高		140,000
	30		売上戻り高		△10,000
			純売上高		130,000

（3）商品有高帳

商品有高帳は、商品の種類ごとに、それぞれの商品の原価で受入高（仕入）及び払出高（売上）を記録することにより、原価による残高（現在有高）を明らかにする補助簿である。

商取引においては、同じ種類の商品でもその仕入単価は変動することが一般的である。そのため、商品を払い出す場合の単価をいくらにするかを計算する方法として、以下のようなものがある。

①　先入先出法

先入先出法とは、先に仕入れた商品から、先に払い出したものと仮定して、払出単価を決定する方法である。

②　移動平均法

移動平均法とは、異なる単価の商品を仕入れる都度、仕入金額と残高金額との合計金額を、仕入数量と残高数量との合計数量で除して平均単価を求め、この平均単価を払出単価とする方法である。この方法によると期中の払出金額の計算が可能となる。

③　総平均法

総平均法とは、期首商品の取得価額と期中に取得した商品の取得価額との合計額を、これら総数量で除して平均単価を計算し、その価格を払出単価とする方法である。

設例6

4月中の消しゴムの受入れ及び払出しは次のとおりである。この資料に基づいて、①先入先出法、②移動平均法、③総平均法によって商品有高帳に記入しなさい。

4月1日　前月繰越　4個　@300円
4月6日　仕　　入　12個　@330円
4月11日　売　　上　4個
4月16日　仕　　入　8個　@360円
4月21日　売　　上　14個

解　答

①　先入先出法

商品有高帳
（品名）消しゴム　　　　（単位：円）

日付		摘要	受入			払出			残高		
			数量	単価	金額	数量	単価	金額	数量	単価	金額
4	1	前月繰越	4	300	1,200				4	300	1,200
	6	仕　入	12	330	3,960				4	300	1,200
									12	330	3,960
	11	売　上				4	300	1,200	12	330	3,960
	16	仕　入	8	360	2,880				12	330	3,960
									8	360	2,880
	21	売　上				12	330	3,960			
						2	360	720	6	360	2,160
	30	次月繰越				6	360	2,160			
			24		8,040	24		8,040			
5	1	前月繰越	6	360	2,160				6	360	2,160

②　移動平均法

商品有高帳
（品名）消しゴム　　　　（単位：円）

日付		摘要	受入			払出			残高		
			数量	単価	金額	数量	単価	金額	数量	単価	金額
4	1	前月繰越	4	300	1,200				4	300.0	1,200
	6	仕　入	12	330	3,960				16	322.5	5,160
	11	売　上				4	322.5	1,290	12	322.5	3,870
	16	仕　入	8	360	2,880				20	337.5	6,750
	21	売　上				14	337.5	4,725	6	337.5	2,025
	30	次月繰越				6	337.5	2,025			
			24		8,040	24		8,040			
5	1	前月繰越	6	337.5	2,025				6	337.5	2,025

※4月6日の単価＝5,160円÷16個＝322.5円
4月16日の単価＝6,750円÷20個＝337.5円

③ 総平均法

商 品 有 高 帳
(品名)消しゴム　(単位：円)

日付		摘要	受入			払出			残高		
			数量	単価	金額	数量	単価	金額	数量	単価	金額
4	1	前月繰越	4	300	1,200				4		
	6	仕入	12	330	3,960				16		
	11	売上				4			12		
	16	仕入	8	360	2,880				20		
	21	売上				14			6		
			24	335	8,040	18	335	6,030	6	335	2,010
	30	次月繰越				6	335	2,010			
			24		8,040	24		8,040			
5	1	前月繰越	6	335	2,010				6	335	2,010

$$※総平均単価＝\frac{1{,}200円＋3{,}960円＋2{,}880円}{4個＋12個＋8個}＝335円$$

④ 最終仕入原価法

最終仕入原価法は、全ての期末商品を最後に仕入れた商品の単価によって期末商品の価額を算定する方法である。期末商品の大部分が最終の仕入価格で取得されているときのように、期間損益の計算上弊害がないと考えられる場合や、期末棚卸資産に重要性が乏しい場合においてのみ、この最終仕入原価法の適用が容認される。

(4) 売掛金元帳・買掛金元帳

本章第3節で説明したとおり、売掛金勘定だけでは、得意先に対する債権額を個別に明らかにすることが不可能となることから、売掛金勘定の代わりに、相手方の会社名をそのまま勘定として用いて記入する場合

を人名勘定という。買掛金についても同じ理由から、人名勘定を用いることがある。

しかし、人名勘定を設けて掛取引を記入する方法は、取引先別に債権・債務を明らかにすることができて便利ではあるが、取引先が多くなると、人名勘定も多数必要となり記帳が複雑化し、売掛金や買掛金の総額を把握するのに手数がかかり、かえって不便となる。

そのため、元帳に売掛金勘定及び買掛金勘定を設けて記帳し、人名勘定の内容については、売掛金元帳（得意先元帳ともいう）及び買掛金元帳（仕入先元帳ともいう）を取引先ごとに補助簿（補助元帳）として用いることがある。そして、補助元帳を設ける場合、主要簿としての元帳は総勘定元帳と呼ばれる。

このように、総勘定元帳として設けられる売掛金勘定及び買掛金勘定は、売掛金元帳及び買掛金元帳の得意先別・仕入先別の人名勘定を統括することから、これを統括勘定又は統制勘定という。

設例7

次の取引を仕訳帳に仕訳（小書は不要）し、売掛金元帳、買掛金元帳に記入しなさい。なお、売掛金勘定及び買掛金勘定の元帳番号は、それぞれ「3」と「9」となっている。

7月1日　渋谷商事から商品200円を仕入れ、代金は掛とした。
7月5日　東京物産に商品420円を販売し、代金は掛とした。
7月7日　大崎貿易から商品100円を仕入れ、代金は掛とした。
7月10日　原宿商会に商品55円を販売し、代金は掛とした。
7月20日　渋谷商事に対する買掛金のうち50円を小切手で支払った。
7月22日　東京物産に対する売掛金のうち20円を現金で受け取った。

解　答

（単位：円）

仕　訳　帳　1

日付		摘　要	元　丁	借　方	貸　方
7	1	（仕　入）		200	
		（買 掛 金）	9/買　1		200
	5	（売掛金）	3/売　1	420	
		（売　　上）			420
	7	（仕　入）		100	
		（買 掛 金）	9/買　2		100
	10	（売掛金）	3/売　2	55	
		（売　　上）			55
	20	（買掛金）	9/買　1	50	
		（当座預金）			50
	22	（現　金）		20	
		（売 掛 金）	3/売　1		20

売掛金元帳

東京物産　1

日付		摘　要	仕丁	借　方	貸　方	借又は貸	残　高
7	5	売　　上	1	420		借	420
	22	現 金 回 収	〃		20	〃	400
	31	次 月 繰 越	✓		400		
				420	420		
8	1	前 月 繰 越	✓	400		借	400

原宿商会　2

日付		摘　要	仕丁	借　方	貸　方	借又は貸	残　高
7	10	売　　上	1	55		借	55
	31	次 月 繰 越	✓		55		
				55	55		
8	1	前 月 繰 越	✓	55		借	55

買掛金元帳

渋谷商事　　1

日付		摘要	仕丁	借方	貸方	借又は貸	残高
7	1	仕入	1		200	貸	200
	20	小切手振出し	〃	50		〃	150
	31	次月繰越	✓	150			
				200	200		
8	1	前月繰越	✓		150	貸	150

大崎貿易　　2

日付		摘要	仕丁	借方	貸方	借又は貸	残高
7	7	仕入	1		100	貸	100
	31	次月繰越	✓	100			
				100	100		
8	1	前月繰越	✓		100	貸	100

(5) 現金出納帳

現金出納帳は、現金の収支の明細を記録するための補助簿である。また、手元の現金の残高を明らかにすることが可能となる。現金出納帳には、現金勘定の取引事由や相手方の明細を記入する。

設例8

次の取引を、現金出納帳に記入し、締め切りなさい。

4月1日　前月繰越　4,000円

4月3日　商品2,000円を仕入れ、代金は現金で支払った。

4月4日　商品を2,000円で販売し、代金のうち1,000円は現金で受け取り、残りは掛とした。

4月20日　売掛金のうち1,000円を現金で受け取った。

4月25日　4月分の家賃500円を支払った。

解　答

現金出納帳　(単位：円)

日付		摘要	収入	支出	残高
4	1	前月繰越	4,000		4,000
	3	商品仕入		2,000	2,000
	4	商品売上	1,000		3,000
	20	売掛金回収	1,000		4,000
	25	4月分家賃支払		500	3,500
	30	次月繰越		3,500	
			6,000	6,000	
5	1	前月繰越	3,500		3,500

(6) 当座預金出納帳

当座預金の預入れや引出しの明細とその残高記録するための補助簿として、当座預金出納帳を用いる。

設例9

次の取引を、当座預金出納帳に記入し、締め切りなさい。なお、締切手続は、10月度のみでよい。

10月1日　秋葉原銀行と当座取引契約を結び、現金10,000円を預け入れた。

10月8日　目黒商事から商品500円を仕入れ、代金の支払は秋葉原銀行あて小切手（No.01）を振り出して支払った。

10月10日　大崎貿易に商品1,500円（原価500円）を販売し、代金の支払は大崎貿易振出しの小切手を受け取り、直ちに当座預金に預け入れた。

10月15日　神田商事に対する買掛金4,000円の支払をするため、秋葉原銀行あて小切手（No.02）を振り出して神田商事に渡した。

11月2日　品川商事からパソコン8,000円を購入し、代金の支払は秋葉原銀行あての小切手（No.03）を振り出して支払った。なお、秋葉原銀行と当座借越契約10,000円を締結している。この日の、当座預金の残高は7,000円であった。

11月5日　原宿商会から売掛金5,000円を同店振出しの小切手で受け取り、直ちに当座預金に預け入れた。

解　答

当座預金出納帳　（単位：円）

日付		摘　要	預　入	引　出	借又は貸	残　高
10	1	現金預入れ　秋葉原銀行	10,000		借	10,000
	8	商品仕入（小切手No.01）振出し、目黒商事		500	〃	9,500
	10	商品売上　小切手受取り、大崎貿易	1,500		〃	11,000
	15	買掛金支払（小切手No.02）振出し、神田商事		4,000	〃	7,000
	31	次月繰越		7,000		
			11,500	11,500		
11	1	前月繰越	7,000		借	7,000
	2	パソコン購入（小切手No.03）振出し、品川商事		8,000	貸	1,000
	5	売掛金回収　小切手受取り、原宿商会	5,000		借	4,000

（7）小口現金出納帳

本章第3節で説明した小口現金勘定を設けて定額資金前渡法（インプレストシステム）を採用している場合に、補助簿として小口現金出納帳を用いる。

設例10

次の取引を小口現金出納帳に記入し、月末の締切り及び資金の補給を記入しなさい。なお、資金の補給方法は、インプレストシステムを採用している。

6月1日　会計係は用度係に、小口現金として3,000円手渡した。

6月30日　用度係から、6月分の次の支払報告があったので資金を補給した。

6月5日　郵便切手　120円

6月10日　お茶代　150円

6月15日　バス代　210円

6月20日　タクシー代　610円、新聞代　140円

6月25日　はがき代　50円、コーヒー代　120円

6月27日　消しゴム代　100円

解　答

小口現金出納帳　(単位：円)

収　入	日付		摘　　要	支　出	内　訳			
					通信費	交通費	文房具費	雑　費
3,000	6	1	前月繰越高					
		5	郵便切手代	120	120			
		10	お茶代	150				150
		15	バス代	210		210		
		20	タクシー代	610		610		
		〃	新聞代	140				140
		25	はがき代	50	50			
		〃	コーヒー代	120				120
		27	消しゴム代	100			100	
3,000			合計	1,500	170	820	100	410
1,500		30	本日補給					
		〃	次月繰越高	3,000				
4,500				4,500				
3,000	7	1	前月繰越高					

(8) 受取手形記入帳・支払手形記入帳

受取手形記入帳は、受取手形勘定の補助簿である。受取手形の発生から消滅までの明細を記入する。また、支払手形記入帳は、支払手形勘定の補助簿である。支払手形の発生から消滅までの明細を記入する。

設例11

次の取引について、受取手形記入帳と支払手形記入帳に記入しなさい。

6月1日　駒込商事に商品5,000円を販売し、当社あての約束手形(No.05) 5,000円を受け取った。振出日は6月1日、満期日は7月1日、支払場所は田端銀行。

6月5日　巣鴨商会への買掛金支払のため、巣鴨商会あての約束手形(No.02) 7,000円を振り出して支払った。振出日は6月5日、満期日は7月5日、支払場所は大塚銀行。

7月1日　駒込商事から受け取った約束手形(No.05)は本日満期のため取り立てし、直ちに当座預金に預け入れた。

7月5日　巣鴨商会に振り出した約束手形(No.02)は本日満期のため小切手で支払った。

解　答

(単位:円)

受取手形記入帳

日付		手形種類	手形番号	摘要	支払人	振出人又は裏書人	振出日		満期日		支払場所	手形金額	てん末		
													月	日	摘要
6	1	約手	05	売上	駒込商事	駒込商事	6	1	7	1	田端銀行	5,000	7	1	入金

支払手形記入帳

日付		手形種類	手形番号	摘要	受取人	振出人	振出日		満期日		支払場所	手形金額	てん末		
													月	日	摘要
6	5	約手	02	買掛金	巣鴨商会	当店	6	5	7	5	大塚銀行	7,000	7	5	小切手支払

(9) 固定資産台帳

固定資産台帳は、個々の固定資産について取得・売却・除却及び減価償却に関する明細を記録するための補助簿（補助元帳）である。この固定資産台帳は、従来はもっぱら有形固定資産を記録対象としていたが、近年の実務においては自社利用ソフトウェアのような無形固定資産も記録対象となっている。また、取得価額の全額が損金算入された固定資産について必要に応じて管理することも固定資産台帳の重要な役割の１つである。

設例12

次の固定資産台帳について各日付における仕訳をしなさい。なお、減価償却の記帳方法は間接法によるものとする。また、当社の決算日は、毎年3月31日であり、耐用年数４年の定率法償却率は0.5とする。

固　定　資　産　台　帳

種類	パソコン	取得価額	¥350,000
用途	事務用	耐用年数	４年
面積・数量	１台	残存価額	ゼロ
取得年月日	X1年４月１日	償却方法	定率法

年月日			摘　要	取得原価	減価償却累計額	残　高
X1	4	1	当座預金から購入	350,000		350,000
X2	3	31	減価償却費		175,000	175,000
X3	3	31	減価償却費		174,999	1

解　答 (単位：円)

X1年４月１日

（借）備　品　350,000　（貸）当座預金　350,000

X2年３月31日

（借）減価償却費（＊）　175,000　（貸）減価償却累計額　175,000

（＊）350,000円×0.5＝175,000円

X3年3月31日

（借）減価償却費（＊） 174,999　（貸）減価償却累計額 174,999

（＊）350,000円×0.5－1＝174,999円（備忘価額1円を残す。）

4 伝票

仕訳帳に仕訳を記入する方法に代えて、伝票を利用して取引を記入する方法がある。本テキストでは、実務において一般的な三伝票制について説明する。三伝票制では、①入金伝票、②出金伝票、③振替伝票が用いられる。

（1）入金伝票

入金伝票は、現金の受入れがあったときに用いられる伝票である。入金伝票では、科目欄には相手の勘定科目（貸方科目）を記入し、摘要欄には取引の概要を記入する。入金伝票は、一般的に赤色の罫線で印刷されていることから赤伝票と呼ばれる。

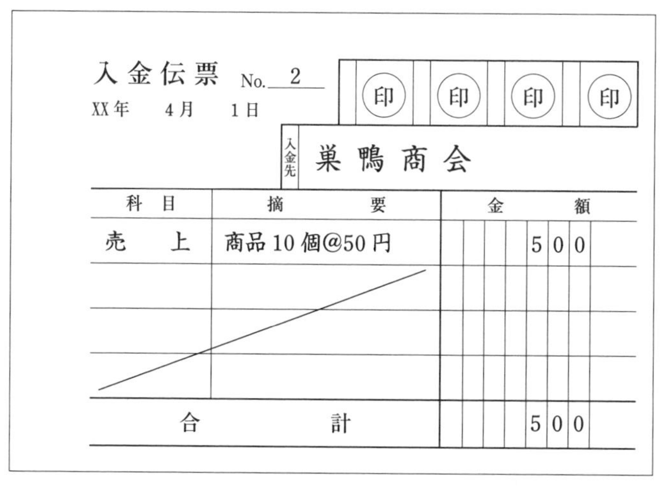

入金伝票　No. 2

XX年　4月　1日

印　印　印　印

入金先　巣鴨商会

科目	摘要	金額
売上	商品10個@50円	500
合計		500

設例13

次の取引について入金伝票を起票しなさい。

4月1日　巣鴨商会へ商品10個（単価50円）を販売し、代金は現金で受け取った。

解　答（単位：円）

入金伝票

XX年4月1日

売　上	500

（2）出金伝票

出金伝票は、現金の支払があったときに用いられる伝票である。出金伝票では、科目欄には相手の勘定科目（借方科目）を記入し、摘要欄に取引の概要を記入する。出金伝票は、一般的には青色の罫線で印刷されていることから青伝票と呼ばれる。

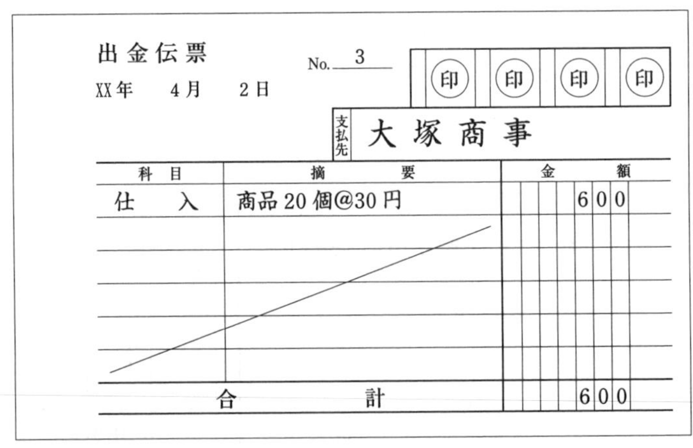

出金伝票　No. 3

XX年　4月　2日

印　印　印　印

支払先　大塚商事

科目	摘要	金額
仕入	商品20個@30円	600
合計		600

設例14

次の取引について出金伝票を起票しなさい。

4月2日　大塚商事から商品20個（単価30円）を仕入れ、代金は現金で支払った。

解　答（単位：円）

出金伝票

XX年4月2日

仕　入　　600

（3）振替伝票

入金・出金を伴わない取引は振替伝票に記入する。振替伝票には通常の仕訳と同様に記入する。

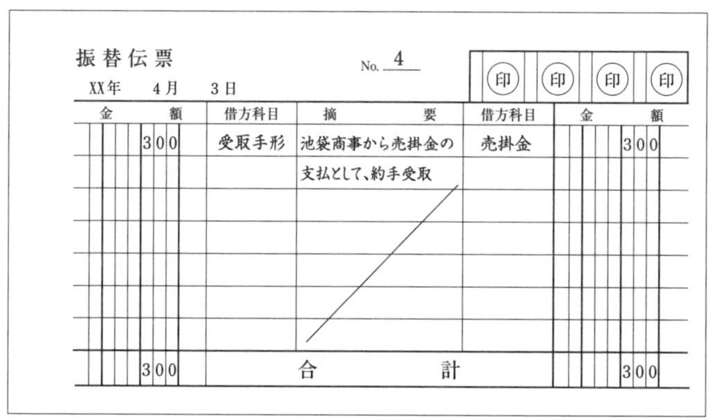

振替伝票　No. 4

XX年　4月　3日

印　印　印　印

金額	借方科目	摘要	借方科目	金額
300	受取手形	池袋商事から売掛金の	売掛金	300
		支払として、約手受取		
300	合計			300

設例15

次の取引について振替伝票を起票しなさい。

4月3日　池袋商事から売掛金の支払として、同店振出しの約束手形300円を受け取った。

解　答 (単位：円)

振替伝票	
XX年4月3日	
受取手形300	売掛金300

(4) 一部現金取引 (一部振替取引)

1つの取引が入出金取引と入出金取引以外の取引からなる場合、このような取引を一部現金取引（一部振替取引）という。例えば、売掛金1,000円を現金で回収したが、早期決済のため100円の割引を行った取引の仕訳は次のとおりであるが、この取引について、どの種類の伝票を起票するかが問題となる。

(借)	現　　金	900	(貸)	売 掛 金	1,000
	売上割引	100			

① 取引を分解する方法

取引を分解する方法とは、取引を現金収支部分と現金収支以外の部分に単純分解して、現金収支部分について入金伝票又は出金伝票を起票し、現金収支以外の部分について振替伝票を起票する方法である。

1) 現金収支部分

(借) 現　　金 900　(貸) 売 掛 金 900

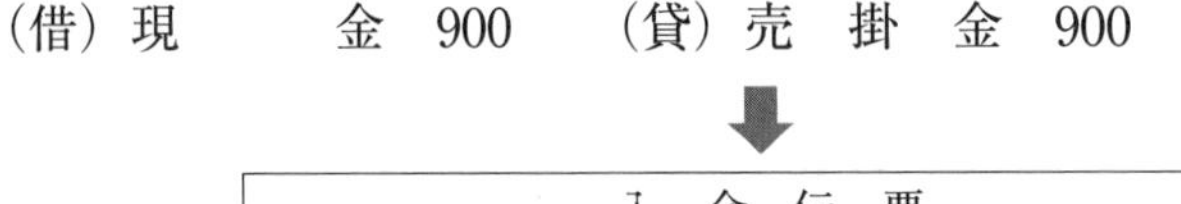

入 金 伝 票	
科　　目	金　　額
売 掛 金	900

2) 現金収支以外の部分

(借) 売上割引 100　(貸) 売 掛 金 100

振替伝票

4/30	借方科目	金額	貸方科目	金額
	売上割引	100	売掛金	100

② 取引を擬制する方法

①の取引を分解する方法によると、売掛金勘定の記入が2つの伝票に分別されるために、掛代金回収取引の全貌を把握しにくくなる問題がある。そこで、上記取引について、一旦、掛代金の全額を現金で受け取り、その直後に割引部分を現金で支払ったものと擬制して入金伝票と出金伝票を起票する方法がある。

1）掛代金の全額を現金回収したと擬制

（借）現　　金 1,000　（貸）売 掛 金 1,000

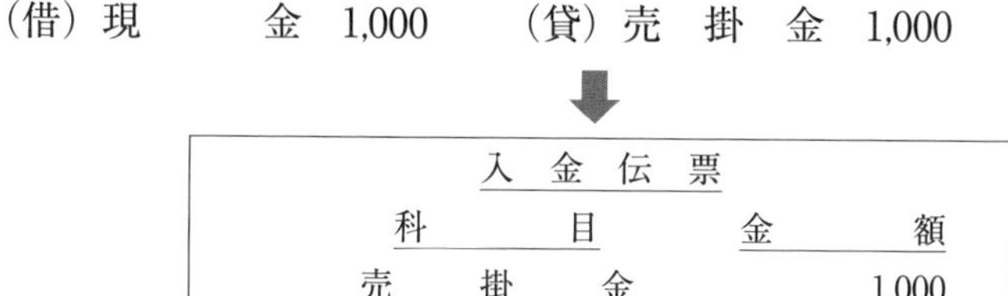

入金伝票

科目	金額
売掛金	1,000

2）割引部分の現金支払を擬制

（借）売上割引 100　（貸）現　　金 100

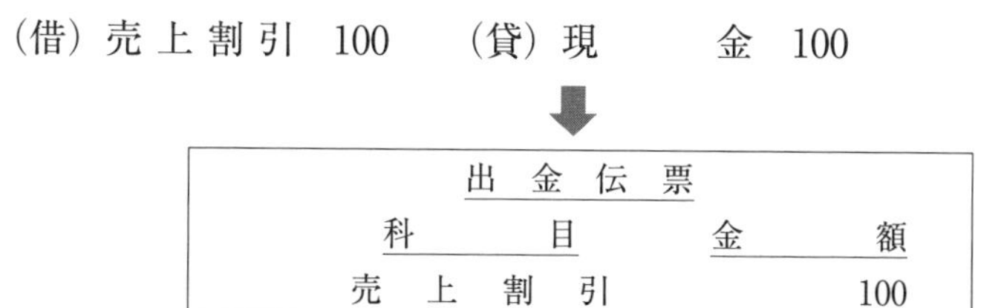

出金伝票

科目	金額
売上割引	100

（5）伝票から元帳への転記

伝票から元帳への転記については、起票の都度、元帳に転記（個別転記）する方法もあるが、個別転記は煩雑であるので、一定期間ごとに仕訳集計表に集計して、まとめて元帳に転記（合計転記）する方法もある。

設例16

当社は三伝票制を採用しているが、次に示すX1年3月14日の入金伝票、出金伝票、振替伝票から①仕訳日計表を作成するとともに、②売掛金勘定への転記を行いなさい。

(単位：円)

入金伝票	
3/14 売掛金	10,000

出金伝票	
3/14 仕入	2,000

振替伝票			
3/14 売掛金	100,000	売上	100,000

振替伝票			
3/14 売上	20,000	売掛金	20,000

解答 (単位：円)

① 仕訳日計表

仕訳日計表　(X1年3月14日)

借方	勘定科目	貸方
10,000	現金	2,000
100,000	売掛金	30,000
20,000	売上	100,000
2,000	仕入	
132,000		132,000

② 売掛金勘定

売掛金

3/14	仕訳日計表	100,000	3/14	仕訳日計表	30,000

第１章第６節　理解度チェック

1 証憑

　次に示す書類のうち売上取引の証憑となるものには○を、証憑とならないものには×を記入しなさい。

①　当社が発行した領収証（控）
②　運送会社が発行した送り状（控）
③　取引先が発行した請求書
④　銀行口座引落の案内状

〔解答・解説〕

①　○
　現金売上の際に発行した領収証（控）であることから売上取引の証憑になる。

②　○
　商品の発送の際に運送会社が送り状（控）を発行するものであることから売上取引、特に売上日の証憑になる。

③　×
　仕入取引、出金取引の証憑にはなるが、売上取引の証憑にはならない。

④　×
　公共料金等の支払取引の証憑にはなるが、売上取引の証憑にはならない。

2 主要簿（仕訳帳・総勘定元帳）

　仕訳帳及び元帳に関する以下の内容について、正しいものには○を、誤っているものには×を記入しなさい。

①　仕訳帳・元帳は、いずれも主要簿と呼ばれ、複式簿記において必要不可欠な帳簿である。
②　仕訳帳において、仕訳の下に取引内容の要約である小書を記入する必要がある。
③　仕訳帳において、前期繰越額を記入する際には、転記不要

であることから元丁欄は空欄にしておく。
④　元帳において、摘要欄が前期繰越及び次期繰越である場合には、仕丁欄にはチェック・マークを記入する。

〔解答・解説〕
①　○
②　○
③　×
元丁欄に転記不要を意味するチェック・マークを記入する。
④　○

3 補助簿（仕入帳・売上帳）
仕入帳・売上帳に関する以下の内容について、正しいものには○を、誤っているものには×を記入しなさい。
①　仕入帳及び売上帳は、いずれも企業にとって主要な取引を記入する帳簿であることから主要簿と呼ばれる。
②　仕入帳には、仕入れた商品について仕入先、品目、数量、単価が記入されるが、付随費用については記入されない。
③　仕入帳・売上帳では、いずれも返品前の総仕入高・総売上高と返品後の純仕入高・純売上高の両方を集計する。
④　売上帳では、売り上げた商品について得意先、品目、数量、単価について記入されるが、掛、手形等の代金決済方法については記入されない。

〔解答・解説〕
①　×
仕入帳・売上帳は、いずれも補助簿である。
②　×
付随費用も記入される。
③　○

④　×
代金決済方法についても記入される。

4 補助簿（商品有高帳）

次に示す商品の受入れ及び払出しに基づいて、当月の売上総利益の金額として正しい場合には○、誤っている場合には×を記入しなさい。なお、商品の払出単価の算定方法は先入先出法を採用しており、商品の販売単価は@300円である。

①　前月繰越　５個　@200円
②　仕入　７個　@210円
③　売上　４個
④　売上　３個
⑤　仕入　５個　@220円
⑥　売上　５個
⑦　売上　２個

当月の売上総利益：1,290円

〔解答・解説〕

○

販売数量は③４個＋④３個＋⑥５個＋⑦２個＝14個

よって、売上高は、販売単価@300円×販売数量14個＝4,200円

前月繰越＋当月仕入は、①５個＋②７個＋⑤５個＝17個

よって、月末商品は、17個－販売数量14個＝３個である。先入先出法によると、月末商品は新しく仕入れた単価により評価するので、全て⑤で仕入れた単価で評価する。

したがって、月末商品棚卸高は@220円×３個＝660円

月初商品棚卸高（@200円×５個）＋当月商品仕入高（@210円×７個＋@220円×５個）－月末商品棚卸高660円＝売上原価2,910円

売上高4,200円－売上原価2,910円＝売上総利益1,290円

以上の計算による方法のほか、次の商品有高帳を作成することにより、払出金額合計から売上原価2,910円を算定することができる。

商品有高帳　(単位：円)

日付	摘要	受入			払出			残高		
		数量	単価	金額	数量	単価	金額	数量	単価	金額
①	前月繰越	5	200	1,000				5	200	1,000
②	仕　入	7	210	1,470				5	200	1,000
								7	210	1,470
③	売　上				4	200	800	1	200	200
								7	210	1,470
④	売　上				1	200	200			
					2	210	420	5	210	1,050
⑤	仕　入	5	220	1,100				5	210	1,050
								5	220	1,100
⑥	売　上				5	210	1,050	5	220	1,100
⑦	売　上				2	220	440	3	220	660
	次月繰越				3	220	660			
		17		3,570	17		3,570			
	前月繰越	3	220	660				3	220	660

5 **補助簿（売掛金元帳・買掛金元帳）**

売掛金元帳・買掛金元帳に関する以下の内容について、正しいものには○を、誤っているものには×を記入しなさい。

① 売掛金元帳・買掛金元帳は、いずれも補助元帳と呼ばれる補助簿であり、人名勘定の形式である。

② 仕入先元帳の統制勘定は買掛金勘定であり、得意先元帳の統制勘定は売掛金勘定である。

③ 全ての得意先元帳の借方合計・貸方合計は、売掛金勘定の借方合計・貸方合計に等しくなる。

④　補助元帳を設ける場合、主要簿としての元帳は総勘定元帳と呼ばれる。

〔解答・解説〕
①　○
②　○
③　○
④　○

6 **補助簿（現金出納帳・当座預金出納帳）**

現金出納帳・当座預金出納帳に関する以下の内容について、正しいものには○を、誤っているものには×を記入しなさい。

①　補助簿として用いられる現金出納帳・当座預金出納帳において、前期繰越額について元丁欄にチェック・マークを記入する。

②　当座預金出納帳には、当座預金の預入取引、引出取引、残高が記入されるが、当座借越取引については記録されない。

〔解答・解説〕
①　×
補助簿としての現金出納帳・当座預金出納帳から元帳に転記することはないので、そもそも元丁欄はない。
②　×
当座借越については貸方の残高として記録される。

7 **補助簿（小口現金出納帳）**

小口現金出納帳に関する以下の内容について、正しいものには○を、誤っているものには×を記入しなさい。

①　小口現金出納帳は、用度係からの連絡を受けて会計係が記入する補助簿である。

② 月次のインプレストシステムを採用している場合、小口現金支払取引の各支払日については、仕訳帳には記帳されない。

〔解答・解説〕

① ×

小口現金出納帳は、用度係が小口現金取引の都度、記入する。

② ○

8 補助簿（受取手形記入帳・支払手形記入帳）

受取手形記入帳・支払手形記入帳に関する以下の内容について、正しいものには○を、誤っているものには×を記入しなさい。

① 当社が約束手形を振り出した場合、当社は手形代金の支払人であるので、当該取引は支払手形記入帳には記録される。

② 受取手形記入帳・支払手形記入帳には、手形債権・債務の増加取引について記録されるが、減少取引については記録されない。

〔解答・解説〕

① ○

② ×

手形債権・債務の減少取引については、てん末欄に記入される。

9 補助簿（固定資産台帳）

固定資産台帳に関する以下の内容について、正しいものには○を、誤っているものには×を記入しなさい。

① 固定資産の耐用年数が到来しても除却するまでは固定資産台帳に記録する必要がある。

② 取得価額の全額を損金経理した固定資産については、固定資産台帳に記録する必要はない。

〔解答・解説〕

① ○

② ×

取得価額の全額を損金経理した固定資産についても、これを管理する必要があれば固定資産台帳に記録する。

10 伝票

次の取引を三伝票制によって起票した場合、仕訳日計表の合計額として正しい場合には○、誤っている場合には×を記入しなさい。なお、商品売買取引は三分割法によって起票し、一部現金取引については、取引を擬制する方法による。

① 商品2,000円を仕入れ、代金は掛とした。

② 貸付金の利息500円を現金で受け取った。

③ 商品を5,000円で売り上げ、代金のうち1,000円については現金で受け取り、残りは掛とした。

④ 買掛金1,000円を現金で決済したが、早期決済のため100円の現金割引を受けた。

⑤ 切手310円を購入し、代金は現金で支払った。

仕訳日計表の合計額：9,910円

〔解答・解説〕

○

（単位：円）

（1）伝票（仕訳形式）

①

〈振替伝票〉

（借）仕　　入	2,000	（貸）買　掛　金	2,000

②

〈入金伝票〉

（借）現　　金	500	（貸）受取利息	500

③

一旦、全額を掛売上し、その直後に売掛代金1,000円を現金で回収したと擬制する。

〈振替伝票〉

（借）売　掛　金　5,000　　（貸）売　　　上　5,000

〈入金伝票〉

（借）現　　　金　1,000　　（貸）売　掛　金　1,000

④

買掛代金の全額を一旦、現金で決済し、その直後に現金割引分の返金を受けたと擬制する。

〈出金伝票〉

（借）買　掛　金　1,000　　（貸）現　　　金　1,000

〈入金伝票〉

（借）現　　　金　100　　（貸）仕入割引　100

⑤

〈出金伝票〉

（借）通　信　費　310　　（貸）現　　　金　310

（2）仕訳日計表

上記仕訳の勘定科目別合計額を集計する。

仕訳日計表

借　方	勘定科目	貸　方
1,600	現　　　金	1,310
5,000	売　掛　金	1,000
1,000	買　掛　金	2,000
	売　　　上	5,000
	受取利息	500
	仕入割引	100
2,000	仕　　　入	
310	通　信　費	
9,910		9,910

第2章

財務諸表の基礎

この章のねらい

第2章では、第1章で学習した簿記一巡の手続の最終目的地である財務諸表がどのような基本構造で、かつ、どのように作成されるか、そして完成した財務諸表がどのように外部へ報告（開示）されていくのか、どのように分析に用いられるかを概観する。

企業会計の実務においては金融商品取引法、会社法及び法人税法による法規制の影響を受ける。わが国の企業数で圧倒的に多くを占める中小企業においては、法人税法による税務会計（課税所得計算）を重視している現状から、いわゆる「中小企業専用の会計ルール」を理解しておくべきといえる。また、上場企業では、親会社が子会社を含めたグループ全体の連結財務諸表を作成して開示を行うことが義務付けられていることから、連結財務諸表についても概要を学習する。

その上で、財務諸表の利用者（投資家や債権者等）の立場から、そこに盛り込まれている会計情報を素材として、様々な角度からその企業を評価する分析手法などを学習する。

第１節　財務諸表

学習のポイント

◆金融商品取引法や会社法に基づく企業情報の開示制度（ディスクロージャー制度）の基本的な内容を理解する。
◆企業情報の開示制度に含まれる財務諸表の基本的な体系を理解する。
◆財務諸表がどのようなルールによって作成され、そこに記載される数値にどのような意味があるのかを理解する。
◆連結財務諸表について、その制度の概要、種類ごとのしくみについて理解する。

1　金融商品取引法における財務諸表

（1）開示制度

有価証券への投資は、投資家自らの責任によって行われるべきものである。ただし、その発行元となる企業についての情報をタイムリーに、かつ正確に入手できることが非常に重要な条件となる。そこで、**金融商品取引法**（以下、「金商法」という）では、投資家が投資を判断するために利用する開示に係る規定（ディスクロージャーに係る規定）を設けて投資家の保護に資するようにしている。その中心をなすのが企業内容等の開示（金商法第２章）である。そこでの規制は大きく分けて２つに大別される。すなわち、多額の有価証券の募集又は売出しをする企業に対しては、**有価証券届出書**の作成と開示を義務付け、その有価証券が金融商品取引所に上場された以後、事業年度ごとに**有価証券報告書**の作成と開示を義務付けている。前者に関する規制を「発行市場における開示規制」といい、後者に関する規制を「流通市場における開示規制」という。本章では、これらの開示規制のうち、流通市場における開示規制について基本的な内容を学習する。

金融商品取引所に上場している企業は、事業年度経過後3ヵ月以内に有価証券報告書を内閣総理大臣（所管の財務局長）に提出しなければならない。この有価証券報告書には、「企業の概況」「事業の状況」「設備の状況」「提出会社の状況」、そして「経理の状況」等の企業情報が盛り込まれ、このうち「経理の状況」の中で当該企業の（連結）財務諸表が示される。なお、有価証券報告書の提出及び開示については、電子開示システム（EDINET：Electronic Disclosure for Investors' NETwork）による方法が原則となっている。これによって、投資家はインターネット上から上場企業の財務諸表を簡単に入手できるようになった。

Column  知ってて便利

《四半期報告書》

2008（平成20）年4月1日以後に開始する事業年度から、上場企業は四半期報告書を作成し開示することが義務付けられた。その目的は、企業の業績や財政状態などの変化をよりタイムリーに示し、投資家の意思決定に有用な情報を提供することにある。この四半期報告書に記載されている四半期財務諸表は、貸借対照表、損益計算書及びキャッシュ・フロー計算書から構成される。上場企業は、この四半期報告書を四半期（事業年度を3ヵ月ごとに区分した各期間）終了後45日以内に開示することが求められている。これによって、上場企業は、四半期報告書（第1四半期・第2四半期・第3四半期）と有価証券報告書の1事業年度につき4回の定期的な開示を義務付けられている。なお、四半期財務諸表は、決算業務の負担や開示の適時性を考慮して年度の財務諸表よりも簡略化された開示が認められている。

（２）財務諸表の種類とひな型

一般的に「決算書」は、金商法によれば「財務諸表」であり、会社法によれば「計算書類」である。そこで、両者の体系を対比すると、図表2-1-1となる。

図表２-１-１●財務諸表と計算書類の比較

	金商法の財務諸表	会社法の計算書類
根拠条文	金商法第193条 財務諸表等規則第１条	会社法第435条第２項 会社計算規則第59条
経営成績の表示	損益計算書	損益計算書
財政状態の表示	貸借対照表	貸借対照表
純資産の変動内容	株主資本等変動計算書	株主資本等変動計算書
資金収支の表示	キャッシュ・フロー計算書	—
補足的な情報	附属明細表	個別注記表

財務諸表の様式や表示科目、並びに注記事項については、他社との比較可能性を確保する目的から、内閣府令として定められた「財務諸表等の用語、様式及び作成方法に関する規則」（以下、「財務諸表等規則」という）に従わなければならない。

財務諸表の作成作業は、最初に組替表（帳簿上の勘定科目を財務諸表等規則に従った表示科目に組み替える一覧表）を作成する。例えば、以下のような帳簿上の勘定科目が、別途、財務諸表上の表示科目へと組み替えられる。

そして、組み替えた後の科目と金額を財務諸表の定型様式に転記していく。その定型化された財務諸表の様式は、財務諸表等規則において定められている以下の各様式に従うことになる。なお、前述の表示科目の記載場所は、いずれも流動資産に属する。→図表2-1-2・3・4・5

図表2-1-2●貸借対照表（様式第五号）

	前事業年度 （X7年3月31日）	当事業年度 （X8年3月31日）
資産の部		
流動資産	XXX	XXX
固定資産	XXX	XXX
有形固定資産	XXX	XXX
無形固定資産	XXX	XXX
投資その他の資産	XXX	XXX
繰延資産	XXX	XXX
資産合計	XXX	XXX
負債の部		
流動負債	XXX	XXX
固定負債	XXX	XXX
負債合計	XXX	XXX
純資産の部		
株主資本	XXX	XXX
評価・換算差額等	XXX	XXX
新株予約権	XXX	XXX
純資産合計	XXX	XXX
負債純資産合計	XXX	XXX

図表２-１-３●損益計算書（様式第六号）

	前事業年度 自 X6年４月１日 至 X7年３月31日	当事業年度 自 X7年４月１日 至 X8年３月31日
売上高	XXX	XXX
売上原価	XXX	XXX
売上総利益	XXX	XXX
販売費及び一般管理費	XXX	XXX
営業利益	XXX	XXX
営業外収益	XXX	XXX
営業外費用	XXX	XXX
経常利益	XXX	XXX
特別利益	XXX	XXX
特別損失	XXX	XXX
税引前当期純利益	XXX	XXX
法人税、住民税及び事業税	XXX	XXX
当期純利益	XXX	XXX

図表２-１-４●株主資本等変動計算書（様式第七号）

当事業年度（自X7年４月１日　至X8年３月31日）

	株主資本			評価・換算差額等	新株予約権	純資産合計
	資本金	利益剰余金 繰越利益剰余金	株主資本合計	その他有価証券評価差額金		
当期首残高	XXX	XXX	XXX	XXX	XXX	XXX
当期変動額						
剰余金の配当		△XXX	△XXX			△XXX
当期純利益		XXX	XXX			XXX
株主資本以外の項目の当期変動額（純額）				XX	XX	XXX
当期変動額合計	―	XXX	XXX	XX	XX	XXX
当期末残高	XXX	XXX	XXX	XXX	XXX	XXX

なお、前事業年度は割愛する。

図表2-1-5●キャッシュ・フロー計算書（様式第八号）

	前事業年度 自 X6年4月1日 至 X7年3月31日	当事業年度 自 X7年4月1日 至 X8年3月31日
営業活動によるキャッシュ・フロー	XXX	XXX
投資活動によるキャッシュ・フロー	XXX	XXX
財務活動によるキャッシュ・フロー	XXX	XXX
現金及び現金同等物の増減額	XXX	XXX
現金及び現金同等物の期首残高	XXX	XXX
現金及び現金同等物の期末残高	XXX	XXX

2 会社法における計算書類

（1）開示制度

会社法は、全ての株式会社に対して、①貸借対照表、②損益計算書、③株主資本等変動計算書、④個別注記表、⑤事業報告、そして⑥附属明細書の作成と報告を義務付けている。これらのうち、①から④までの書類を計算書類という。計算書類の開示に至る一連の手続は、その会社の機関設計や規模等によって異なる。ここでは、大会社（資本金5億円以上又は負債総額200億円以上の会社）たる公開会社（株式の譲渡に制限を課していない会社）で、監査役会設置会社（取締役会・監査役会・会計監査人）のケースを想定する。→図表2-1-6

株式会社は、会社法の基準日の規定に従い、決算日から3ヵ月以内に定時株主総会は開催される。取締役は、定時株主総会の2週間前までに監査済みの計算書類等を添付した株主総会招集通知を株主へ送付する必要がある。このために取締役は、決算日後迅速に計算書類を作成して、会計監査人と監査役会に提出する。一方、計算書類を受領した会計監査人は通常4週間以内に監査を行って、監査役会と取締役会に監査報告書を提出する。監査役会は、その監査の結果に対して相当性に関する意見を監査役会の監査報告書で表明する。このようにして、会計監査人と監査役会が計算書類を適正と結論付ければ、取締役会の承認を経ることに

図表２-１-６●会社法の開示制度と決算スケジュール例

	月	日	期間	内容
決算日	3	31		決算日（基準日）
↓	4	1		計算書類などの作成
		:		（計算書類などの作成期間）
	4	30	４週間経過	会計監査人ほかに計算書類等を提出
		↓		（会計監査人ほかの監査期間）
３ヵ月以内	5	29	１週間経過	監査役ほかに会計監査人の監査報告を通知
		↓		（監査役会の監査期間）
	6	4		会計監査人に監査役会の監査報告を通知
				取締役に監査役会の監査報告を通知 取締役会で計算書類等を承認
↓	6	11	２週間前	株主総会の招集通知を送付 本店等で計算書類等の備置き・閲覧・謄写
定時株主総会		↑		
	6	26	総会終了後	貸借対照表・損益計算書の公告

より、計算書類はその時点で確定する。したがって、計算書類は単に株主総会で報告すれば足り、承認を要しない（注）。なお、株主総会の終結後遅滞なく、貸借対照表と損益計算書を公告しなければならないが、有価証券報告書提出会社は当該公告を免除されている。

（注）すなわち、会計監査人により無限定適正意見が表明され、その判断過程に対して監査役が異議を述べない限り、計算書類につき確定の効果があるとされる。ただし、いずれかの者が不適正等の意見を表明した場合、当該確定の効果はなく、計算書類は定時株主総会で承認を受けなければならない。

(2) 計算書類の種類とひな型

計算書類の記載方法については、会社計算規則第３編において定められている。計算書類上の貸借対照表、損益計算書等の各項目への区分については、会社計算規則と財務諸表等規則との間で基本的には異ならない。ただし、金商法における財務諸表においては、当事業年度と前事業年度を比較して開示されるが、会社法における計算書類においては、比較した開示まで求められておらず、当事業年度のみの開示が要求される（単年度開示）等、相違点はある。

（3）個別注記表

個別注記表には、①重要な会計方針及び②貸借対照表の記載項目の詳細情報などがある。

重要な会計方針の注記として、以下の項目などがある。

① 有価証券の評価基準（時価法・原価法）及び評価方法（移動平均法等）
② 棚卸資産の評価基準及び評価方法（先入先出法・総平均法等）
③ 固定資産の減価償却の方法（定額法・定率法等）
④ 引当金の計上基準（貸倒引当金の設定基準等）
⑤ 消費税等の会計処理（税抜方式・税込方式）

貸借対照表の記載項目に関連する注記として、以下の項目等がある。

① 売上債権から控除されている貸倒引当金の額
② 有形固定資産の減価償却累計額
③ 受取手形の割引高もしくは裏書譲渡高

3 中小企業の計算書類

「中小企業専用の会計ルール」としては、以下の２つがある。

（1）中小企業の会計に関する指針（以下、「指針」という）

指針は、中小企業が計算書類の作成に当たり、拠(よ)ることが望ましい会計処理や注記等を示すものである。とりわけ、会計参与設置会社が計算書類を作成する際には、指針に拠ることが適当であるとされている。この意味で、指針は「一定の水準」を保つために「大企業向けの会計基準」を簡素化し要約したものといえ、高度な専門知識を要する会計処理は多いものの、中小企業にとってよりどころとなるルールといえる。

（2）中小企業の会計に関する基本要領（以下、「要領」という）

要領は、経理体制等の実態に即して、より簡便な会計処理をすることが適当と考えられる中小企業のために作成されたものである。その基本的な考え方は以下のとおりである。

① 中小企業の経営者が理解しやすいよう、簡潔に記述したこと
② 中小企業の利害関係者への情報提供に資するものとしたこと
③ 会計慣行を十分考慮し、会計と税制の調和を図った上で、会社計算規則に準拠したこと
④ 計算書類等の作成負担は最小限にとどめ、中小企業に過重な負担を課さないこと

このように中小企業の実務に配慮がなされており、例えば、棚卸資産の評価方法については、中小企業の会計慣行として用いられている最終仕入原価法についても記述されている。

(3) 指針と要領

指針及び要領の利用は、以下を除く株式会社が想定されている。

① 金商法の規制の適用対象会社
② 会社法上の会計監査人設置会社

そして、指針及び要領の利用としては、中小企業の中でも、会計参与設置会社のような会社においては、指針の利用が望ましいとされる。これに対して、経理担当者の人数が少なく、経営者の会計知識も乏しい中小企業においては、指針よりも要領を利用したほうが実態に即していると思われる。このように、いずれを適用するかについては、各企業の実態に応じて対処することになる。

4 財務諸表のしくみ

(1) 貸借対照表のしくみ

貸借対照表は、企業の財政状態を明らかにするため、事業年度の末日における資産、負債及び純資産（資本）の残高を示すものである。このうち資産の部及び負債の部は、それぞれ流動資産と固定資産、流動負債

と固定負債に区分される。その区分方法は、正常営業循環基準と1年基準が併用されており、原則として、まず、正常営業循環基準が適用され、次に、営業循環の過程外にある項目に対して1年基準を適用する方法をとっている。

正常営業循環基準による区分方法は、図表2-1-7に示すような企業の正常な営業循環の過程内にある資産及び負債を、流動資産又は流動負債とする考え方である。

1年基準による区分方法は、決算日の翌日から起算して1年以内に、現金化される資産あるいは履行期日の到来する負債を、それぞれ流動資産又は流動負債とし、それ以外を固定資産又は固定負債とする考え方である。

例えば、図表2-1-7によれば、売掛金は正常な営業循環過程の枠内にあるので、流動資産として区分される。しかし、これが不良債権化（破産債権・更生債権）すれば、もはや当該過程の枠外にあるので、いつ現金化されるか（すなわち1年基準）によって区分が決定される。

このように当該区分を考慮する際、最初に正常営業循環基準が適用され、当該過程の枠外にある項目について1年基準が適用されるという関係にある。

図表2-1-7●正常な営業循環過程と仕訳例

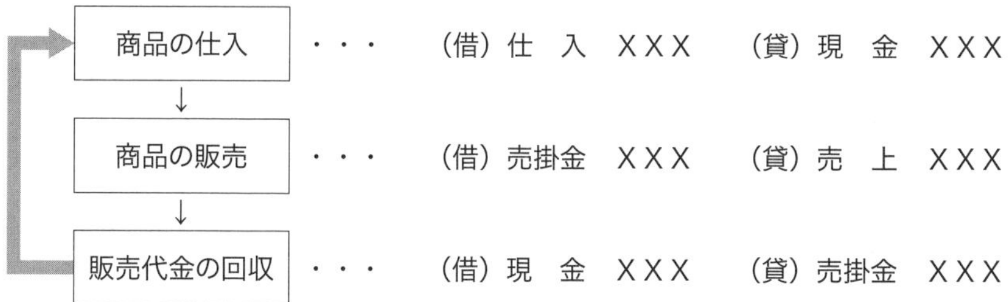

①　流動資産

流動資産には、図表2-1-8の項目が含まれる。

図表２-１-８●流動資産の項目

分類	具体例
当座資産	現金、預金、売掛金、受取手形、電子記録債権、売買目的有価証券、満期保有目的の債券（１年以内満期到来の債券）など
棚卸資産	商品、製品、半製品、仕掛品、原材料、貯蔵品
その他の流動資産	短期貸付金、前払金、前払費用、未収収益など

まず、流動資産として分類される預金は、１年基準に従った１年以内に満期の到来する預金である。

次に、売掛金や受取手形の売上債権は、正常な営業循環過程の枠内で生ずるものであるから、流動資産として分類される。

一方、融資や主たる営業以外の取引によって生じた手形については、それぞれ貸付金、営業外受取手形として把握した上で１年基準を適用する。

なお、電子記録債権（債務）は手形債権（債務）の代替として機能するものであり、売上債権（仕入債務）である場合には「電子記録債権（債務)」、営業外の債権（債務）である場合には「営業外電子記録債権（債務)」の科目で表示されることになる。

上記の債権は、いずれも貸倒引当金を控除した回収可能額で計算表示する。ここで、貸倒引当金は、次のいずれかの方式で貸借対照表に表示する。

１）受取手形等の科目ごとに、各債権額から貸倒引当金を控除する方式

流動資産		
受取手形	1,500,000	
貸倒引当金	△15,000	1,485,000
売掛金	2,000,000	
貸倒引当金	△20,000	1,980,000
流動資産合計		3,465,000

２）債権の科目別に区分せず、債権額の全体から貸倒引当金の合計額を控除する方式

流動資産	
受取手形	1,500,000
売掛金	2,000,000
貸倒引当金	△35,000
流動資産合計	3,465,000

３）貸倒引当金を控除した後の債権額を記載し、その控除した額を科目別又は合計額で注記する方式

流動資産	
受取手形	1,485,000
売掛金	1,980,000
流動資産合計	3,465,000

（貸借対照表に関する注記）

短期金銭債権から控除されている貸倒引当金の額　35,000円

なお、貸借対照表における貸倒引当金の表示方法は、有形固定資産に係る減価償却累計額の表示方法に類似しているので、併せて参照されたい。

有価証券は、その所有目的によって、流動資産もしくは固定資産に分類される。流動資産に属する有価証券は、売買目的有価証券及び満期まで保有する債券のうち１年内に満期の到来するものであり、これ以外の有価証券は固定資産に分類される。このように流動資産に分類されるものは「有価証券」の表示科目で、また、固定資産に分類されるものは「投資有価証券」の表示科目で貸借対照表に記載される。ただし、後者のうち他企業を支配する目的で保有する株式については、「関係会社株式」として別掲しなければならない。

棚卸資産は、正常な営業循環過程の枠内にある項目であるから、流動資産として分類される。例えば、不動産業者が宅地を開発して住宅を建

売りする場合、その販売用土地と建物が、販売されるまでに１年を超過しても流動資産として取り扱われることになる。

② 固定資産

固定資産は、大別して①企業が経済活動を遂行するために１年を超えて利用する事業用資産と、②１年基準に従って区分された長期性の金融資産の２種類からなる。貸借対照表において、固定資産は図表２−１−９のように区分表示される。

図表２−１−９●固定資産の区分表示

区分	具体例
有形固定資産	建物、構築物、機械装置、車輌運搬具、工具器具備品、土地、建設仮勘定など
無形固定資産	借地権、ソフトウェアなど
投資その他の資産	長期性預金、投資有価証券、関係会社株式、長期貸付金、長期前払費用など

上記の固定資産のうち建設仮勘定は、建物等の建設工事が完成するまでの間に支払った金額を一時的に処理する勘定である。工事が完成した時点で当該勘定から建物勘定等に振り替えられる。有形固定資産は、減価償却累計額を控除した残額で計算表示するが、ここで、減価償却累計額をどのように表示するかで３つの方法が考えられる。

１）減価償却累計額を科目ごとに控除する形式で表示する。

有形固定資産		
建物	60,000,000	
減価償却累計額	△5,400,000	54,600,000
機械装置	5,000,000	
減価償却累計額	△2,800,000	2,200,000
有形固定資産合計		56,800,000

２）２以上の科目について減価償却累計額を一括して控除する形式で表示する。

有形固定資産	
建物	60,000,000
機械装置	5,000,000
減価償却累計額	△8,200,000
有形固定資産合計	56,800,000

３）有形固定資産の金額から減価償却累計額を直接控除した残高のみを記載し、当該減価償却累計額を注記する。

有形固定資産	
建物	54,600,000
機械装置	2,200,000
有形固定資産合計	56,800,000

（貸借対照表に関する注記）

有形固定資産の減価償却累計額　8,200,000円

無形固定資産には、①借地権のような法律上の権利、②ソフトウェアの制作費や購入費等がある。その償却は、借地権等の非償却資産や市場販売目的のソフトウェアを除き、残存価額をゼロとする定額法が採用される。また、貸借対照表上においては、その取得原価から償却累計額を直接控除した残額のみが表示される。

投資その他の資産には、主として以下のような項目が含まれる。

①　長期保有又は市場性のない有価証券

②　決算日の翌日から１年を超えて満期又は返済期限が到来する預金や貸付金

③　決算日の翌日から１年以内に回収されない破産債権・更生債権

④　一定の契約に従い継続して役務の提供を受ける場合、代金を前払して、それが決算日の翌日から１年を超えて取り崩される長期前払費用

③　繰延資産

繰延資産とは、既に代価の支払が完了し、又は支払義務が確定し、これに対応する役務の提供を受けたにもかかわらず、その効果が将来にわたって発現するものと期待される費用である。今日、繰延資産として認められる項目は、株式交付費、社債発行費等、創立費、開業費、そして開発費である。その会計処理は、原則として、支出時の費用とされているが、繰延資産として計上し所定の期間内で償却することもできる。

④　流動負債

流動負債には、図表２－１－10の項目が含まれる。

図表２－１－10●流動負債の項目

分類	具体例
営業上の債務	買掛金、支払手形、電子記録債務、前受金など
その他の流動負債	短期借入金（金融手形・当座借越も含む） 未払金（営業外取引）・預り金（源泉所得税等預り金） 未払法人税等、未払消費税等 未払費用、前受収益（経過勘定項目）

買掛金等の営業上の債務は、正常な営業循環過程の枠内にあるので、期間の長さに関わることなく流動負債として分類される。それ以外については、決算日の翌日から１年以内に期限の到来する項目のみが流動負債として分類される。

⑤　固定負債

固定負債の代表的な項目は長期借入金であり、１年基準によって分類される。したがって、当初借入時において１年を超えていたとしても、当期の決算日の翌日から起算して１年以内に返済期限が到来する場合は、流動負債としなければならない。

⑥　純資産

貸借対照表の純資産は、資産と負債の差額概念として表示される。この純資産は、出資者たる株主に帰属する「株主資本」と、それ以外の「評価・換算差額等」及び「新株予約権」から構成される。株主資本と純資産との関係を整理すると、図表2-1-11のようになる。

図表2-1-11●株主資本と純資産との関係

<table>
<tr><td rowspan="5">株主
資本</td><td>資本金</td><td></td></tr>
<tr><td>資本剰余金</td><td>資本準備金など</td></tr>
<tr><td rowspan="2">利益
剰余金</td><td>利益準備金</td></tr>
<tr><td>その他利益剰余金（任意積立金・繰越利益剰余金）</td></tr>
<tr><td>（自己株式）</td><td>（株主資本の控除項目）</td></tr>
<tr><td colspan="3">評価・換算差額等（その他有価証券評価差額金など）</td></tr>
<tr><td colspan="3">新株予約権</td></tr>
</table>

資本金の額は、原則として、実際の払込額の総額であるが、その２分の１までの額を資本金としなかった場合には資本準備金としなければならない。

企業が獲得した利益のうち、一部は剰余金の配当として株主へ還元され、残額は留保利益として企業内部に蓄積される。これには、その配当に伴い会社法の規定で増加させた利益準備金と、法律の規制を受けることなく自らの判断で任意に設定した任意積立金がある。そして、最終的に残った部分が繰越利益剰余金となって、任意積立金とともに「その他利益剰余金」として取り扱われる。

会社が自社の発行した株式を取得したとき、その株式を自己株式という。自己株式は、実質的に出資の払戻しであることから、株主資本の金額から控除する形式で記載する。

企業が保有する有価証券には、売買目的、満期保有目的、他社支配目的、そしていずれにも該当しないものがあり、これを「その他有価証券」と分類している。このうち時価の把握が可能な有価証券（上場株式等）は、その時価をもって貸借対照表に計上される。そこで生じた評価差額は損益計算書に計上されることなく、貸借対照表上、純資産の部における「評価・換算差額等」の１項目として「その他有価証券評価差額金」に計上される。

新株予約権とは、その権利を有する者（新株予約権者）が会社に対して行使したときに、あらかじめ定められた価額を会社に対して払い込めば、会社から一定数の株式の交付を受けることができる権利をいう。新株予約権は、その権利に対して所定の金額が会社へ払い込まれて行使されるが、新株予約権者により権利が行使されるか否かが確定するまでの間、新株予約権を発行した際に受領した対価等については貸借対照表上、純資産の部における「新株予約権」の項目で計上される。なお、権利が行使された場合、資本金及び資本準備金に振り替えられる。

(2) 損益計算書のしくみ

損益計算書は、企業の経営成績を明らかにするため、１会計期間に属する全ての収益とこれに対応する全ての費用とを記載して経常利益を表示し、これに特別損益に属する項目を加減して当期純利益を表示しなければならないとされている。

費用及び収益は、総額によって記載することを原則とし、費用の項目と収益の項目とを直接に相殺することによって、その全部又は一部を損益計算書から除去してはならない。

また、費用及び収益は、その発生源泉に従って明瞭に分類し、各収益項目とそれに関連する費用項目とを損益計算書に対応表示しなければならない。つまり、利益がどのように生じたのかを明らかにするために、収益項目と費用項目を企業活動と関連させて発生源泉別に分類する。その分類とは、主たる営業活動（仕入・販売活動等）、これに附随する活動（資金調達・運用等）及びその他の活動（臨時的な事象によるもの）である。

①　営業利益の計算

損益計算書の区分表示のうち、営業利益までの区分を概観する。

Ⅰ	売上高		×××
Ⅱ	売上原価		
	期首商品棚卸高	×××	
	当期商品仕入高	×××	
	計	×××	
	期末商品棚卸高	×××	×××
	売上総利益		×××
Ⅲ	販売費及び一般管理費		×××
	営業利益		×××

1）売上高

収益のうち最も重要な項目は、当期の主たる営業活動の成果たる売上高である。この売上高は売上戻りを控除した純額をもって記載される。なお、いずれの記帳方法（三分割法・分記法等）を採用しても、損益計算書に記載される売上高の金額に相違はない。例えば、分記法による商品売買益（売上総利益）のみを表示した損益計算書では、営業活動の規模や、売上高に占める売上原価の割合を把握することができない。このことから、損益計算書は純額主義ではなく総額主義で作成しなければならない。

2）売上原価

売上原価の表示は、期首商品棚卸高及び当期商品仕入高、並びにこれらの控除項目としての期末商品棚卸高により掲記される。この当期商品仕入高は、購入代価に運賃等諸掛を加算し、仕入戻しを控除した純額で記載される。

期末商品棚卸高において棚卸減耗が生じている場合、原価性の有無（発生原因の異常性の有無）を検討しなければならない。棚卸減耗が毎期経常的な範囲内で発生していれば、原価性があるものと判断される。この場合の棚卸減耗費（棚卸減耗損）は、事業活動に不可避的であり売上高との直接的な対応関係を見いだせることから、売上原価又は販売費に含められる。他方、それが臨時的あるいは異常な原因で大量に発生した場合、原価性がないと認められるので、損益計算書の営業外費用又は特別損失に含められる。

期末商品棚卸高において期末の時価が取得原価よりも下落している場合、その収益性が低下したものとして簿価を時価まで切り下げて商品評価損を計上しなければならない。商品評価損は、損益計算書において原則として売上原価として表示される。

3）売上総利益

売上高から売上原価を控除した差額を**売上総利益**（又は粗利益）という。売上総利益は、企業が稼ぎ出す最も基本的で根源的な利益である。

設例１

次の例により、売上総利益までの損益計算書を作成しなさい。

決算整理前残高試算表　（単位：円）

繰越商品	25,000	売上	500,000
仕入	300,000		

期末商品棚卸高について、以下の点が判明している。

帳簿棚卸数量	100個	取得原価	@500円
実地棚卸数量	95個	正味売却価額	@480円

棚卸減耗費及び収益性の低下による簿価切下げ額は売上原価の内訳科目として表示する。

解 答

損益計算書 (単位：円)

Ⅰ	売上高		500,000
Ⅱ	売上原価		
	期首商品棚卸高	25,000	
	当期商品仕入高	300,000	
	計	325,000	
	期末商品棚卸高	50,000	
	差引	275,000	
	棚卸減耗費	2,500	
	商品評価損	1,900	279,400
	売上総利益		220,600

4）販売費及び一般管理費

販売費及び一般管理費に属する費用は、販売・回収業務と経営管理業務に関して発生した費用項目である。→図表2-1-12

図表2-1-12●販売費及び一般管理費の項目

分類	具体例
販売諸掛	販売手数料、荷造運賃、広告宣伝費、見本費、保管費など
人件費関係	給料、賃金、手当、賞与、退職金、法定福利費など
その他の項目	交際費、旅費交通費、通信費、水道光熱費、消耗品費、租税公課、減価償却費、修繕費、保険料、賃借料、貸倒引当金繰入額、貸倒損失、雑費など

5）営業利益

営業利益は、売上総利益から販売費及び一般管理費を控除して算出される。営業利益は「本業の儲け」といわれるように、企業の本来の業務から生じた利益を示す。

② 経常利益の計算

経常利益は、営業利益に営業外収益と営業外費用を加減算して算出する。

Ⅳ　営業外収益		
受取利息	×××	
受取配当金	×××	
有価証券売却益	×××	
雑収入	×××	×××
Ⅴ　営業外費用		
支払利息	×××	
手形売却損	×××	
有価証券売却損	×××	
有価証券評価損	×××	
雑損失	×××	×××
経常利益		×××

営業外収益は、余剰資金を株式や定期預金等に運用して得た金融収益を記載する。営業外費用は、支払利息等の金融費用が記載される。なお、原因不明の現金過不足が生じた場合、その不一致額は雑損失又は雑収入に計上される。

経常利益は、本業による成果と金融活動による成果を合算したものである。金融活動は営業活動に附随して行われるものの、どの企業でも経常的に行われている。この意味で経常利益は、企業の経常的な収益力を示す指標となる。

③　当期純利益の計算

当期純利益は、経常利益に臨時的・偶発的に生じた特別損益項目を加減し税引前当期純利益を算出し、さらに法人税、住民税及び事業税を控除することにより算出される。

Ⅵ　特別利益		
固定資産売却益	×××	
投資有価証券売却益	×××	×××
Ⅶ　特別損失		

固定資産売却損	×××	
固定資産除却損	×××	
投資有価証券売却損	×××	
災害による損失	×××	×××
税引前当期純利益		×××
法人税、住民税及び事業税		×××
当期純利益		×××

ここで諸税金について整理すると、図表２-１-13のようになる。

図表２-１-13●諸税金の項目

分類	具体例	表示科目
所得（利益）に係る税金	法人税、住民税 事業税（所得割）	法人税、住民税及び事業税
財産に係る税金	自動車税 固定資産税など	販売費及び一般管理費（租税公課）
消費に係る税金	消費税等	税込方式の場合 販売費及び一般管理費（租税公課）
その他の税金	印紙税など	販売費及び一般管理費（租税公課）

当期純利益は、その期の全ての収益から費用を控除して算出されるものであるから、企業における１事業年度の「最終的な儲け」である。これを株主へ配当として処分し、あるいは剰余金として企業内に留保することもある。いずれにしても、これは当期中に実現した株主資本の増殖分として、既存の株主に最終的に帰属する利益額である。株主の視点からは、「投下した資本に対して、企業がどれだけの利益を上げられるのか」という収益性が最も重要視される。このため、株主資本に対する当期純利益の割合（自己資本当期純利益率）を算出し、資本の利用効率の分析に用いられたりもする。さらに、経営者が株主へ果たすべき責務として、しばしば中長期的な収益性の目標に用いられる。

(3) 株主資本等変動計算書のしくみ

株主資本等変動計算書は、純資産の1会計期間における変動額を網羅的に報告するために作成されるものである。

当期純利益が算出されると、株主資本等変動計算書における繰越利益剰余金の変動額として扱われ、純資産の変動をもたらすこととなる。以下は、繰越利益剰余金勘定の記帳と株主資本等変動計算書との関係を示したものである(各番号を付した箇所の相互関係を確認されたい)。

繰越利益剰余金

②←	X1. 6. 26 諸　口	330	X1. 4. 1 前期繰越	2,000	→①
④←	X2. 3. 31 次期繰越	3,170	X2. 3. 31 損　益	1,500	→③
		3,500		3,500	

②X1. 6. 26(株主総会時)
(借) 繰越利益剰余金　330　　(貸) 未払配当金　300
　　　　　　　　　　　　　　　　　利益準備金　30

株主資本等変動計算書
X1年4月1日～X2年3月31日

		株主資本			
			利益剰余金		
		資本金	利益準備金	繰越利益剰余金	
当期首残高		×××	×××	①2,000	←前期B/Sと一致
当期変動額	剰余金の配当		②30	②△330	
	当期純利益			③1,500	←当期P/Lと一致
当期末残高		×××	×××	④3,170	←当期B/Sと一致

(4) キャッシュ・フロー計算書のしくみ

① キャッシュ・フロー計算書

キャッシュ・フロー計算書は、1会計期間におけるキャッシュ・フロー（資金の増加又は減少）の状況を一定の活動区分別に表示するものである。

損益計算書は、企業の収益力を表す情報として必要不可欠であるが、利益が計上されたからといって、必ずしも同額の現金が増えるわけではない。例えば、商品を売り上げれば損益計算書には利益が計上されるが、その売上代金の回収を怠っていれば、手持ちの資金は徐々に減り、最終的には資金繰りに窮して倒産に追い込まれる危険性もある。そして、損益計算書上、黒字でありながらも倒産することを黒字倒産という。このようにキャッシュ・フロー計算書は、損益計算書の「死角」を補うものとして、資金の流れを明らかにし、企業の安全性を評価するために役立つ情報を提供している。

②　資金の概念

キャッシュ・フロー計算書における資金とは、現金及び現金同等物をいう。現金には、手許現金のみならず、当座預金・普通預金・通知預金等の要求払預金も含まれる。また、現金同等物は容易に換金することができ、かつ、価値の変動について僅少なリスクしか負わない短期投資をいう。例えば、預入日から満期日までの期間が3ヵ月以内の定期預金等が該当する。

③　キャッシュ・フロー計算書の区分表示

キャッシュ・フロー計算書は、資金の期首残高が期中の変動を通して期末残高に至るプロセスを示した書類である。そこで、その資金の変動をより一層適切に表示するために、企業活動を、①営業活動、②投資活動及び③財務活動という3つに区分する。

1）営業活動によるキャッシュ・フロー

「営業活動によるキャッシュ・フロー」の金額は、企業が外部からの資金調達に頼ることなく、営業能力を維持し、新規投資を行い、借入金を返済し、配当金を支払うために、どの程度の資金を主たる営業活動から獲得したかを示す主要な情報である。その区分には、商品販売による収入、商品仕入による支出などのように、売上高、売上原価、販売費及び一般管理費の取引に係るキャッシュ・フローを記載する。したがって、この区分は損益計算書における営業損益に相当する「本業のキャッシュ・フロー」であるといってよい。

2）投資活動によるキャッシュ・フロー

「投資活動によるキャッシュ・フロー」の金額は、将来の利益獲得及び資金運用のために、どの程度の資金を支出し、又は回収したかを示す。その区分には、「有形固定資産の取得及び売却」「資金の貸付け及び回収」「投資有価証券の取得及び売却」等の取引に係るキャッシュ・フローが含まれる。

3）財務活動によるキャッシュ・フロー

「財務活動によるキャッシュ・フロー」の金額は、営業活動及び投資活動を維持するために、どの程度の資金が調達又は返済されたかを示す。その区分には、「株式の発行」「借入及びその返済」等の取引に係るキャッシュ・フローが記載される。

④　表示方法

キャッシュ・フロー計算書の区分表示のうち、「営業活動によるキャッシュ・フロー」の表示方法については、直接法と間接法の２つがある。直接法は、期中の収入と支出の総額を記載することにより、期中における資金の増減を直接的に明らかにする方法である。他方、間接法は、損益計算書の税引前当期純利益を出発点として、収益と収入の差異及び費用と支出の差異を調整することにより、現金主義による収支差額へと変換する方法である。

なお、「投資活動によるキャッシュ・フロー」と「財務活動によるキャッシュ・フロー」の表示方法は、いずれも直接法のみである。

設例２

2,000千円の金銭出資をもって前期末に株式会社を設立した。当期中の取引は以下のとおりである。そこで、直接法によってキャッシュ・フロー計算書を作成しなさい。

（1）年度末に銀行より500千円を長期で借り入れた。
（2）商品900千円を仕入れ、代金は現金にて支払った。
（3）（2）で仕入れた商品のうち450千円を750千円で売り上げ、代金は掛とした。
（4）備品600千円を現金にて購入した。なお、当期の減価償却費は60千円である。

解　答

キャッシュ・フロー計算書（直接法）　（単位：千円）

Ⅰ	営業活動によるキャッシュ・フロー		
	営業収入	0	
	商品の仕入による支出	△900	△900
Ⅱ	投資活動によるキャッシュ・フロー		
	有形固定資産の取得による支出		△600
Ⅲ	財務活動によるキャッシュ・フロー		
	長期借入による収入		500
Ⅳ	現金及び現金同等物の増加額		△1,000
Ⅴ	現金及び現金同等物期首残高		2,000
Ⅵ	現金及び現金同等物期末残高		1,000

解　説（単位：千円）

直接法によるキャッシュ・フロー計算書は、現金勘定に記帳された期中の増減記録を集約して作成することができる。

現　　金

	借方	金額	貸方	金額	
	前期繰越	2,000	仕入	900	→営業活動
営業活動←	売上	0	備品	600	→投資活動
財務活動←	借入金	500	次期繰越	1,000	
		2,500		2,500	

設例3

設例2 と同じ条件で、間接法によってキャッシュ・フロー計算書を作成しなさい。なお、当期純利益は240千円であり、法人税等は無視する。

解答

キャッシュ・フロー計算書（間接法）　（単位：千円）

Ⅰ　営業活動によるキャッシュ・フロー		
当期純利益	240	
減価償却費	60	
売上債権の増加額	△750	
棚卸資産の増加額	△450	△900
Ⅱ　投資活動によるキャッシュ・フロー		
有形固定資産の取得による支出		△600
Ⅲ　財務活動によるキャッシュ・フロー		
長期借入による収入		500
Ⅳ　現金及び現金同等物の増加額		△1,000
Ⅴ　現金及び現金同等物期首残高		2,000
Ⅵ　現金及び現金同等物期末残高		1,000

解説（単位：千円）

間接法によるキャッシュ・フロー計算書は、「営業活動によるキャッシュ・フロー」において、損益計算書の税引前当期純利益（設例上は当期純利益）を出発点として表示される。

損益計算書

売上原価	450	売上高	750
減価償却費	60		
当期純利益	240		
	750		750

そこで、収益と収入の差異及び費用と支出の差異を正確に分析することが重要である。その際、各々の差異が貸借対照表（前期と当期との増

減）に整合している。

① 売上高

収益	収入	差異
750	0	△750

→

貸借対照表	前期	当期	増減
売掛金	0	750	750

② 売上原価（仕入）

費用	支出	差異
450	900	△450

→

貸借対照表	前期	当期	増減
商品	0	450	450

③ 減価償却費（備品）

費用	支出	差異
0	600	△600
60	0	60

→

貸借対照表	前期	当期	増減
備品	0	600	600
累計額	0	△60	△60

備品については単純比較で540千円増加しているが、この金額が「投資活動によるキャッシュ・フロー」に表示されるわけではない。

備　品

	借方		貸方		
	前期繰越	0	減価償却費	60	→営業活動
投資活動←	現　金	600	次期繰越	540	
		600		600	

実務上は、次のような精算表が利用される。

貸借対照表	前期末	当期末	増減	修正記入		合計
現　　金	2,000	1,000	(1,000)	⑦1,000		0
売 掛 金		750	750		①750	0
商　　品		450	450		②450	0
備　　品		540	540	④60	③600	0
借 入 金		(500)	(500)	⑤500		0
資 本 金	(2,000)	(2,000)	0			0
当期純利益		(240)	(240)	⑥240		0
	0	0	0	1,800	1,800	0
キャッシュ・フロー計算書						
Ⅰ　営業活動によるキャッシュ・フロー						
当期純利益					⑥240	
減価償却費					④60	
売上債権の増加額				①750		
棚卸資産の増加額				②450		(900)
Ⅱ　投資活動によるキャッシュ・フロー						
有形固定資産の取得による支出				③600		(600)
Ⅲ　財務活動によるキャッシュ・フロー						
長期借入による収入					⑤500	500
Ⅳ　現金及び現金同等物の増加（減少）額						(1,000)
Ⅴ　現金及び現金同等物期首残高					⑧2,000	2,000
Ⅵ　現金及び現金同等物期末残高				⑧2,000	⑦1,000	1,000

(注)「修正記入」欄における番号は、キャッシュ・フロー計算書を作成するための修正方法を示したものである。

5　連結財務諸表のしくみ

(1) 連結財務諸表制度

これから学習する連結財務諸表とは、支配従属関係にある２つ以上の会社や事業体からなる企業集団を単一の組織体とみなして、親会社がその企業集団の財務内容を総合的に報告する目的で作成するものである。ここで、親会社とは、他の企業の意思決定機関を支配している企業をいい、子会社とは、当該他の企業をいう。

今まで述べてきた計算書類及び財務諸表は、法律上の個々の企業を会計単位とするものであった。連結財務諸表は、個々の企業を会計単位とする財務諸表からは得られない企業集団に関する情報を含む点で、投資者の意思決定にとって不可欠な情報を提供するものである。そこで、わが国では、金商法（旧証券取引法）上、1977（昭和52）年４月１日以降に開始する事業年度から有価証券報告書において連結財務諸表の開示が義務付けられている。

連結財務諸表は「連結財務諸表に関する会計基準」（以下、「連結基準」という）や「連結財務諸表の用語、様式及び作成方法に関する規則」（以下、「連結財務諸表規則」という）等に基づき作成され、以下の種類により構成される。

① 連結貸借対照表
② 連結損益計算書
③ 連結包括利益計算書
④ 連結株主資本等変動計算書
⑤ 連結キャッシュ・フロー計算書
⑥ 連結附属明細表

（2）連結貸借対照表のしくみ

連結貸借対照表は、一定時点における企業集団全体の財政状態を表示する計算書である。連結貸借対照表は、親会社と子会社の貸借対照表を単純に合算するだけで作成されるものではない。連結基準によると、親会社及び子会社の貸借対照表における資産、負債及び純資産の金額を基礎として、①子会社の資産及び負債の評価、②連結会社相互間の投資と資本の相殺消去、③債権と債務の相殺消去等の処理を行って作成する。

連結貸借対照表を作成するには、まず、子会社の資産及び負債の全てを親会社による支配獲得日の時価により評価する（①）。次に、親会社の貸借対照表に計上されている子会社株式等の投資勘定と子会社の貸借対照表に計上されている資本金や資本準備金等の資本勘定を相殺消去する(②)。その後、さらに、親会社に計上されている子会社に対する貸付金と子会社に計上されている親会社からの借入金等の連結会社相互間の債権と債務を相殺消去する(③)という過程を経て作成される。なお、子会社の株主として親会社以外の株主が存在する場合、②の過程において、子会社の資本のうち親会社の持分に属しない部分を純資産の部における非支配株主持分として処理する必要がある。

連結貸借対照表の表示は図表2-1-14のとおりである。

図表2-1-14●連結貸借対照表の表示

(資産の部)	(負債の部)
流動資産	流動負債
固定資産	固定負債
有形固定資産	(純資産の部)
無形固定資産	株主資本
投資その他の資産	その他の包括利益累計額
繰延資産	新株予約権
	非支配株主持分

(3) 連結損益計算書及び連結包括利益計算書のしくみ

連結財務諸表では、連結損益計算書及び連結包括利益計算書の作成が求められる。連結包括利益計算書は包括利益と呼ばれ、出資者との投資、配当等以外の要因からもたらされる1会計期間の純資産の変動額を報告するものである。この包括利益計算書は、損益計算書において算出される当期純利益のみではなく、当期純利益以外の純資産額の期中変化をもたらすものとして、例えば、個別財務諸表では評価・換算差額等として扱われてきた時価評価差額等の純資産の変動額も含めて報告する。

連結損益計算書及び連結包括利益計算書は、親会社及び子会社の損益計算書等における収益、費用等の金額を基礎として、連結会社相互間の取引高の相殺消去及び未実現損益の消去等の処理を行って作成する。例えば、親会社が子会社から商品を仕入れ、かつその商品を第三者に販売せずに手許に保有している場合、連結会社全体で取引を見たとき、親会社の仕入高（売上原価）と子会社の売上高が過大に計上されていること、親会社が保有している期末商品の金額については子会社が第三者より仕入れた金額よりも過大に計上されていることがわかる。そこで、親会社の仕入高（売上原価）と子会社の売上高を相殺消去するとともに、親会社が保有する期末商品に含まれる内部利益相当額を消去するという処理が必要となる。

図表２-１-15●１計算書方式と２計算書方式の表示例

【２計算書方式】（単位：千円）

〈連結損益計算書〉	
売上高	10,000
………………	
税金等調整前当期純利益	2,200
法人税等	900
当期純利益	1,300
非支配株主に帰属する当期純利益	300
親会社株主に帰属する当期純利益	1,000

〈連結包括利益計算書〉	
当期純利益	1,300
その他の包括利益：	
その他有価証券評価差額金	530
繰延ヘッジ損益	300
為替換算調整勘定	△180
持分法適用会社に対する持分相当額	50
その他の包括利益合計	700
包括利益	2,000
（内訳）	
親会社株主に係る包括利益	1,600
非支配株主に係る包括利益	400

【１計算書方式】　（単位：千円）

〈連結損益及び包括利益計算書〉	
売上高	10,000
……………………	
税金等調整前当期純利益	2,200
法人税等	900
当期純利益	1,300
（内訳）	
親会社株主に帰属する当期純利益	1,000
非支配株主に帰属する当期純利益	300
その他の包括利益：	
その他有価証券評価差額金	530
繰延ヘッジ損益	300
為替換算調整勘定	△180
持分法適用会社に対する持分相当額	50
その他の包括利益合計	700
包括利益	2,000
（内訳）	
親会社株主に係る包括利益	1,600
非支配株主に係る包括利益	400

連結損益計算書及び連結包括利益計算書の表示は図表２－１－15のとおり、２つを別々に表示する２計算書方式（連結損益計算書及び連結包括利益計算書）と１計算書方式（連結損益及び連結包括利益計算書）がある。

（４）連結株主資本等変動計算書のしくみ

連結株主資本等変動計算書は、親会社及び子会社の株主資本等変動計算書を基礎として、各項目の変動額や残高をそれぞれ合算し、連結会社相互間の資本取引や配当に係る取引を消去して作成する。例えば、子会社が行った配当については、親会社の損益計算書上に計上されている受取配当金と相殺消去し、作成される。

連結株主資本等変動計算書の表示は、図表2-1-16のとおりとなる。

図表2-1-16●連結株主資本等変動計算書の表示例

（自　X1 年 4 月 1 日　至　X2 年　3　月　31 日）

（単位：千円）

	株主資本					その他の包括利益累計額						新株予約権	非支配株主持分	純資産合計
	資本金	資本剰余金	利益剰余金	自己株式	株主資本合計	その他有価証券評価差額金	繰延ヘッジ損益	土地再評価差額金	為替換算調整勘定	退職給付に係る調整累計額	その他の包括利益累計額合計			
当期首残高	×××	×××	×××	△×××	×××	×××	×××	×××	×××	×××	×××	×××	×××	×××
当期変動額														
新株の発行	×××	×××			×××									×××
剰余金の配当			△×××		△×××									△×××
親会社株式に帰属する当期純利益			×××		×××									×××
自己株式の処分				×××	×××									×××
・・・・・・・														×××
株主資本以外の項目の当期変動額(純額)						×××	×××	×××	×××	×××	×××	×××	×××	×××
当期変動額合計	×××	×××	×××	×××	×××	×××	×××	×××	×××	×××	×××	×××	×××	×××
当期末残高	×××	×××	×××	△×××	×××	×××	×××	×××	×××	×××	×××	×××	×××	×××

(5) 連結キャッシュ・フロー計算書のしくみ

連結キャッシュ・フロー計算書は、企業集団について1会計期間におけるキャッシュ・フロー（資金の増加又は減少）の状況を一定の活動区分別に表示するものである。

連結キャッシュ・フロー計算書については、親会社のキャッシュ・フロー計算書と各子会社のキャッシュ・フロー計算書を基礎として作成する方法と、連結貸借対照表・連結損益計算書・連結株主資本等変動計算書を基礎として作成する方法があるが、前者の方法の場合、各子会社のキャッシュ・フロー計算書を先に準備する必要性が事務的な負担が重くなる。そこで、実務的には、後者の方法により作成する方法が多い。

連結キャッシュ・フロー計算書の作成に当たっては、連結会社相互間のキャッシュ・フローは相殺消去を行う等の処理が必要とされる。

第２章第１節 理解度チェック

次の設問に、〇×で解答しなさい（解答・解説は次ページを参照）。

1 会社法における計算書類は、貸借対照表、損益計算書、株主資本等変動計算書及び個別注記表である。

2 例えば、酒造会社は、酒を10年にもわたって熟成させてから出荷することがある。この棚卸資産としての酒は、貸借対照表上、１年基準により固定資産に表示される。

3 株主資本等変動計算書は、株主資本における各項目の期中変動を網羅的に明示する計算書である。

4 通常の販売目的で保有する商品について、収益性が低下した場合、簿価を時価まで切り下げなければならない。その商品評価損は、損益計算書上、販売費及び一般管理費として表示される。

5 間接法によりキャッシュ・フロー計算書を作成する場合、買掛金の増加は資金の減少要因を意味するので、「営業活動によるキャッシュ・フロー」で減算表示する。

6 他社に対して財務的な支援を行うために金銭を貸し付けた場合、当該支出はキャッシュ・フロー計算書上、「財務活動によるキャッシュ・フロー」に表示される。

7 連結貸借対照表は、親会社及び子会社の貸借対照表における資産、負債及び純資産の金額を基礎として、子会社の資産及び負債の評価、連結会社相互間の投資と資本の相殺消去、債権と債務の相殺消去等の処理を行って作成する。

第2章第1節　理解度チェック

解答・解説

1 ○
あわせて財務諸表の体系も確認されたい。

2 ×
流動資産と固定資産の区分に際して、棚卸資産のように正常な営業循環の過程にあるものは、全て流動資産として区分される。

3 ×
株主資本等変動計算書は、株主資本のみならず純資産全てにおける項目の期中変動を網羅的に明示する計算書である。

4 ×
通常の販売目的で保有する棚卸資産について、収益性の低下による簿価切下額は、損益計算書上、売上原価とされている。

5 ×
買掛金の増加は、資金の減少が抑制されたので資金の増加要因を意味することになる。よって、「営業活動によるキャッシュ・フロー」でその金額を加算表示する。

6 ×
金銭の貸付けによる支出は、キャッシュ・フロー計算書上「投資活動によるキャッシュ・フロー」に表示される。

7 ○
連結基準に定められている連結貸借対照表の作成方法に関する記述である。

参考文献

桜井久勝『財務会計講義〔第20版〕』中央経済社、2019年

桜井久勝・須田一幸『財務会計・入門〔第12版〕』有斐閣、2018年

有限責任監査法人トーマツ編『トーマツ会計セレクション⑨ 決算開示』清文社、2011年

品川芳宣『中小企業の会計と税務』大蔵財務協会、2013年

河﨑照行・万代勝信『詳解 中小会社の会計要領』中央経済社、2012年

第２節　財務諸表の分析

学習のポイント

- ◆財務諸表から得られる情報の種類、分析の方法、分析対象について理解する。
- ◆損益計算書による収益性分析の手法、貸借対照表による財務安全性分析の手法、キャッシュ・フロー分析の手法について理解する。
- ◆１株当たり分析の手法について理解する。
- ◆上記の手法を理解した上で、実際の企業をモデルした設例の事例について学習する。

1　財務諸表分析の基礎

（1）財務諸表から得られる情報

①　定量情報

財務諸表から直接的に得られる情報は、各数値による定量情報である。具体的には、損益計算書の数値からは、企業の収益性・成長性、貸借対照表からは企業の財務安定性に関する数値が得られる。

損益計算書は、「一定期間の企業の経営成績」を表すものである。すなわち、一定期間の間に企業が外部に対して行った経済活動の成果として「売上高」が計上される。売上のために投入した経営資源が「売上原価」であり、売上のために行った販売活動及び管理のための費用が「販売費及び一般管理費」である。したがって、損益計算書を分析するということは、一定期間の企業活動の成果・投入・費用の関係を把握するということである。

一方、貸借対照表は、「一定時点における企業の財政状態」を表すものである。企業活動は、必要な資金を調達し、この資金を企業活動に投入し、投入の成果として投入活動を上回る（上回る部分が収益）資金を回収し、さらに新たな企業活動に投入する活動の連続である。一定時点の資金調達・投入・回収の成果の関係を分析することが、貸借対照表を分析することである。

②　定性情報

財務諸表を分析するに当たって、単に数値の分析だけでは企業の実態は把握できない。数値は単に結果を示すものであり、重要なことは、数値の背景にある数字に出てこない企業の実態把握である。実態を表す企業の質的要因は数値で表せないことから、定性情報といわれる。企業分析に当たり、特に外部の利用者からは、企業の内部の実態はなかなかわかりづらい。そこで、公表されている企業の定性情報と定量情報を組み合わせて企業内容、将来性を予測していくことになる。定性情報としては以下のようなものがある。

まず、企業外部の要因としては、一般的な経済状況、企業の属する業界の状況等がある。経済状況としては、景気動向、景気を構成する生産・投資・消費の動向・為替動向・金利の動向等が、分析対象の企業に与える影響を考えることが必要である。

次に、企業内部の要因としては、沿革、役員の状況、企業自身が公表しているリスク情報、関係会社との資本関係、重要な契約、設備の状況、従業員の状況等がある。これらの外部要因・内部要因等の定性情報の内容・増減推移・項目の関連性等を分析し、財務データの意味するところを推測することが必要である。

定性情報は、企業内部者でなければ把握しにくい情報もあるが、上場企業であれば、公開されている有価証券報告書により、ある程度の定性情報が集まる。また、新聞雑誌等の記事も丹念に拾っていけば、相当の情報が集まるものである。

（2）財務諸表の利用者と分析目的

①　財務諸表の利用者

財務諸表の利用者は、企業の外部者か内部者かによって、外部利用者・内部利用者に区別される。外部利用者は、一般投資家、債権者、取引先等、企業の外部者であり、それぞれの立場で企業に利害関係を持つものの、基本的には公表されているデータでしか企業の実態を知り得ない立場である。

一方、内部利用者は、役員、従業員等、企業の内部者であり、時には公表前の重要事実も知り得る立場の利用者である。上記の定性情報等は、内部利用者のほうが企業の当事者だけに圧倒的に情報量が多い。しかし、内部利用者は、自らに関係のある数値、情報には詳しいが、自分の立場から数字、情報を解釈するため客観性に欠ける分析に陥る場合があることに留意が必要である。

②　分析目的

財務諸表の利用者が企業を分析する目的は、その立場によって異なる。例えば、外部利用者のうち、企業に投資を考えている投資家は、成長性を重視した分析を行うであろうし、企業に資金を貸し付けている、あるいは売掛債権を保有している債権者は、債権の回収可能性という観点から財務安定性を重視した分析を行うであろう。

一方、内部利用者は、収益性分析・財務安定性分析等も行うであろうが、内部利用目的としては、例えば、将来の経営計画策定のための損益分岐点分析、あるいは賃金交渉のための付加価値の分析等の目的がある。

（3）財務諸表の分析方法と分析対象

財務諸表の分析方法には、分析数値の違いによって、数値の実数で分析する実数分析、比率数値で分析する比率分析、分析対象の違いによって、同じ企業の複数年度にわたる財務諸表を時系列的に比較する期間比較法、同じ業界の複数の企業を同時に比較する企業間比較等の種類がある。ここでは、それぞれの方法について解説する。

①　分析数値の違いによる分析方法

1）実数分析

財務データを実数で分析する方法である。実数分析は、単に数字を比較するだけではなく、運転資本の分析のように、流動資産の合計額から流動負債の合計額を控除した数値を比較する等、関係する数値を控除してその差額で分析する控除分析、複数期間の実数を比較する増減分析、損益分岐点分析のように互いに関数関係がある数値を分析する関数分析等の方法がある。

2）比率分析

関連する財務数値から比率を計算して分析する方法である。具体的には、貸借対照表、損益計算書、株主資本等変動計算書等の財務諸表から、関連する数値の比率を算出して分析する。比率分析は、企業規模が異なる企業同士を比較するに当たり、金額の大小に関係なく比較分析することが可能になる。また、問題点が把握しやすくなるという利点がある。

比率分析、実数分析ともに、それだけでは企業の内容を理解することは難しく、実数の増減額が大きくても比較対象の前期数値が大きければ増減比率は小さいこともあり、逆に、実数が小さくとも比較対象の前期数値が小さければ増減比率は倍になったりするため、両者を併用して分析することが必要である。

②　分析対象の違いによる分析方法

1）期間比較による分析方法

財務諸表の期間比較による分析方法には、時系列分析、趨勢（すうせい）分析の方法がある。

ア　時系列分析

対象企業の財務諸表を複数期並べて比較する方法である。比較方法には、増減額の実数で比較する方法と、増減比率（対前期比○％）で比較する方法がある。この場合、個別企業の分析だけでは限界があるため、同業種、同規模等、他の企業との比較も行っていく必要がある。

イ　趨勢分析

時系列分析よりも長期間の趨勢による分析手法である。これは、長期間の傾向を見るために有用である。例えば、1年前、2年前と比較してそれほど変化が見られなくとも、5年前、10年前と比較すると大きく変化している場合がある。問題企業では、短期間では目立たなくても、じわじわと気がつかないうちに経営が悪化するケースも多く、趨勢分析を行うことにより早めに異変に気がつくことができる。

2）企業間比較による分析方法

同じ業界の企業を比較して分析する方法である。この方法は、同じ業界と思われる企業同士の実数を比較する方法と、公表されている業界平均データ（財務省「法人企業統計」等）等と比較する方法がある。ただし、近年では、「事業の選択と集中」により、同じ業界と思われる会社同士でも、事業内容が大きく異なることがあること、また、公表されているる業界平均データもどこまで同じ業界で細分化されているデータか等の課題はある。

2 成長性分析

(1) 成長性分析の対象

企業の成長性の分析に当たっては、売上高、利益の分析が重要であるが、単に時系列的な推移を見て増加傾向であっても、その内容を検討する必要がある。すなわち、同じように利益が増加していても、それが、売上高や企業規模の増加を伴うものであるのか、売上高等、成果は一定であるが、投入する経営資源（売上原価）、費用（販売費及び一般管理費）の削減等、経営合理化・リストラを伴うものであるかを分析することが必要である。企業規模拡大による売上高・利益の増加であれば、その企業が成長過程にあり、今後も利益の増加を期待できる可能性があるともいえるが、売上高が伸びない中で、経営合理化・リストラにより利益が増加している場合には、今後も利益が増加していく可能性があるか慎重に検討する必要がある。経営者の中には、売上高の増加よりも合理化・リストラによる利益の増加を図るケースがあるが、それは、固定費削減による経営であり、企業の成長性とは異なる視点で見ることが必要である。

(2) 成長性分析の手法

成長性分析には、代表的な分析手法として対前年度比較、伸び率分析、対基準年度比較（趨勢分析）がある。この場合の分析指標としては、直接的には、売上高・利益が対象である。特に利益、１株当たり利益の趨勢は、最も直接的に企業の成長を示す指標であることから、分析対象会社の長期的な利益の趨勢、同業他社の趨勢との比較等、多角的に分析することが必要である。一方で、利益は収益と費用の差額であること、費用の中には、売上高の増減に応じて増減する変動費、売上高に関係なく発生する固定費があること等から、単に、利益の増加傾向だけを見て成長率を検討するのは、かえって企業実態を見誤ることがある。

①　対前年度比較

企業の短期間の成長率としては、前年同期と対比した対前年増減率が用いられる。対前年度比較は、成長率分析の第一歩であり、まず前期比較を行い、ある程度重要な金額（一般的におおむね税引前利益の５％を超えるような金額が重要とされる）について、その増減要因を調査するものである。対前年度比較の式は以下のとおりである。

$$\text{対前年度比率}=\frac{\text{分析対象年度の金額}}{\text{分析対象年度の前年度の金額}}\times 100(\%)$$

$$\text{増減率(伸び率)}=\frac{\text{分析対象年度の金額}-\text{分析対象年度の前年度の金額}}{\text{分析対象年度の前年度の金額}}\times 100(\%)$$

特に、売上高については、全体の売上高だけでなく、事業セグメント別・製品別・事業所別等、要因別に分解して分析することが必要である。

→図表２-２-１

図表2-2-1●前年度比較の例

	X期	X+1期	増減額	増減率
売　　上	100	120	+20	+20%
売上総利益	10	15	+5	+50%
営業利益	7	10	+3	+42%

②　対基準年度比較

より長期間の成長率の分析としては、ある年度を基準年度とし、その数値と各年度の数値を比較する趨勢分析が用いられる。成長率の分析では、特に長期間の分析が重要であるが、この場合は基準年度の取り方により比較数値が異なってくるという問題がある。そのため、例えば、3年前、5年前、10年前というように複数の基準年度を取って比較することが有用である。→図表2-2-2

図表2-2-2●長期間の趨勢分析例

	X期	X+1期	X+2期	X+3期	X+4期
売　上　高	100	120	150	180	200
売上総利益	10	15	20	30	35
営業利益	7	10	15	20	25

上記の例では、X+3期とX+4期の比較だけを行う場合、売上高は約10%増加、売上総利益は約15%増加しているが、5年間の比較でX期とX+4期を比較すると、売上は100から200に2倍に増加し、売上総利益と営業利益はそれぞれ約3.5倍増加していることがわかる。売上高が急激に伸びている場合には、製品別にその要因を分析するとともに、売掛金、在庫等の残高の推移、回転期間の推移等の定量情報、過度な営業成績重視の企業風土がないか、不正な販売が行われていないか等の定性情報と、あわせて分析することが重要である。

(3) 売上成長率と市場成長率

成長性の指標として売上高の分析は必須である。この場合、全体の売上高の分析も重要であるが、製品別の売上高の趨勢を見ることが必要である。製品別の売上高の趨勢とその製品の市場占有率（シェア）を合わせて見ることにより、売上高が市場の拡大以上に成長しているのか、売上高は伸びているものの、市場の拡大スピードに追いつかず、逆にシェアは落ちているのかを分析することも必要である。

図表2-2-3は、売上成長率と市場成長率の関係であり、製品のライフサイクル仮説等で説明されるモデルである。売上成長率と市場成長率の関係は以下のとおりである。成長性分析に当たっては、企業の売上高の増加と製品自体の市場の成長率を合わせて検討し、その製品の市場が成長期にあるから売上高が伸びているのか、市場の成長はそれほどでもないが、会社の販売戦略等の巧拙によって売上高が伸びている（あるいは減少している）のか検討することが必要である。→図表2-2-4

図表2-2-3●市場成長率と売上成長率の関係

	市場成長率	売上成長率	特　徴
成長期	高	高	市場は成長し自社の売上高も増加している。激しい競争が行われている。売上高の成長は高いが利益はなかなか確保できない状態。
開発期	高	低	市場は成長しているが、自社の成長は伸び悩んでいる。新たな製品開発などで巻き返しがないと、将来市場から退出を迫られる可能性もある。
成熟期	低	高	市場の成長は鈍化しているが、自社の成長率は高く、製品に競争力があり、いわゆる“勝ち組”になりつつある状態。
斜陽期	低	低	市場は寡占化している。利益を上げることが難しく、市場から退出するか、技術革新により利益を上げない限り停滞が続く。

図表2-2-4●成長率と製品ライフサイクル

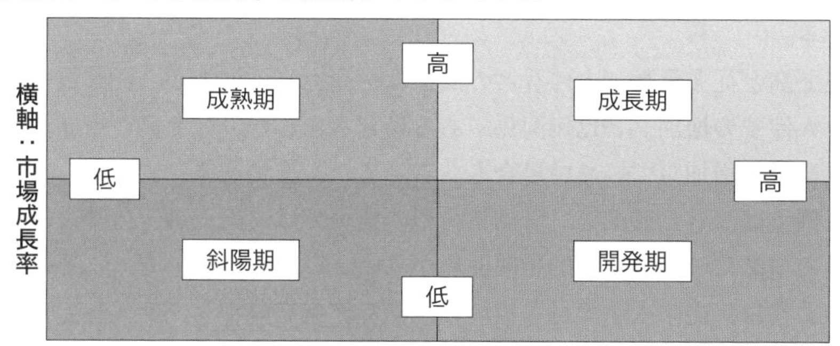

(4) 成長性に関するその他の指標

① 設備投資

企業が売上高を上げ、成長を維持していくためには、それを支える設備投資が必要である。そのため、売上高増加に対して、設備投資の増加額を検討していることが重要となる。ただし、貸借対照表を並べて固定資産の増減額だけを見ていたのでは、設備投資の増減額はわからない。EDINET等で公表されている有価証券報告書には、附属明細表及びキャッシュ・フロー計算書が記載されており、附属明細表では、固定資産の増加額が取得価額ベースで設備投資額が把握でき、また、キャッシュ・フロー計算書の投資活動によるキャッシュ・フローからも設備投資の増加額を把握できる。これらにより、把握された固定資産の増加額が償却費を上回って行われていれば、設備投資を積極的に行っており、経営者が強気の姿勢であるということがうかがえ、この先も成長が期待できるのではないかと推察される。一方、設備投資が償却費の範囲内であれば、経営者が先行きに慎重な姿勢であり、成長が鈍化しつつあるのではないかと推察されることがうかがえる。

② 従業員数、人件費

経営資源は、ヒト、モノ、カネ、情報といわれるが、売上の成長を支えるものとして従業員の状況を検討することは重要である。従業員数は、有価証券報告書、株主総会招集通知に添付される事業報告書により把握できる。

売上高と従業員数・人件費との関係は、売上高の増加が「従業員の増加＝人件費の増加」と比例関係にある場合もあるが、売上高が増加しても従業員は増加していない場合もある。また、業種業態によっても異なる。例えば、外食産業等、労働集約型の業種では、売上高、店舗数、従業員の増減について比較的相関関係が高いといわれる。一方、一部製造業のように、従来人手で行っていた組立て作業をロボットで代替できるような場合は、売上高が増加しても、それに比例して従業員数が増加するとは限らない。適正な従業員数のレベルかどうかは、その企業の従業員数を時系列的に見るよりも、同業他社との比較によるほうがわかりやすいともいえる。

3　安全性分析

企業が継続していくためには、支払義務である負債に対して支払能力を有していることが必要であり、たとえ収益力が高くても、個々の負債を決済できなければ、倒産してしまう可能性すらある。安全性分析は、主に貸借対照表上の資産と負債のバランスがとれているかを分析し、企

Column　コーヒーブレイク

《成長性分析における定性情報》

一般的に成長企業は、その業界全体が伸びていることはもちろんであるが、業界の他社に比べても、製品開発力、営業力、従業員の教育・訓練、これらを統括する経営能力等の点で競合他社よりも優れた面を持っており、企業環境への適応力に優れていることが多い。これらの点は財務数値に表れにくい「定性情報」と呼ばれるものである。財務データによる定量的な分析に加えて、定性的な情報を集め分析することで、その企業の成長性を総合的に判断することが重要である。

業の支払能力が十分かを測定するものである。

（1）流動比率

$$流動比率=\frac{流動資産}{流動負債}\times 100(\%)$$

流動比率は、流動資産の合計額を流動負債の合計額で除することによって算定される。これは、営業サイクル内の負債及び通常１年以内に現金で支出される負債の額と、営業サイクル内の資産及び通常１年以内に現金化される資産の額との比率を示しており、100％以上あれば、通常の営業活動を前提とした短期的支払能力はあるということになる。

かつて、アメリカの銀行で融資を判断する際に最も重視された指標であることから、バンカーズレシオとも呼ばれた。流動負債の多くは実際に支出されることが確定しているが、流動資産には棚卸資産や売掛金が含まれており、現金化されることが保証されているわけではないことから、200％以上が要求された（**２対１の原則**）といわれている。

流動資産の内容には、短期的な支払手段とならないものが含まれている可能性があるので、実務においては、棚卸資産は陳腐化しているものがないか、売上債権は滞留しているものがないか等も考慮すべきであり、表面的な比率だけで支払能力の有無を断定できないことを理解しておく必要がある。

設例１

次の財務資料から、A社の流動比率を計算しなさい。

■A社　貸借対照表

（単位：百万円）

資産	金額	負債・資本	金額
現金及び預金	355,212	支払手形及び買掛金	181,577
受取手形及び売掛金	44,777	短期借入金	15,571
有価証券	22,593	その他	95,092
商品	260,006	流動負債	292,240
その他	191,803	固定負債	96,658
流動資産	874,391		
固定資産	289,311	純資産	774,804
総資産	1,163,702	総資本	1,163,702

■A社　損益計算書

（単位：百万円）

売上高	1,681,781
売上原価	833,243
売上総利益	848,538
販売費及び一般管理費	671,863
営業利益	176,675
営業外収益	17,354
営業外費用	1,141
経常利益	192,888
特別利益	8,782
特別損失	20,992
法人税等	63,287
当期純利益	117,391

解　答（単位：百万円）

A社の財務資料の数値を当てはめると、以下のようになる。

$$流動比率 = \frac{流動資産(874{,}391)}{流動負債(292{,}240)} \times 100(\%) = 299.2\%$$

（2）正味運転資本

正味運転資本＝流動資産－流動負債

正味運転資本は、流動資産の合計額から流動負債の合計額を控除することによって算定される。これは、営業サイクル内の資産及び通常１年以内に現金化される資産の額と、営業サイクル内の負債及び通常１年以内に現金で支出される負債の額との差額であるから、流動負債を全部決済した後に、いくら流動資産が残るか（不足するか）という短期的な支払能力の余裕度を示している。

正味運転資本がプラスであっても、実際の資金繰りに余裕があるとは限らない。流動資産の内容に短期的な支払手段とならないものが含まれていないか、それぞれの決済期日（収入と支出のタイミング）のバランスはとれているか等、資産・負債の各科目の明細を確認することも重要である。

（3）当座比率

$$当座比率＝\frac{当座資産^{※}}{流動負債}\times 100\,(\%)$$

※当座資産＝流動資産－棚卸資産

当座比率は、流動比率と同様に企業の短期的な支払能力を判断するための指標であるが、流動資産の合計額ではなく、当座資産の合計額を流動負債の合計額で除することによって算定される。当座資産には、現金化に時間がかかる可能性がある棚卸資産（商品・製品・仕掛品・原材料等）を含めないので、より厳密に支払能力を判断することが可能となると考えられる。一般的には100％以上が望ましいといわれているが、流動比率と同様に、比率の計算結果だけで支払能力を断定することはできない。

設例2

設例1 におけるA社の財務資料から当座比率を計算しなさい。なお、A社の棚卸資産は商品のみである。

解　答 （単位：百万円）

A社の財務資料の数値を当てはめると、以下のようになる。

$$当座比率 = \frac{当座資産(614{,}385)^{※}}{流動負債(292{,}240)} \times 100(\%) = 210.2\%$$

※当座資産＝流動資産（874,391）－棚卸資産（商品260,006）＝614,385

（4）自己資本比率

$$自己資本比率 = \frac{自己資本}{総資本} \times 100(\%)$$

自己資本比率は、総資本（負債＋純資産）に占める自己資本（純資産の部における株主資本と評価・換算差額等）の割合を示すものであり、企業の財務体質を判断するための指標である。企業の資金調達の方法には大きく異なる２種類がある。１つは、金融機関からの借入れや社債の発行等、負債を増加させる方法である。負債は他人資本とも呼ばれ、利息を支払ったり元本を返済したりする義務が伴うことになる。

もう１つは、投資家等に出資を募り資本を増加させる方法である。出資には配当が求められるが、配当は業績に応じて実施するものであり、義務ではない。また、資本は原則として、返済の義務もないことから、自己資本と呼ばれている。一般に、業績のよい企業は、本業で稼いだキャッシュで負債を返済（現預金と負債が減少するので総資産は減少する）し、利益が利益剰余金に蓄積（自己資本は増加する）されていくことになる。分母である総資本が減少し、分子である自己資本が増加するので、自己資本比率が高くなる。一般的に、自己資本比率が50％以上であれば良好と判断され、自己資本比率の高い企業は、継続して利益を積み上げてきた優良企業である可能性があるが、将来への投資に消極的で成長の機会を逸していると評価される可能性もある。時系列での分析や収益性等ほかの指標と合わせて判断する必要がある。

設例３

設例１ におけるＡ社の財務資料から自己資本比率を計算しなさい。なお、Ａ社の純資産は、株主資本と評価・換算差額のみである。

解　答 （単位：百万円）

Ａ社の財務資料の数値を当てはめると、以下のようになる。

$$\text{自己資本比率} = \frac{\text{自己資本}(774{,}804)}{\text{総資本}(1{,}163{,}702)} \times 100(\%) = 66.6\%$$

4　収益性分析

企業が発展・継続していく上で、収益を確保できるかどうかは、非常に重要である。収益性分析は、投下された資本や獲得した売上高に対して、いかに効率よく利益を生み出すことができるかを分析し、企業の稼ぐ力を判定しようとするものである。これらの計算には、分子の利益が１会計期間を通して得られるものであるから、分母の資本も１会計期間の平均値を用いることで、分母と分子の数字の性質を整合させるのが理論的である。ただし、実務においては、計算の簡便性・迅速性を重視して、分母については期末の資本の額を用いることも多く、本テキストでも期末の資本の額を用いる方法をとっているが、期首と期末の資本の額に大きな変動がある場合などは、期首と期末の平均値を用いることが望ましい。

（1）総資本事業利益率（ROA）

$$総資本事業利益率＝\frac{事業利益^{※}}{総資本}\times 100（\%）$$

※事業利益＝営業利益＋受取利息・配当金

総資本利益率を計算する場合の資本と利益の組合せは、総資本営業利益率、総資本経常利益率、総資本税引前当期純利益率等、様々な種類がある。本テキストでは、投下された資本と生み出された利益の組合せとして論理的に整合性があり、企業全体の収益性の尺度として適切と考えられる**総資本事業利益率**を取り上げる。

総資本は自己資本と他人資本の合計であり、企業に投下された資本全体であるから、それに対応する利益は全ての事業活動の結果として得られた利益の総額となる。経常利益や税引前当期純利益は、支払利息や災害による損失等、事業活動以外のコストも勘案した後の利益であるので、厳密な意味では総資本とは対応しない。本業での活動による利益である営業利益に、財務活動の成果である受取利息及び配当金を加算した**事業利益**が会社全体の経営成果を表すものであり、総資本と整合性のある利益といえる。資産は英語でアセット（Asset）といい、総資本利益率は、Return On Assetという英語名の略で**ROA**と呼ばれている。ROAの高い企業は、保有する資産を有効に活用して利益を生み出しているといえる。

また、実務においてはROAとして、総資本営業利益率、総資本経常利益率、総資本当期純利益率が用いられることも多い。他社と比較する場合等は、どの段階利益を用いたROAであるのか、理解して利用する必要がある。

（2）自己資本利益率（ROE）

$$自己資本利益率＝\frac{当期純利益}{自己資本}\times 100（\%）$$

自己資本は、株主が出資した資本及び過去に獲得した利益の蓄積であるので、株主に帰属する部分といえる。自己資本に対応する利益は、株主に帰属すべき利益であるから、支払利息、特別損益、税金等、他の利害関係者へ支払うべきコストを控除した、当期純利益が妥当である。株主に帰属する資本は英語でエクイティ（Equity）といい、**自己資本利益率**は、Return On Equityという英語名の略で**ROE**と呼ばれている。

ROEが高い企業は、株主から預かった資本を効率的に運用して、高いリターンを生み出しているといえることから、株式市場でも評価されやすく、株価の上昇につながる可能性もある。その反面、負債の比率が高いと分母である自己資本は相対的に小さくなるので、ROEは高くなるが、財務安全性の面からは問題となるケースもあるので、注意が必要である。

設例4

設例1におけるA社の財務資料からROA及びROEを計算しなさい。なお、A社の純資産は、株主資本と評価・換算差額のみであり、営業外収益は、受取利息・配当金のみである。

解　答　(単位：百万円)

A社の財務資料の数値を当てはめると、以下のようになる。

〔ROA〕

$$\text{総資本事業利益率} = \frac{\text{事業利益}(176{,}675 + 17{,}354)}{\text{総資本}(1{,}163{,}702)} \times 100(\%) = 16.7\%$$

$$\text{総資本営業利益率} = \frac{\text{営業利益}\ (176{,}675)}{\text{総資本}\ (1{,}163{,}702)} \times 100(\%) = 15.2\%$$

$$\text{総資本経常利益率} = \frac{\text{経常利益}(192{,}888)}{\text{総資本}(1{,}163{,}702)} \times 100(\%) = 16.6\%$$

$$\text{総資本当期純利益率} = \frac{\text{当期純利益}(117{,}391)}{\text{総資本}(1{,}163{,}702)} \times 100(\%) = 10.1\%$$

〔ROE〕

$$\text{自己資本利益率} = \frac{\text{当期純利益}(117{,}391)}{\text{自己資本}(774{,}804)} \times 100(\%) = 15.2\%$$

(3) 売上高利益率

損益計算書における各段階利益の売上高に対する比率であり、企業の収益構造を示すものとなっている。

① 売上高売上総利益率

$$\text{売上高売上総利益率} = \frac{\text{売上総利益}}{\text{売上高}} \times 100(\%)$$

売上総利益は、売上高から売上原価を控除したもので、粗利とも呼ばれており、企業の利益の大元となるものである。売上高売上総利益率は、企業が販売している商品・製品やサービスの市場における魅力度・価値を示しているとも考えられ、企業の営業戦略等を判断する上でも重要な指標といえる。

② 売上高営業利益率

$$\text{売上高営業利益率} = \frac{\text{営業利益}}{\text{売上高}} \times 100(\%)$$

営業利益は、売上総利益から販売費及び一般管理費を控除したもので、企業の本業の利益である。売上高営業利益率は、本業の儲ける力や効率よく運営管理する能力が反映されていると考えられる。売上原価や販売費及び一般管理費の売上高に対する割合は、業種・業態や企業ごとに異なるが、同一業種であっても企業ごとの運営能力の優劣による違いも少なくない。

③ 売上高経常利益率

$$\text{売上高経常利益率} = \frac{\text{経常利益}}{\text{売上高}} \times 100(\%)$$

経常利益は、本業による利益である営業利益に受取利息・支払利息等の営業外損益を加（減）算したものである。したがって売上高経常利益率は、本業の収益力に金融収支等も加味した総合的な利益指標といえる。特に間接金融（銀行借入）が主体であった日本企業においては、利息負担も考慮した売上高経常利益率が長く重視されてきた。

④　売上高当期純利益率

$$売上高当期純利益率 = \frac{当期純利益}{売上高} \times 100\,(\%)$$

当期純利益は経常利益に特別損益を加減し、税金費用を加減して算出される。最終利益とも呼ばれ、結局当期はいくら儲かったのかを示すものである。売上高当期純利益率は売上高に対して、何％の最終利益を残せたのかを示す指標である。臨時的・例外的な損益である特別損益まで含めた利益率であるので、単に利益率が高い（低い）というだけで、企業の収益性を判断することはできない。本来は収益性が高い企業であるが、たまたま災害があって、例外的に特別損失が発生したことにより、利益率が低下しているケースもあれば、経常利益までは赤字であったが土地等の固定資産を売却することにより、多額の当期純利益を計上するケースもあるかもしれない。

単年度での数値だけでなく、中期的に過去の数値と比較してどうであったか、利益率が高い（低い）要因がどこにあるのかを、他の利益率とともに総合的に判断する必要がある。

設例５

設例１におけるＡ社の財務資料から売上高売上総利益率、売上高営業利益率、売上高経常利益率、売上高当期純利益率を計算しなさい。

解　答（単位：円）

Ａ社の財務資料の数値を当てはめると、次のようになる。

$$売上高売上総利益率 = \frac{売上総利益(848{,}538)}{売上高(1{,}681{,}781)} \times 100(\%) = 50.5\%$$

$$売上高営業利益率 = \frac{営業利益(176{,}675)}{売上高(1{,}681{,}781)} \times 100(\%) = 10.5\%$$

$$売上高経常利益率 = \frac{経常利益(192{,}888)}{売上高(1{,}681{,}781)} \times 100(\%) = 11.5\%$$

$$売上高当期純利益率 = \frac{当期純利益(117{,}391)}{売上高(1{,}681{,}781)} \times 100(\%) = 7.0\%$$

(４) 資本利益率の要素分解と回転率

資本利益率の良化（又は悪化）の原因を分析するには、資本利益率を次のように分解して検討することが多い。

総資本利益率（ROA）＝売上高利益率×総資本回転率

$$\frac{利益}{総資本} = \frac{利益}{売上高} \times \frac{売上高}{総資本}$$

売上高利益率は利幅の大きさを示しており、総資本回転率は売上代金として回収した資金が資産に投下され何回入れ替わったかという営業循環の回数を表している。企業が利益を増加させるには、取引ごとの利幅をいかに大きくするか、取引の数を増やして営業循環をいかに多く回せるか、が重要となる。

ROEの要素分解としては、アメリカのデュポン社が考案したといわれているデュポンシステムが有名である。

$$\text{ROE}\left(\frac{当期純利益}{自己資本}\right) = \frac{当期純利益}{売上高} \times \frac{売上高}{総資本} \times \frac{総資本}{自己資本}$$

ROAを分解した際の売上高利益率と総資本回転率に加えて、資本構成の影響（財務レバレッジ）を把握できるようにした。財務レバレッジは、

$\frac{総資本}{自己資本}$で計算され、銀行借入や社債等の他人資本をてこの作用（レバレッジ）として活用し、どれだけ事業規模を拡大したかを示す指標である。

設例１におけるＡ社の財務資料から、Ａ社のROEをデュポンシステムで分解すると以下のようになる。

$$\text{ROE} = \frac{\text{当期純利益}(117{,}391)}{\text{売上高}(1{,}681{,}781)} \times \frac{\text{売上高}(1{,}681{,}781)}{\text{総資本}(1{,}163{,}702)} \times \frac{\text{総資本}(1{,}163{,}702)}{\text{自己資本}(774{,}804)}$$

$$15.15\% = 6.98\% \times 1.445\text{回} \times 1.502\text{倍}$$

株主価値を最大化させるために、ROEを向上させるといっても、現場レベルでは何をどうすればいいのか、直感的に理解することは困難である。そこで、ROEを前述の３要素に分解することで、売上高当期純利益率の改善には、商品の付加価値向上やコストの削減、総資本回転率の向上には、売上高の拡大、売掛金や在庫の圧縮及び遊休設備のスリム化、財務レバレッジの向上には、負債の有効活用等、現場レベルのオペレーションに反映することも可能となった。

また、ROEを分解することで、自社の過去実績と比較した場合の良化（悪化）の要因や、他社との比較で高い（低い）要因等も把握できるので、より有意義な分析が可能となる。

5 キャッシュ・フロー分析

損益計算書は、会計期間における収益と費用の発生をとらえているので、実際に売上代金を回収したか、経費は支払われているか等の現金の動きが反映されているとは限らない。会計上の利益は、企業ごとの会計方針の違いにより単純に比較できない場合もあるが、キャッシュの動きは企業ごとに判断が異なる要素は少ないといえる。キャッシュ・フロー（お金の流れ）を分析することにより、事業を通してキャッシュを生み出せているのか、将来への投資はなされているのか等、現金の流れの面から企業の実態を把握することが可能となる。

(1) フリー・キャッシュ・フロー

フリー・キャッシュ・フロー＝営業活動によるキャッシュ・フロー
＋投資活動によるキャッシュ・フロー

フリー・キャッシュ・フローは、営業活動によるキャッシュ・フローと投資活動によるキャッシュ・フローを合計したものである。投資活動によるキャッシュ・フローは、企業が維持拡大していくための投資資金の支出が主な内容であり、一般的にはマイナスとなることが多い。営業活動によるキャッシュ・フローは本業での稼ぎであり、本業の稼ぎで必要な投資を賄った残りが、フリー・キャッシュ・フローということになる。フリー・キャッシュ・フローは黒字であるほうが望ましいが、黒字化するために本来必要な投資を行わなかったのでは、本末転倒である。企業が存続するために必要な投資や、将来のキャッシュ・フロー拡大につながる投資は、短期的にキャッシュ・フローが赤字になっても行う必要がある場合もある。

フリー・キャッシュ・フローは単年度だけを見るのではなく、投資の実施により赤字になる期があっても、翌期以降のキャッシュ・フローを生み出すことに貢献しているかどうかが重要である。それを判断する意味で、３期から５期程度の中期的な視点で見ることも必要である。

(2) 営業キャッシュ・フロー・マージン

営業キャッシュ・フロー・マージン
＝営業活動によるキャッシュ・フロー÷売上高×100(%)

営業キャッシュ・フロー・マージンは、売上高利益率の利益をキャッシュ・フローに置き換えたものである。

前述したように、現行の会計制度では同一の事象について、企業ごとに異なる会計処理を行うことが是認されているケースがあるので、会計処理方法の違いによる影響を考慮に入れなければ、単純に利益率を比較しても正しい判断ができない場合がある。営業キャッシュ・フロー・マージンはそうした会計処理方法の違いを考慮しなくてもよいので、企業間比較が行いやすいというメリットがある。

6　１株当たり分析

１株当たり分析は、企業の利益や資産が１株当たりいくらになるかを分析するものであり、株価にも影響するので投資家の意思決定に有用な指標である。発行済み株式数は企業によって異なるため、１株当たり情報を比較することで、企業規模の影響を排することが可能となり、企業間比較を行うことの多い投資家にとって有用な情報となる。

企業にとって利益や資産の増加は望ましいことであるが、それが増資等、発行済株式数の増加を伴う場合には、１株当たりの価値が増加するとは限らない。仮に企業の純資産が２倍になったとしても、発行済み株式数が４倍になっていれば、１株当たりの純資産は２分の１になったことになる。このことは、同じ株数を保有し続けている既存株主にとって、自らの持分の価値が半減したことを意味しており、１株当たり分析は既存株主にとっても重要な指標といえる。

（1）１株当たり当期純利益（EPS）

$$１株当たり当期純利益＝\frac{当期純利益}{期中平均発行済み株式数}$$

１株当たり当期純利益は、会計期間における１株当たりの価値の増加額を示しており、同一企業で過去の期の実績と比較して増加しているかを知ることで、収益性の向上度合いの分析が可能となる。前述のように、企業間比較を行う場合、規模の影響を受けにくいので、投資意思決定に活用されることが多い。

１株当たり当期純利益は、英語のEarnings Per Shareの頭文字をとってEPSと呼ばれている。

（2）株価収益率（PER）

$$株価収益率 = \frac{株価}{１株当たり当期純利益}$$

株価収益率は、株価が１株当たり利益の何倍になっているかを示しており、同業他社等と比較することにより、収益性に比べて割安になっている企業を選別したりするのに用いられている。一般的には、株価収益率が低ければ株価は割安、株価収益率が高ければ割高の水準にあるということになるが、株価には企業の将来性等も反映されている可能性もあるので、株価収益率だけで、株価の妥当性が判断できるわけではない。

株価収益率は、英語のPrice Earnings Ratioの頭文字をとってPERと呼ばれている。

（3）１株当たり純資産（BPS）

$$１株当たり純資産 = \frac{純資産}{期中平均発行済み株式数}$$

純資産は、貸借対照表において総資本から負債を除いたものであり、理論上会社を清算した後に残る価値の部分であるから、１株当たり純資産は会社の１株当たりの清算価値、すなわち理論上の最低株価を示すものといえる。

１株当たり純資産は、英語のBook value Per Shareの頭文字をとってBPSと呼ばれている。

(4) 株価純資産倍率 (PBR)

$$株価純資産倍率 = \frac{株価}{1株当たり純資産}$$

株価純資産倍率は、株価が1株当たり純資産の何倍になっているかを示す指標である。仮に株価純資産倍率が1になった場合は、理論上の清算価値である1株当たり純資産と株価とが同じということになる。このときに株式に投資した場合は、会社が清算しても、理論上は株に投資した金額が戻ってくることになるので、投資のリスクは低いことになる。

株価純資産倍率は、英語のPrice Book value Ratioの頭文字をとってPBRと呼ばれている。ただし、株価には企業の将来性が反映されている可能性が高いので、PBRが1倍以下ということは、株式市場で企業の将来性が低いと評価されていることも意味しており、単純にPBRが1倍以下だから、株価が割安と断定することはできない。

設例6

以下の事例は、本章で示された内容の理解に資するため、実際の企業の財務諸表を大幅に簡略化し、一部変更して示したものである。解　説に示した財務諸表の読取りや各指標の分析結果については、あくまでも考え方の一例として利用していただきたい。

図表２-２-５●小売業２社の貸借対照表（要約）

百貨店　貸借対照表（要約）
X1年３月31日現在

（単位：百万円）

資　　産	金　額	百分比	負債・資本	金　額	百分比
現金及び預金	38,630	3.2%	支払手形及び買掛金	115,474	9.4%
受取手形及び売掛金	110,793	9.1%	短期借入金	101,463	8.3%
有価証券	159	0.0%	商品券	82,532	6.7%
棚卸資産	55,873	4.6%	その他	127,158	10.4%
その他	47,417	3.9%	流動負債	426,627	34.9%
流動資産	252,872	20.7%	社債	12,000	1.0%
有形固定資産	728,679	59.5%	長期借入金	67,800	5.5%
無形固定資産	50,429	4.1%	その他	212,123	17.3%
投資その他の資産	191,697	15.7%	固定負債	291,923	23.9%
固定資産	970,805	79.3%	純資産（＝自己資本）	505,127	41.3%
総資産	1,223,677	100.0%	総資本	1,223,677	100.0%

百貨店　貸借対照表（要約）
X2年３月31日現在

（単位：百万円）

資　　産	金　額	百分比	負債・資本	金　額	百分比
現金及び預金	55,123	4.3%	支払手形及び買掛金	134,420	10.5%
受取手形及び売掛金	138,850	10.8%	短期借入金	79,985	6.2%
有価証券	728	0.0%	商品券	104,017	8.1%
棚卸資産	57,417	4.5%	その他	117,143	9.1%
その他	47,539	3.7%	流動負債	435,565	33.9%
流動資産	299,657	23.3%	社債	32,000	2.5%
有形固定資産	733,081	57.1%	長期借入金	59,300	4.6%
無形固定資産	52,211	4.1%	その他	216,723	16.9%
投資その他の資産	199,709	15.5%	固定負債	308,023	24.0%
固定資産	985,001	76.7%	純資産（＝自己資本）	541,070	42.1%
総資産	1,284,658	100.0%	総資本	1,284,658	100.0%

スーパー　貸借対照表（要約）
X1年10月31日現在

（単位：百万円）

資　　産	金　額	百分比	負債・資本	金　額	百分比
現金及び預金	32,334	35.5%	買掛金	14,126	15.5%
受取手形及び売掛金	9,896	10.9%	短期借入金	495	0.5%
棚卸資産	6,505	7.2%	その他	4,523	5.0%
その他	3,048	3.4%	流動負債	19,144	21.0%
流動資産	51,783	56.9%	社債	1,311	1.4%
有形固定資産	30,339	33.3%	長期借入金	43,393	47.7%
無形固定資産	668	0.7%	その他	6,356	7.0%
投資その他の資産	8,182	9.0%	固定負債	51,060	56.1%
固定資産	39,189	43.1%	純資産（＝自己資本）	20,768	22.8%
総資産	90,972	100.0%	総資本	90,972	100.0%

スーパー　貸借対照表（要約）
X2年10月31日現在

（単位：百万円）

資　　産	金　額	百分比	負債・資本	金　額	百分比
現金及び預金	45,627	42.2%	買掛金	15,242	14.1%
受取手形及び売掛金	11,047	10.2%	短期借入金	1,804	1.7%
棚卸資産	6,468	6.0%	その他	6,870	6.4%
その他	3,133	2.9%	流動負債	23,916	22.1%
流動資産	66,275	61.3%	社債	983	0.9%
有形固定資産	33,569	31.0%	長期借入金	53,582	49.5%
無形固定資産	543	0.5%	その他	6,741	6.2%
投資その他の資産	7,770	7.2%	固定負債	61,306	56.7%
固定資産	41,882	38.7%	純資産（＝自己資本）	22,935	21.2%
総資産	108,157	100.0%	総資本	108,157	100.0%

図表２-２-６●小売業２社の損益計算書（要約）

（単位：百万円）

業　態	百貨店				スーパー			
決 算 期	X1年３月期		X2年３月期		X1年10月期		X2年10月期	
売上高	1,236,333	百分比	1,321,512	百分比	179,499	百分比	214,028	百分比
売上原価	888,923	71.9%	951,489	72.0%	159,940	89.1%	181,837	85.0%
売上総利益	347,410	28.1%	370,022	28.0%	19,559	10.9%	32,191	15.0%
販売費及び一般管理費	320,771	25.9%	335,376	25.4%	17,602	9.8%	27,013	12.6%
営業利益	26,639	2.2%	34,646	2.6%	1,956	1.1%	5,178	2.4%
受取利息・配当金	1,653	0.1%	1,787	0.1%	133	0.1%	133	0.1%
その他営業外収益	21,860	1.8%	14,396	1.1%	2,593	1.4%	2,043	1.0%
営業外収益合計	23,513	1.9%	16,183	1.2%	2,726	1.5%	2,176	1.0%
支払利息	1,469	0.1%	1,319	0.1%	364	0.2%	506	0.2%
その他営業外費用	14,466	1.2%	11,070	0.8%	306	0.2%	424	0.2%
営業外費用合計	15,935	1.3%	12,389	0.9%	670	0.4%	930	0.4%
経常利益	34,217	2.8%	38,440	2.9%	4,012	2.2%	6,424	3.0%
特別利益	531	0.0%	102	0.0%	689	0.4%	88	0.0%
特別損失	12,197	1.0%	5,189	0.4%	344	0.2%	574	0.3%
税金等調整前当期純利益	22,551	1.8%	33,353	2.5%	4,357	2.4%	5,938	2.8%
法人税等合計	-2,741	-0.2%	12,186	0.9%	1,428	0.8%	3,337	1.6%
当期純利益	25,292	2.0%	21,166	1.6%	2,929	1.6%	2,601	1.2%

図表２-２-７●小売業２社のキャッシュ・フロー計算書（要約）

（単位：百万円）

業　態	百貨店		スーパー	
決　算　期	X1年３月期	X2年３月期	X1年10月期	X2年10月期
営業活動による キャッシュ・フロー	4,438	46,022	430	8,656
投資活動による キャッシュ・フロー	△26,312	△19,221	△13,412	△7,284
財務活動による キャッシュ・フロー	2,339	△16,151	8,316	10,978
現金及び現金同等物に 係る換算差額	2,528	3,468	655	737
現金及び現金同等物の 増減額	△17,007	14,118	△4,011	13,087
現金及び現金同等物の 期末残高	35,781	50,601	29,819	42,907

図表２-２-８●小売業２社の主要な経営指標

	百貨店		スーパー	
	X1年３月期	X2年３月期	X1年10月期	X2年10月期
成長性分析				
（ア）売上高成長率		6.9%		19.2%
（イ）営業利益成長率		30.1%		164.7%
（ウ）総資産増加率		5.0%		18.9%
（エ）自己資本増加率		7.1%		10.4%
安全性分析				
（オ）流動比率	59.3%	68.8%	270.5%	277.1%
（カ）正味運転資本（百万円）	－173,755	－135,908	32,639	42,359
（キ）当座比率	46.2%	55.6%	236.5%	250.1%
（ク）自己資本比率	41.3%	42.1%	22.8%	21.2%
収益性分析				
（ケ）総資本事業利益率（ROA）	2.3%	2.8%	2.3%	4.9%
（コ）自己資本利益率（ROE）	5.0%	3.9%	14.1%	11.3%
（サ）売上高売上総利益率	28.1%	28.0%	10.9%	15.0%
（シ）売上高営業利益率	2.2%	2.6%	1.1%	2.4%
（ス）売上高経常利益率	2.8%	2.9%	2.2%	3.0%
（セ）売上高当期純利益率	2.0%	1.6%	1.6%	1.2%
（ソ）総資本回転率（回）	1.0	1.0	2.0	2.0
（タ）財務レバレッジ（倍）	2.4	2.4	4.4	4.7
キャッシュ・フロー分析				
（チ）フリー・キャッシュ・フロー（百万円）	－21,874	26,801	－12,982	1,372
（ツ）営業キャッシュ・フロー・マージン	0.4%	3.5%	0.2%	4.0%
１株当たり分析				
（テ）１株当たり当期純利益（円）	64	54	382	370
（ト）株価収益率（倍）	21	24	6	13
（ナ）１株当たり純資産（円）	1,280	1,371	2,708	3,263
（ニ）株価純資産倍率（倍）	1.1	0.9	0.8	1.5

期末時点株価（円）	1,358	1,274	2,222	4,750
期中平均株式数（株）	394,506,019	394,550,806	7,669,979	7,029,397

解　説

図表２-２-８より、両社の経営指標を比較する。

〔成長性〕

（ア）売上高成長率は、スーパーが19.2%に対し、百貨店は6.9%。（イ）営業利益成長率は、スーパーが164.7%、百貨店は30.1%。（ウ）総資産増加率、（エ）自己資本増加率を含め全ての指標でスーパーが勝っており、急速に拡大・成長していることが推測される。百貨店もスーパーと比較すると数値上では劣っているものの、売上高及び利益ともに成長し、増収増益となっており堅調といえる。

〔安全性〕

（オ）流動比率は、スーパーが２期ともに270%超であるのに対し、百貨店は60%前後と、基準の100%を下回っている。（カ）正味運転資本、（キ）当座比率についても同様の傾向で、これらの指標からはスーパーの当面の資金に余裕があり安全性が高く、百貨店は安全性が低いように見える。

〔収益性〕

（コ）自己資本利益率は、スーパーが10%超であるのに対し、百貨店は５%以下となっている。（サ）売上高売上総利益率は、百貨店が28%程度、スーパーが10～15%と百貨店が勝っているが、（シ）売上高営業利益率、（ス）売上高経常利益率、（セ）売上高当期純利益率では大差がなく、売上に対する利益率はほぼ同等の水準といえる。

ここまでの指標を見る限り、成長性・安全性・収益性ともに、スーパーが優れているように思われる。特に安全性に大きく差があり、スーパーは安全性が高く、百貨店は一部基準を下回っている指標もあるので、安全性に問題があると判断すべきかどうかを検討する。

図表２-２-５により両社の貸借対照表を比較する。

流動負債の科目として百貨店にはスーパーにない「商品券」が計上されている。また、百貨店の仕入債務は「支払手形及び買掛金」となっているが、スーパーは「買掛金」となっており「支払手形」はない。この違いは何を意味しているだろうか。

まず「商品券」は、負債であるが発行した際の相手勘定は「現金及び預金」になると推察され、前払を受けることになるので、百貨店の資金繰りを良化させるものである。また、支払手形についても仕入債務の決済時期を延長する効果があるので、同様に資金繰りを良化させる。一般に百貨店やスーパー等の小売業は現金販売なので、売掛金は小さくなる。一方で、仕入は法人間の取引なので、翌月払い等になることが多い。結果として、流動資産が小さく流動負債が大きくなるので、流動比率や当座比率が低くなる傾向がある。売りと買いで決済期間に違いがある（回収が早く支払は遅い）業態であれば、流動比率が低くても決済に支障がなく問題ない場合もある。

百貨店が商品券を発行できるのは、その商品券で間違いなく買物ができるという信用やブランド力があるからである。支払手形での決済も含め仕入債務の決済期間が長いのも、信用力が背景にあるといえる。逆にスーパーに支払手形がなく、相対的に仕入債務が小さいのは、早期に支払うことで仕入価格の低減を図り、価格競争力を高める戦略があるのかもしれない。

図表２-２-７のキャッシュ・フロー計算書により、実際のキャッシュの動きを確認する。

期によってばらつきがあるので、２期を合算して考えると、百貨店は営業活動によるキャッシュ・フローで、投資活動によるキャッシュ・フローを賄い、財務活動によるキャッシュ・フローをマイナス（負債を減額）にしている。スーパーのほうは、営業活動によるキャッシュ・フローを投資活動によるキャッシュ・フローが上回っている。結果としてフリー・キャッシュ・フローがマイナスとなっており、財務活動によるキャッシュ・フローのプラス（負債の増加）に依存していることがわかる。

以上の考察により、百貨店の流動比率は低いが、業態からすると問題はなく、キャッシュ・フローから見た場合の財務の健全性は百貨店のほうが勝っている面もあり、百貨店の安全性に問題があるとはいえない。

次に、収益性を確認する。

両社で差が大きい自己資本当期純利益率（ROE）をデュポンモデルで分解すると以下のようになる。

$$\frac{当期純利益}{自己資本}=\frac{当期純利益}{売上高}\times\frac{売上高}{総資本}\times\frac{総資本}{自己資本}$$

（コ）自己資本利益率＝（セ）売上高当期純利益率×（ソ）総資本回転率×（タ）財務レバレッジ

○百貨店（X2年3月期）：3.8 = 1.6 × 1.0 × 2.4
○スーパー（X2年10月期）：11.3 = 1.2 × 2.0 × 4.7

両社のROEの差は、総資本回転率と財務レバレッジの差に起因していることがわかる。スーパーと百貨店の業態を比較すると、スーパーは店舗や備品に費用をかけず、その分安価に大量に販売することで、総資産回転率が高くなるのが自然である。一般的に、百貨店は店舗や売り場の内装にも高級感を演出する必要があるので総資産は大きくなり、相対的に総資産回転率は低くなると考えられる。

財務レバレッジについては、両社の成長段階の違いが影響しているものと思われる。設例における百貨店は、創業から300年以上経た老舗で成熟期にあり、新規出店を続けるような段階ではない。一方、設例におけるスーパーは設立から30年弱であり、現在でも毎年数十店を新規出店する成長段階にある。このスーパーは他人資本の力を借りて（財務レバレッジを効かせて）規模の拡大を図っているといえる。

両社のROEの差は、業態や企業の発展段階の違いが大きく影響しており、経営の巧拙による違いは少ない。

これらのことを市場はどう評価しているのか、1株当たり分析で確認したい。

単純に成長性やROE等の指標が評価されるのであれば、株価はスーパーが割高となり、百貨店が割安な水準となるので、(ト)株価収益率はスーパーが高く、百貨店が低くなると予想されるが、実際には百貨店が20

Column コーヒーブレイク

《アカロフのレモン市場》

市場が機能するためには、情報の共有が重要であることを示すものとして、2001年にノーベル経済学賞を受賞したアカロフ(G. A. Akerlof)の「レモンの市場」という論文が有名である。

中古車市場においては、外見は同じでも中身(エンジンやサスペンション等)が優良な車と不良な車(外見はきれいでも中身はすっぱいレモン)とが混在している。優良な車の価値が100万円で、不良な車の価値が40万円だったとして、両者を識別できる情報がなければ、市場価格は両者の平均である70万円前後になると考えられる。そうなると、優良な車の所有者は本来の価値で売れないので売却しなくなる。逆に、不良な車は割高な価格で売却できるので、売り物が増えることになる。結果として、品質のよくない割高な車ばかりが流通することになるので、買い手が付かなくなり中古車市場は崩壊してしまうことになる。

この例では、中古車の売り手は車の状態に関する情報を持っているが、買い手には情報がない(このことを経済学では、「情報の非対称性」が存在するという)ことが、市場が機能しなくなる原因となっているが、株式市場でも同様のことがいえる。一般に、株式を発行する企業の側には経営状態に関する情報があるが、株式の買い手である投資家の側には情報が少なければ、投資家は株価が企業の実態と合致したものであるか、懐疑的にならざるを得ない。こうした状況が続けば、経営状態のよい企業は正当な評価を得られず、経営状態のよくない企業が不当に高く評価されることになりかねない。

このような「情報の非対称性」を解消する手段として、財務情報は非常に重要である。金融商品取引法において企業の財務情報を含む情報開示が義務付けられているのは、投資家にとって有用な情報を提供し、情報の非対称性を低減することで、金融商品等の公正な価格形成や投資家保護の目的を果たすためである。

倍強、スーパーは10倍前後と予想とは逆の結果となっている。市場の評価（株価）には様々な要素が含まれており断定することはできないが、あえて株価収益率に差が出た要因を推測すると、将来のリスクの違いが差を生み出したと思われる。

スーパーの（ク）自己資本比率は20％程度となっており、これ以上負債を拡大することは限界がありリスクを高めると思われる。増資による資金調達も可能ではあるが、株式を追加発行することになるので１株当たりの価値が低下することになり、株価にとってマイナス要因となる。また、百貨店の（ニ）株価純資産倍率は１倍前後となっており、清算価格に近くリスクの低い水準にあるため、株価収益率が高くても株価は低下の余地は少ないといえる。株価収益率の差は両社のリスクの違いが株価に反映されている可能性が高い。

このように、財務諸表の分析を通して、企業のビジネスモデルや戦略の一端も、垣間見ることができる。また、一部の指標だけで、財務状況の良し悪しや企業の優劣を断定することは危険であり、簿記の原理を踏まえて、各指標の意味合いを理解した上で活用することを心掛けたい。

第２章第２節　理解度チェック

次の設問に、〇×で解答しなさい（解答・解説は次ページを参照）。

1　企業の経営状態を分析するには、財務データや株価等の定量情報の分析が重要であり、アンケートやインタビュー等の定性情報は、数値化して分析できないので重要性はない。

2　企業の安全性の分析に当たっては、流動比率が高ければ高いほど安全性も高いと考えてよい。

3　総資本回転率を改善するには、分子である売上高を拡大するか、分母である総資本を縮小するかのいずれかであるが、固定資産は元々回転していないので、遊休している固定資産を処分してスリム化しても、総資本回転率の向上には結びつかない。

4　キャッシュ・フロー計算書において、投資活動によるキャッシュ・フローがマイナスとなっている場合は、設備投資がキャッシュの獲得に結びついていないといえる。

5　株価収益率（PER）は、株価が１株当たり利益の何倍まで買われているかを示しており、同業他社に比べて株価収益率が高い企業は、将来の成長性に対する期待が高いといえる。

第２章第２節　理解度チェック

解答・解説

1　×
企業の経営状態を分析するに当たって、定性情報は経営者の考え方や経営方針を知る材料となったり、決算データでは表示されない技術力や営業力等が理解できる場合もある。定量情報と定性情報を組み合わせて活用することが重要である。

2　×
例えば、流動資産の中に売れ残りの商品が大量にあったり、滞留している不良債権等が多額に含まれている場合など、流動比率が高くても、安全性が高いとはいえない場合もある。

3　×
遊休状態にある固定資産を処分すれば、総資本の縮小にもつながるので、総資本回転率は向上する。

4　×
投資活動によるキャッシュ・フローは、企業の維持拡大のための投資を行えばマイナスになるのが一般的であり、マイナスであっても健全といえる場合が多い。

5　○
株価は、理論的には将来獲得するであろう１株当たりのキャッシュの現在価値に等しいと考えられる。同業他社より株価収益率が高ければ、株式市場において将来獲得するキャッシュがより高いと評価されていることになり、将来の成長性に対する期待が高いといえる。

索引

[き]

[く]

[け]

[こ]

[さ]

[そ]

[た]

[ち]

[つ]

[て]

[と]

――ビジネス・キャリア検定試験のご案内――

（令和6年4月現在）

●等級区分・出題形式等

等級	等級のイメージ	出題形式等
1級	企業全体の戦略の実現のための課題を創造し、求める目的に向かって効果的・効率的に働くために、一定の専門分野の知識及びその応用力を活用して、資源を統合し、調整することができる。（例えば、部長、ディレクター相当職を目指す方）	①出題形式　論述式 ②出 題 数　2問 ③試験時間　150分 ④合否基準　試験全体として概ね60％以上、かつ問題毎に30％以上の得点 ⑤受 験 料　12,100円（税込）
2級	当該分野又は試験区分に関する幅広い専門知識を基に、グループやチームの中心メンバーとして創意工夫を凝らし、自主的な判断・改善・提案を行うことができる。（例えば、課長、マネージャー相当職を目指す方）	①出題形式　5肢択一 ②出 題 数　40問 ③試験時間　110分 ④合否基準　出題数の概ね60％以上の正答 ⑤受 験 料　8,800円（税込）
3級	当該分野又は試験区分に関する専門知識を基に、担当者として上司の指示・助言を踏まえ、自ら問題意識を持ち定例的業務を確実に行うことができる。（例えば、係長、リーダー相当職を目指す方）	①出題形式　4肢択一 ②出 題 数　40問 ③試験時間　110分 ④合否基準　出題数の概ね60％以上の正答 ⑤受 験 料　7,920円（税込）
BASIC級	仕事を行ううえで前提となる基本的知識を基に仕事の全体像が把握でき、職場での円滑なコミュニケーションを図ることができる。（例えば、学生、就職希望者、内定者、入社してまもない方）	①出題形式　真偽法 ②出 題 数　70問 ③試験時間　60分 ④合否基準　出題数の概ね70％以上の正答 ⑤受 験 料　4,950円（税込）

※受験資格は設けておりませんので、どの等級からでも受験いただけます。

●試験の種類

<table>
<tr><th rowspan="2">試験分野</th><th colspan="4">試　験　区　分</th></tr>
<tr><th>1　級</th><th>2　級</th><th>3　級</th><th>BASIC級</th></tr>
<tr><td rowspan="2">人事・人材開発・労務管理</td><td rowspan="2">人事・人材開発・労務管理</td><td>人事・人材開発</td><td>人事・人材開発</td><td rowspan="2"></td></tr>
<tr><td>労務管理</td><td>労務管理</td></tr>
<tr><td rowspan="3">経理・財務管理</td><td rowspan="3">経理・財務管理</td><td rowspan="2">経理</td><td>経理
（簿記・財務諸表）</td><td rowspan="3"></td></tr>
<tr><td>経理（原価計算）</td></tr>
<tr><td>財務管理
（財務管理・管理会計）</td><td>財務管理</td></tr>
<tr><td rowspan="2">営業・
マーケティング</td><td rowspan="2">営業・
マーケティング</td><td>営業</td><td>営業</td><td rowspan="2"></td></tr>
<tr><td>マーケティング</td><td>マーケティング</td></tr>
<tr><td rowspan="2">生産管理</td><td rowspan="2">生産管理</td><td>生産管理プランニング</td><td>生産管理
プランニング</td><td rowspan="2">生産管理</td></tr>
<tr><td>生産管理オペレーション</td><td>生産管理
オペレーション</td></tr>
<tr><td rowspan="3">企業法務・総務</td><td rowspan="2">企業法務</td><td>企業法務（組織法務）</td><td rowspan="2">企業法務</td><td rowspan="3"></td></tr>
<tr><td>企業法務（取引法務）</td></tr>
<tr><td></td><td>総務</td><td>総務</td></tr>
<tr><td rowspan="2">ロジスティクス</td><td rowspan="2">ロジスティクス</td><td>ロジスティクス管理</td><td>ロジスティクス
管理</td><td rowspan="2">ロジスティ
クス</td></tr>
<tr><td>ロジスティクス・
オペレーション</td><td>ロジスティクス・
オペレーション</td></tr>
<tr><td rowspan="2">経営情報システム</td><td rowspan="2">経営情報システム</td><td>経営情報システム
（情報化企画）</td><td rowspan="2">経営情報システム</td><td rowspan="2"></td></tr>
<tr><td>経営情報システム
（情報化活用）</td></tr>
<tr><td>経営戦略</td><td>経営戦略</td><td>経営戦略</td><td>経営戦略</td><td></td></tr>
</table>

※試験は、前期（10月）・後期（2月）の2回となります。ただし、1級は前期のみ、BASIC級は後期のみの実施となります。

●出題範囲・試験日・お申し込み方法等

出題範囲・試験日・お申し込み方法等の詳細は、ホームページでご確認ください。

●試験会場

全国47都道府県で実施します。試験会場の詳細は、ホームページでお知らせします。

●等級区分・出題形式等及び試験の種類は、令和６年４月現在の情報となっております。最新情報は、ホームページでご確認ください。

●ビジキャリの学習体系

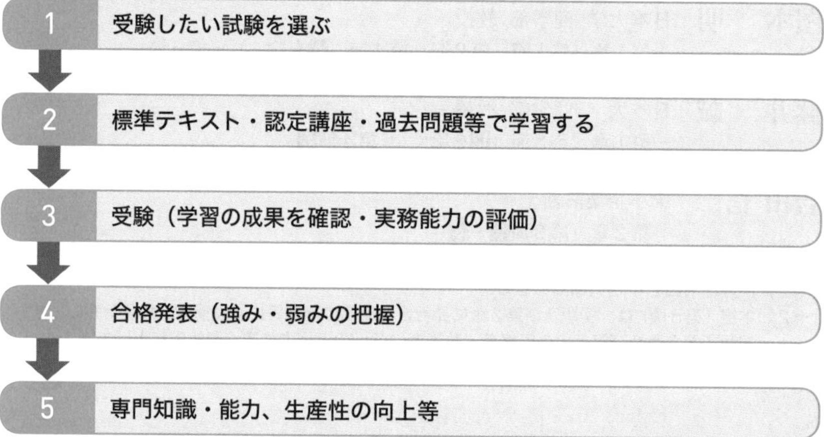

●試験に関するお問い合わせ先

実施機関	中央職業能力開発協会
お問い合わせ先	中央職業能力開発協会　能力開発支援部 ビジネス・キャリア試験課
	〒160-8327 東京都新宿区西新宿7-5-25　西新宿プライムスクエア11階 TEL：03-6758-2836　FAX：03-3365-2716 E-mail：BCsikengyoumuka@javada.or.jp URL：https://www.javada.or.jp/jigyou/gino/business/index.html

経 理 3級〔第3版〕
(簿記・財務諸表)
テキスト監修・執筆者一覧

監修者

濱本　明　日本大学 商学部 教授

執筆者（五十音順）

泉　淳一　太陽有限責任監査法人 シニアパートナー 公認会計士
…第２章（第２節1・2）

菅沼　匠　リンクパートナーズ法律事務所 パートナー 弁護士 公認会計士
…第１章（第３節12)、第２章（第１節）

濱本　明　日本大学 商学部 教授
…第１章（第１節、第２節、第４節（6を除く）～第６節）

藤井　誠　日本大学 商学部 教授
…第１章（第３節（12を除く)、第４節6)

吉田 信二　中小企業診断士
…第２章（第２節3～6)

（※１）所属は令和２年10月時点のもの
（※２）本書（第３版）は、初版及び第２版に発行後の時間の経過等により補訂を加えたものです。
初版、第２版及び第３版の監修者・執筆者の各氏のご尽力に厚く御礼申し上げます。

経　理 3級〔第2版〕
（簿記・財務諸表）

テキスト監修・執筆者一覧

監修者

濱本　明　日本大学 商学部 准教授

執筆者（五十音順）

泉　淳一　太陽有限責任監査法人 パートナー 公認会計士

伊藤　恭　興亜監査法人 代表社員 公認会計士

濱本　明　日本大学 商学部 准教授

藤井　誠　日本大学 商学部 准教授

吉田 信二　株式会社i-NOS 取締役

（※１）所属は平成28年４月時点のもの
（※２）本書（第２版）は、初版に発行後の時間の経過等により補訂を加えたものです。
初版及び第２版の監修者・執筆者の各氏のご尽力に厚く御礼申し上げます。

経 理 3級〔初版〕
（簿記・財務諸表）

テキスト監修・執筆者一覧

監修者

山田 庫平 明治大学 経営学部 教授

氏原 茂樹 流通経済大学 経済学部 教授

執筆者（五十音順）

氏原 茂樹 流通経済大学 経済学部 教授

金子 良太 國學院大學 経済学部 准教授

小林 伸行 常磐大学 国際学部 准教授

鈴木 基史 富山大学 経済学部 准教授

竹内　 進 目白大学 経営学部 准教授

（※１）所属は平成20年３月時点のもの
（※２）初版の監修者・執筆者の各氏のご尽力に厚く御礼申し上げます。

MEMO

ビジネス・キャリア検定試験標準テキスト
経 理 3級
(簿記・財務諸表)

平成20年4月18日 初 版 発行
平成28年4月13日 第2版 発行
令和2年10月23日 第3版 発行
令和5年12月19日 第2刷 発行

編 著 **中央職業能力開発協会**
監 修 **濱本 明**
発行所 **中央職業能力開発協会**
〒160-8327 東京都新宿区西新宿7-5-25 西新宿プライムスクエア11階
発売元 株式会社 **社会保険研究所**
〒101-8522 東京都千代田区内神田2-15-9 The Kanda 282
電話:03-3252-7901(代表)

●本書の全部または一部を中央能力開発協会の承諾を得ずに複写複製することは、著作権法上での例外を除き、禁じられています。
●本書の記述内容に関するご質問等につきましては、書名と該当頁を明記の上、中央職業能力開発協会ビジネス・キャリア試験課に郵便(上記「発行所」参照)、FAX(03-3365-2716)、または電子メール(text2@javada.or.jp)にてお問い合わせ下さい。
●本書籍に関する訂正情報は、発売元ホームページ(http://www.shaho.co.jp/shaho/)に掲載いたします。ご質問の前にこちらをご確認下さい。
●落丁、乱丁本は、お取替えいたしますので、発売元にご連絡下さい。

ISBN978-4-7894-9702-2 C2036 ¥2900E
©2023 中央職業能力開発協会 Printed in Japan